Karsten Kozempel

Entwicklung eines Systems zur Verkehrserfassung aus Luftbildsequenzen

Karsten Kozempel

Entwicklung eines Systems zur Verkehrserfassung aus Luftbildsequenzen

Luftgestützte Verkehrserfassung

Südwestdeutscher Verlag für Hochschulschriften

Impressum/Imprint (nur für Deutschland/only for Germany)
Bibliografische Information der Deutschen Nationalbibliothek: Die Deutsche Nationalbibliothek verzeichnet diese Publikation in der Deutschen Nationalbibliografie; detaillierte bibliografische Daten sind im Internet über http://dnb.d-nb.de abrufbar.
Alle in diesem Buch genannten Marken und Produktnamen unterliegen warenzeichen-, marken- oder patentrechtlichem Schutz bzw. sind Warenzeichen oder eingetragene Warenzeichen der jeweiligen Inhaber. Die Wiedergabe von Marken, Produktnamen, Gebrauchsnamen, Handelsnamen, Warenbezeichnungen u.s.w. in diesem Werk berechtigt auch ohne besondere Kennzeichnung nicht zu der Annahme, dass solche Namen im Sinne der Warenzeichen- und Markenschutzgesetzgebung als frei zu betrachten wären und daher von jedermann benutzt werden dürften.

Coverbild: www.ingimage.com

Verlag: Südwestdeutscher Verlag für Hochschulschriften GmbH & Co. KG
Heinrich-Böcking-Str. 6-8, 66121 Saarbrücken, Deutschland
Telefon +49 681 37 20 271-1, Telefax +49 681 37 20 271-0
Email: info@svh-verlag.de

Zugl.: Berlin, HU, Diss., 2012

Herstellung in Deutschland (siehe letzte Seite)
ISBN: 978-3-8381-3284-6

Imprint (only for USA, GB)
Bibliographic information published by the Deutsche Nationalbibliothek: The Deutsche Nationalbibliothek lists this publication in the Deutsche Nationalbibliografie; detailed bibliographic data are available in the Internet at http://dnb.d-nb.de.
Any brand names and product names mentioned in this book are subject to trademark, brand or patent protection and are trademarks or registered trademarks of their respective holders. The use of brand names, product names, common names, trade names, product descriptions etc. even without a particular marking in this works is in no way to be construed to mean that such names may be regarded as unrestricted in respect of trademark and brand protection legislation and could thus be used by anyone.

Cover image: www.ingimage.com

Publisher: Südwestdeutscher Verlag für Hochschulschriften GmbH & Co. KG
Heinrich-Böcking-Str. 6-8, 66121 Saarbrücken, Germany
Phone +49 681 37 20 271-1, Fax +49 681 37 20 271-0
Email: info@svh-verlag.de

Printed in the U.S.A.
Printed in the U.K. by (see last page)
ISBN: 978-3-8381-3284-6

Copyright © 2012 by the author and Südwestdeutscher Verlag für Hochschulschriften GmbH & Co. KG and licensors
All rights reserved. Saarbrücken 2012

Abstract

This dissertation should make a contribution to the further development of airborne traffic detection. The used hardware is an airborne camera system combined with an inertial measurement unit for orientation determination. Mainly computer vision algorithms are presented, which are applied afterwards the image acquisition up to the determination of the most important traffic data.

After a short presentation of the used hardware the calibration of the camera's alignment angles during test flights is explained and its accuracy is analyzed. It is shown that the orientation data doesn't reach the specified accuracy, which is fortunately less important for traffic detection.

After the image preparation, which contains the ortho image generation as well as the clipping of traffic areas, a two-stage vehicle detection algorithm is implemented, which at first rapidly creates hypotheses based on edge filters. In the second stage those hypotheses are verified by a *Support Vector Machine* which rejects most of the False Posititves. At good conditions the detection reaches completeness rates of up to 90 percent with a low contingent of *FP* detections.

Subsequently a tracking algorithm based on *singular value decomposition* is applied to associate vehicle hypotheses in adjacent images and determine the average speed. The achieved velocities differ less than ten kph from the manually obtained data.

Concluding an alternative orientation method is presented, that automatically determines the airplane's attitude based on GPS and image information. This is realized by extraction and matching of street segments and additional tracking of ground control points. The results have accuracies of around 0.1 to 0.2 degrees.

The innovation of this thesis refers to the combination of rapid pre-selection and more reliable verification of object hypotheses. Additionally the automatic extraction of streets as landmarks for orientation determination and its fusion with relative orientation parameters as stabilization are novel.

Keywords:
photogrammetry, pattern recognition, optical navigation, traffic detection

Zusammenfassung

Die vorliegende Dissertation soll einen Beitrag zur Weiterentwicklung der luftgestützten Verkehrslageerfassung leisten. Als Plattform dafür dient ein flugzeuggetragenes Kamerasystem, welches mit einem Fluglageerfassungssystem gekoppelt ist. Vorgestellt werden hauptsächlich bildverarbeitende Algorithmen, welche an die Bildaufnahme anschließend bis hin zur Ermittlung der wichtigsten verkehrstechnischen Kenngrößen zum Einsatz kommen.

Nach kurzer Skizzierung der verwendeten Hardware wird zunächst die Kalibrierung der Kameraeinbauwinkel durch Testflüge erläutert und auf ihre Genauigkeit hin untersucht. Es wird gezeigt, dass die Orientierungsdaten nicht die vom Hersteller angegebene Genauigkeit erreichen, was jedoch für die Verkehrslageerfassung nur von geringer Bedeutung ist.

Anschließend an die Bildaufbereitung, welche die Orthobildgenerierung sowie die Eingrenzung der verkehrsaktiven Flächen beinhaltet, wird zur Ermittlung der Fahrzeugdichte ein zweistufiger Fahrzeugerkennungsalgorithmus entwickelt, welcher auf Kantenfilterbasis möglichst schnell Hypothesen erstellt. Diese werden in einer zweiten Phase durch eine *Support Vector Machine* überprüft, wobei ein Großteil der Fehlhypothesen verworfen wird. Die Erkennung erreicht bei guten Voraussetzungen Vollständigkeiten bis zu 90 Prozent bei sehr geringem Anteil von Fehldetektionen.

Anschließend wird ein auf Singulärwertzerlegung basierender Tracking-Algorithmus verwendet, um Fahrzeughypothesen in benachbarten Bildern zu assoziieren und die mittleren Geschwindigkeiten zu ermitteln. Die erhaltenen Geschwindigkeiten unterscheiden sich um weniger als zehn km/h von den manuell erhobenen.

Abschließend wird eine alternative Orientierungsmethode vorgestellt, welche auf Basis von GPS-Positionen und Bildinformationen automatisch die Fluglage ermittelt. Dies geschieht durch die Extraktion und das Matching von Straßensegmenten sowie zusätzliche Passpunktverfolgung. Die Ergebnisse weisen Genauigkeiten von etwa 0,1 bis 0,2 Grad auf.

Der Anspruch der Arbeit besteht bei der Fahrzeugerkennung in der Kombination aus schneller Vorselektion und zuverlässiger Verifizierung der Objekthypothesen. Weiterhin sind die automatische Extraktion von Straßen als Landmarken zur Orientierungsbestimmung und die Fusion mit relativen Orientierungsparametern zur Stabilisierung neuartig.

Schlagwörter:
Photogrammetrie, Mustererkennung, Optische Navigation, Verkehrserfassung

Inhaltsverzeichnis

1	**Einleitung**	**21**
2	**Aufnahmesysteme**	**25**
2.1	*ANTAR*	25
2.2	*ARGOS*	26
3	**Kalibrierung**	**29**
3.1	Koordinatensysteme	30
3.2	Innere Orientierung	31
3.3	Bestimmung der Einbauwinkel	34
3.4	Alternative Kalibration bei *ARGOS*	40
4	**Vorverarbeitung**	**43**
4.1	Georeferenzierung	43
	4.1.1 GeoTIFF	45
	4.1.2 Genauigkeit der Orthobilder	46
4.2	Straßenprojektion	47
	4.2.1 Straßenbreite	48
	4.2.2 Genauigkeit der Straßenprojektion	49
	4.2.3 Straßenkorrektur	50
5	**Fahrzeugerkennung**	**53**
5.1	Ansatz	54
	5.1.1 Phase eins - Erstellung von Objekthypothesen	55
	5.1.2 Phase zwei - Validierung der Hypothesen	58
5.2	Fehlerursachen	62
	5.2.1 False Negatives	62
	5.2.2 False Positives	64
5.3	Ergebnisse	65
	5.3.1 Datensatz 1 - Autobahn A8	66

	5.3.2	Datensatz 2 - Autobahn A8, Stau	66
	5.3.3	Datensatz 3 - Autobahn A8, Schnee	68
	5.3.4	Datensatz 4 - Stadtgebiet München, Nebenstraßen	68
	5.3.5	Datensatz 5 - Stadtgebiet München, Nebenstraßen	71
5.4	Zusammenfassung		72

6 Tracking 77
- 6.1 Ansatz 78
- 6.2 Ergebnisse 79
  - 6.2.1 Erste Tests 79
  - 6.2.2 Ergebnisse 83
- 6.3 Zusammenfassung 86

7 Optische Orientierung 89
- 7.1 Absolute optische Orientierung 91
  - 7.1.1 Extraktion von Straßenbereichen 91
  - 7.1.2 Straßenmatching 94
  - 7.1.3 Ergebnisse 97
  - 7.1.4 Fehlerquellen 99
- 7.2 Relative optische Orientierung 103
  - 7.2.1 Interest Points 103
  - 7.2.2 Ausgleichung 105
  - 7.2.3 Ergebnisse 106
- 7.3 Navigationsfilter 109
  - 7.3.1 Kalman-Filter 109
  - 7.3.2 Anpassung des Filters 112
  - 7.3.3 Ergebnisse 114
  - 7.3.4 Schwachstellen und Postprocessing 117
- 7.4 Zusammenfassung 119

8 Zusammenfassung und Ausblick 121

Abbildungsverzeichnis

2.1 Kameras und IMU des *ANTAR*-Systems 26
2.2 Schematischer Aufbau des *ANTAR*-Systems (Quelle: [51]) 26
2.3 3K-Kamera des *ARGOS* 27
2.4 Schematischer Aufbau des *ARGOS* 27

3.1 Verwendete Koordinatensysteme 31
3.2 Verwendete Koordinatensysteme 32
3.3 Kalibrierwand und innere Orientierung 34
3.4 ClickTool mit Aufnahme aus dem *ANTAR*-System 35
3.5 Software zur Ermittlung der Boresightwinkel (RMS-Fehler rot markiert) 38
3.6 Disparitäten zweier aufeinanderfolgender Aufnahmen (weiße Striche) . 38
3.7 Ermittelte Boresightwinkel für verschiedene Aufnahmen 39
3.8 RMS-Werte bei verschiedenen zeitlichen Offsets 40
3.9 Kalibrierung mit drei Aufnahmen (rot - ohne Boresightwinkel, schwarz
 - mit korrekten Boresightwinkeln, Quelle: [61]) 41

4.1 Iterative Höhenbestimmung (Quelle: [71]) 45
4.2 Projektion bei der GeoTIFF-Erzeugung 46
4.3 GeoTIFF der DLR-Messstrecke „Ernst-Ruska-Ufer" in Berlin-Adlershof (Aufgenommen mit *ANTAR*) 47
4.4 Passpunkte in GeoTIFF-Bildern, grun - wahre Position, rot - projizierte Position, links - RMS = 1,6 Pixel (30 cm), rechts - RMS = 7,5 Pixel (150 cm) 48
4.5 Fehler in der *NAVTEQ*-datenbank (links falsche Spuranzahl, rechts falsche Position) 50
4.6 Straßenprojektion unkorrigiert (Straße - rot, Umgebung - türkis) . . 51
4.7 Straßenprojektion korrigiert 51

5.1 GeoTIFF mit Straßensegment 56
5.2 Straßensegment 57
5.3 Filter für die vier Fahrzeugkanten 57

5.4	Die vier Filterantworten	58
5.5	Die vier Filterantworten (nach Schwellwert)	58
5.6	UND-Verknüpfung der Filterantworten	58
5.7	Kennzahlen des *SURF*-Deskriptors, Quelle [13]	60
5.8	Merkmalsraum der SVM, Quelle [69]	61
5.9	Merkmalsraum der SVM, Quelle [69]	62
5.10	Ursachen für Erkennungsfehler (blau - wirkliche Fahrzeuge, rot und gelb - erkannte Fahrzeuge)	63
5.11	Ursachen für Erkennungsfehler (blau - wirkliche Fahrzeuge, rot und gelb - erkannte Fahrzeuge)	64
5.12	Kontrastproblem bei der Fahrzeugerkennung	64
5.13	Detektionsraten Datensatz 1	67
5.14	Detektionsraten Datensatz 1	67
5.15	Detektionsraten Datensatz 2	69
5.16	Detektionsraten Datensatz 2	69
5.17	Detektionsraten Datensatz 3	70
5.18	Detektionsraten Datensatz 3	70
5.19	Detektionsraten Datensatz 4	71
5.20	Detektionsraten Datensatz 4	71
5.21	Detektionsraten Datensatz 5	73
5.22	Detektionsraten Datensatz 5	73
5.23	Flug- und Rechenzeiten der Fahrzeugerkennung	74
6.1	Vollständigkeit des Trackings in Abhängigkeit von σ und γ	80
6.2	Vollständigkeit des Trackings in Abhängigkeit von σ und γ	81
6.3	Zuordnungen nach Singulärwertzerlegung (σ=30, γ=1,0) und Korrelationsschwellwert (CC=0,9), rot - PKW, gelb - LKW	82
6.4	Trackingraten bei verschiedenen Korrelationsschwellwerten (Autobahn)	83
6.5	Trackingraten bei verschiedenen Korrelationsschwellwerten (Stadt)	84
6.6	Geschwindigkeitsabweichung in Abhängigkeit des Korrelationsschwellwertes (Autobahn)	85
6.7	Geschwindigkeitsabweichung in Abhängigkeit des Korrelationsschwellwertes (Stadt)	85
6.8	Oben - Wahrscheinlichkeiten der Geschwindigkeitswerte, Unten - Verteilungsdichtefunktion mit Grenzwert (rot), Quelle: [23]	87
7.1	Autobahn A96 in München	92
7.2	Mittels Farbwinkel extrahierte Straßen	93

7.3	Mittels Sättigung extrahierte Straßen	93
7.4	Projektion der dreidimensionalen Straßenelemente in die Aufnahme	94
7.5	Extrahierte (schwarz) und projizierte (rot) Straßen überlagert	95
7.6	Projektionsgüte in Abhängigkeit der Winkel ω und ϕ	96
7.7	Extrahierte (schwarz) und verbreiterte projizierte (rot) Straßen überlagert	96
7.8	Projektionsgüte in Abhängigkeit der Winkel ω und ϕ (verbreiterte Straßen)	97
7.9	Richtig konvergierte Aufnahmen	98
7.10	Winkelfehler aller 400 Aufnahmen	98
7.11	ω-Winkel der absoluten optischen Orientierung (Überflug A)	99
7.12	ω-Winkel der absoluten optischen Orientierung (Überflug B)	100
7.13	Winkeldifferenzen der absoluten optischen Orientierung (Überflug A)	100
7.14	Winkeldifferenzen der absoluten optischen Orientierung (Überflug B)	101
7.15	Falsch konvergierte Aufnahme aufgrund von zu wenig Straßeninformation	101
7.16	Falsch konvergierte Aufnahme aufgrund von zu viel Straßeninformation	102
7.17	Falsch konvergierte Aufnahme aufgrund von falscher Straßenextraktion	103
7.18	Epipolarebene zwischen zwei Aufnahmen	104
7.19	Vektoren der *Interest Points* zwischen zwei Aufnahmen	105
7.20	ω-Winkel der relativen optischen Orientierung (Überflug A)	107
7.21	ω-Winkel der relativen optischen Orientierung (Überflug B)	107
7.22	Winkeldifferenzen der relativen optischen Orientierung (Überflug A)	108
7.23	Winkeldifferenzen der relativen optischen Orientierung (Überflug B)	108
7.24	Ablaufdiagramm des Kalman-Filters (Quelle [99])	111
7.25	ω-Winkel des Navigationsfilters (Überflug A)	115
7.26	ω-Winkel des Navigationsfilters (Überflug B)	115
7.27	Winkeldifferenzen des Navigationsfilters (Überflug A)	116
7.28	Winkeldifferenzen des Navigationsfilters (Überflug B)	116
7.29	ω-Winkel des Navigationsfilters (Überflug 9)	117
7.30	*RANSAC*-korrigierter ϕ-Winkel des Navigationsfilters (Überflug 8)	118
1	ω-Winkel der absoluten Orientierung (Überflug 1)	136
2	ϕ-Winkel der absoluten Orientierung (Überflug 1)	136
3	κ-Winkel der absoluten Orientierung (Überflug 1)	137
4	Winkelfehler der absoluten Orientierung (Überflug 1)	137
5	ω-Winkel der absoluten Orientierung (Überflug 2)	138
6	ϕ-Winkel der absoluten Orientierung (Überflug 2)	138

7	κ-Winkel der absoluten Orientierung (Überflug 2)	139
8	Winkelfehler der absoluten Orientierung (Überflug 2)	139
9	ω-Winkel der absoluten Orientierung (Überflug 3)	140
10	ϕ-Winkel der absoluten Orientierung (Überflug 3)	140
11	κ-Winkel der absoluten Orientierung (Überflug 3)	141
12	Winkelfehler der absoluten Orientierung (Überflug 3)	141
13	ω-Winkel der absoluten Orientierung (Überflug 4)	142
14	ϕ-Winkel der absoluten Orientierung (Überflug 4)	142
15	κ-Winkel der absoluten Orientierung (Überflug 4)	143
16	Winkelfehler der absoluten Orientierung (Überflug 4)	143
17	ω-Winkel der absoluten Orientierung (Überflug 5)	144
18	ϕ-Winkel der absoluten Orientierung (Überflug 5)	144
19	κ-Winkel der absoluten Orientierung (Überflug 5)	145
20	Winkelfehler der absoluten Orientierung (Überflug 5)	145
21	ω-Winkel der absoluten Orientierung (Überflug 6)	146
22	ϕ-Winkel der absoluten Orientierung (Überflug 6)	146
23	κ-Winkel der absoluten Orientierung (Überflug 6)	147
24	Winkelfehler der absoluten Orientierung (Überflug 6)	147
25	ω-Winkel der absoluten Orientierung (Überflug 7)	148
26	ϕ-Winkel der absoluten Orientierung (Überflug 7)	148
27	κ-Winkel der absoluten Orientierung (Überflug 7)	149
28	Winkelfehler der absoluten Orientierung (Überflug 7)	149
29	ω-Winkel der absoluten Orientierung (Überflug 8)	150
30	ϕ-Winkel der absoluten Orientierung (Überflug 8)	150
31	κ-Winkel der absoluten Orientierung (Überflug 8)	151
32	Winkelfehler der absoluten Orientierung (Überflug 8)	151
33	ω-Winkel der absoluten Orientierung (Überflug 9)	152
34	ϕ-Winkel der absoluten Orientierung (Überflug 9)	152
35	κ-Winkel der absoluten Orientierung (Überflug 9)	153
36	Winkelfehler der absoluten Orientierung (Überflug 9)	153
37	ω-Winkel der absoluten Orientierung (Überflug 10)	154
38	ϕ-Winkel der absoluten Orientierung (Überflug 10)	154
39	κ-Winkel der absoluten Orientierung (Überflug 10)	155
40	Winkelfehler der absoluten Orientierung (Überflug 10)	155
41	ω-Winkel der absoluten Orientierung (Überflug 11)	156
42	ϕ-Winkel der absoluten Orientierung (Überflug 11)	156
43	κ-Winkel der absoluten Orientierung (Überflug 11)	157

44	Winkelfehler der absoluten Orientierung (Überflug 11)	157
45	ω-Winkel der relativen Orientierung (Überflug 1)	159
46	ϕ-Winkel der relativen Orientierung (Überflug 1)	159
47	κ-Winkel der relativen Orientierung (Überflug 1)	160
48	Winkelfehler der relativen Orientierung (Überflug 1)	160
49	ω-Winkel der relativen Orientierung (Überflug 2)	161
50	ϕ-Winkel der relativen Orientierung (Überflug 2)	161
51	κ-Winkel der relativen Orientierung (Überflug 2)	162
52	Winkelfehler der relativen Orientierung (Überflug 2)	162
53	ω-Winkel der relativen Orientierung (Überflug 3)	163
54	ϕ-Winkel der relativen Orientierung (Überflug 3)	163
55	κ-Winkel der relativen Orientierung (Überflug 3)	164
56	Winkelfehler der relativen Orientierung (Überflug 3)	164
57	ω-Winkel der relativen Orientierung (Überflug 4)	165
58	ϕ-Winkel der relativen Orientierung (Überflug 4)	165
59	κ-Winkel der relativen Orientierung (Überflug 4)	166
60	Winkelfehler der relativen Orientierung (Überflug 4)	166
61	ω-Winkel der relativen Orientierung (Überflug 5)	167
62	ϕ-Winkel der relativen Orientierung (Überflug 5)	167
63	κ-Winkel der relativen Orientierung (Überflug 5)	168
64	Winkelfehler der relativen Orientierung (Überflug 5)	168
65	ω-Winkel der relativen Orientierung (Überflug 6)	169
66	ϕ-Winkel der relativen Orientierung (Überflug 6)	169
67	κ-Winkel der relativen Orientierung (Überflug 6)	170
68	Winkelfehler der relativen Orientierung (Überflug 6)	170
69	ω-Winkel der relativen Orientierung (Überflug 7)	171
70	ϕ-Winkel der relativen Orientierung (Überflug 7)	171
71	κ-Winkel der relativen Orientierung (Überflug 7)	172
72	Winkelfehler der relativen Orientierung (Überflug 7)	172
73	ω-Winkel der relativen Orientierung (Überflug 8)	173
74	ϕ-Winkel der relativen Orientierung (Überflug 8)	173
75	κ-Winkel der relativen Orientierung (Überflug 8)	174
76	Winkelfehler der relativen Orientierung (Überflug 8)	174
77	ω-Winkel der relativen Orientierung (Überflug 9)	175
78	ϕ-Winkel der relativen Orientierung (Überflug 9)	175
79	κ-Winkel der relativen Orientierung (Überflug 9)	176
80	Winkelfehler der relativen Orientierung (Überflug 9)	176

81	ω-Winkel der relativen Orientierung (Überflug 10)	177
82	ϕ-Winkel der relativen Orientierung (Überflug 10)	177
83	κ-Winkel der relativen Orientierung (Überflug 10)	178
84	Winkelfehler der relativen Orientierung (Überflug 10)	178
85	ω-Winkel der relativen Orientierung (Überflug 11)	179
86	ϕ-Winkel der relativen Orientierung (Überflug 11)	179
87	κ-Winkel der relativen Orientierung (Überflug 11)	180
88	Winkelfehler der relativen Orientierung (Überflug 11)	180
89	ω-Winkel des Navigationsfilters (Überflug 1)	182
90	ϕ-Winkel des Navigationsfilters (Überflug 1)	182
91	κ-Winkel des Navigationsfilters (Überflug 1)	183
92	Winkelfehler des Navigationsfilters (Überflug 1)	183
93	ω-Winkel des Navigationsfilters (Überflug 2)	184
94	ϕ-Winkel des Navigationsfilters (Überflug 2)	184
95	κ-Winkel des Navigationsfilters (Überflug 2)	185
96	Winkelfehler des Navigationsfilters (Überflug 2)	185
97	ω-Winkel des Navigationsfilters (Überflug 3)	186
98	ϕ-Winkel des Navigationsfilters (Überflug 3)	186
99	κ-Winkel des Navigationsfilters (Überflug 3)	187
100	Winkelfehler des Navigationsfilters (Überflug 3)	187
101	ω-Winkel des Navigationsfilters (Überflug 4)	188
102	ϕ-Winkel des Navigationsfilters (Überflug 4)	188
103	κ-Winkel des Navigationsfilters (Überflug 4)	189
104	Winkelfehler des Navigationsfilters (Überflug 4)	189
105	ω-Winkel des Navigationsfilters (Überflug 5)	190
106	ϕ-Winkel des Navigationsfilters (Überflug 5)	190
107	κ-Winkel des Navigationsfilters (Überflug 5)	191
108	Winkelfehler des Navigationsfilters (Überflug 5)	191
109	ω-Winkel des Navigationsfilters (Überflug 6)	192
110	ϕ-Winkel des Navigationsfilters (Überflug 6)	192
111	κ-Winkel des Navigationsfilters (Überflug 6)	193
112	Winkelfehler des Navigationsfilters (Überflug 6)	193
113	ω-Winkel des Navigationsfilters (Überflug 7)	194
114	ϕ-Winkel des Navigationsfilters (Überflug 7)	194
115	κ-Winkel des Navigationsfilters (Überflug 7)	195
116	Winkelfehler des Navigationsfilters (Überflug 7)	195
117	ω-Winkel des Navigationsfilters (Überflug 8)	196

118	ϕ-Winkel des Navigationsfilters (Überflug 8)	196
119	κ-Winkel des Navigationsfilters (Überflug 8)	197
120	Winkelfehler des Navigationsfilters (Überflug 8)	197
121	ω-Winkel des Navigationsfilters (Überflug 9)	198
122	ϕ-Winkel des Navigationsfilters (Überflug 9)	198
123	κ-Winkel des Navigationsfilters (Überflug 9)	199
124	Winkelfehler des Navigationsfilters (Überflug 9)	199
125	ω-Winkel des Navigationsfilters (Überflug 10)	200
126	ϕ-Winkel des Navigationsfilters (Überflug 10)	200
127	κ-Winkel des Navigationsfilters (Überflug 10)	201
128	Winkelfehler des Navigationsfilters (Überflug 10)	201
129	ω-Winkel des Navigationsfilters (Überflug 11)	202
130	ϕ-Winkel des Navigationsfilters (Überflug 11)	202
131	κ-Winkel des Navigationsfilters (Überflug 11)	203
132	Winkelfehler des Navigationsfilters (Überflug 11)	203
133	RANSAC-korrigierte ω-Winkel (Überflug 8)	205
134	RANSAC-korrigierte ϕ-Winkel (Überflug 8)	205
135	RANSAC-korrigierte κ-Winkel (Überflug 8)	206
136	RANSAC-korrigierte Winkelfehler (Überflug 8)	206
137	RANSAC-korrigierte ω-Winkel (Überflug 9)	207
138	RANSAC-korrigierte ϕ-Winkel (Überflug 9)	207
139	RANSAC-korrigierte κ-Winkel (Überflug 9)	208
140	RANSAC-korrigierte Winkelfehler (Überflug 9)	208
141	RANSAC-korrigierte ω-Winkel (Überflug 10)	209
142	RANSAC-korrigierte ϕ-Winkel (Überflug 10)	209
143	RANSAC-korrigierte κ-Winkel (Überflug 10)	210
144	RANSAC-korrigierte Winkelfehler (Überflug 10)	210

Tabellenverzeichnis

3.1 Genauigkeit des Applanix-Inertialsystems (Quelle: [74]) 37

7.1 RMS-Werte der elf Überflüge. (links ungefiltert, rechts Kalman-gefiltert, falsch initialisierte Überflüge sind kursiv dargestellt) 119

7.2 RMS-Werte der elf Überflüge (links ungefiltert, rechts Kalman- und RANSAC-gefiltert) 119

Symbolverzeichnis

Symbol	Erklärung
$\mathbf{B}_k$	Matrix A
B_1, B_2	Koeffizienten der Affinität und Scherung
b	Verschiebung einer Hyperebene zum Ursprung
c	Kammerkonstante, Brennweite
$\mathbf{C}$	Korrelationsmatrix
$\cos(\omega)$	Kosinus des Winkels ω
cols	horizontale Anzahl der Pixel
D	Verkehrsdichte
$\mathbf{D}$	Diagonalmatrix bei der Singulärwertzerlegung
d_x	Pixelbreite
d_y	Pixelhöhe
$\Delta(x, y)$	Verzeichnungsdifferenz
e	eulersche Zahl (2,718281828459)
$E[\mathbf{x}]$	Erwartungswert des Vektors $\mathbf{x}$
$exp(x)$	Exponentialfunktion mit Basis e und Exponent x
$\mathbf{F}_k$	Zustandsübergansmatrix im Zeitschritt k
$\mathbf{G}$	Nachbarschaftsmatrix
$\mathbf{G}_k$	Einflussmatrix des Systemrauschens im Zeitschritt k
$\mathbf{H}_k$	Beobachtungs- oder Messmatrix im Zeitschritt k
$\mathcal{H}$	Hyperebene
$\mathbf{I}$	Einheitsmatrix (identity matrix)
I, J	aufeinanderfolgende Aufnahmen mit zu assoziierenden Objekten
I_i, J_j	Objekte in den Aufnahmen I und J
$\|\|I_i - J_j\|\|$	euklidischer Abstand der Objekte I_i und J_j
$\mathbf{K}_k$	Kalman-Verstärkungsmatrix im Zeitschritt k
$K_1 - K_3$	Koeffizienten der radialsymmetrischen Verzeichnung
$\mathcal{K}$	Kernel-Funktion
κ	Rotationswinkel der z-Achse (photogrammetrische Orientierung)

$N_f(x,t)$	Fahrzeuganzahl in bestimmtem Ortsintervall zu bestimmter Zeit
ω	Rotationswinkel der x-Achse (photogrammetrische Orientierung)
$\mathbf{P}_k$	Kovarianzmatrix des Schätzfehlers im Zeitschritt k
P_1, P_2	Koeffizienten der radial-asymmetrischen Verzeichnung
$\langle p, q \rangle$	Skalarprodukt der Vektoren p und q
ϕ	Rotationswinkel der y-Achse (photogrammetrische Orientierung), Rotationswinkel der x-Achse (IMU-Orientierung)
Φ	Projektionsfunktion
ψ	Rotationswinkel der z-Achse (IMU-Orientierung)
Q	Verkehrsstärke
$\mathbf{Q}_k$	Kovarianzmatrix des Systemrauschens im Zeitschritt k
$\mathbf{R}_k$	Kovarianzmatrix des Messwertes im Zeitschritt k
r	Radius (Abstand eines Projektionsstrahles zur optischen Achse)
r', r''	Projektionsstrahlen in der Epipolarebene
r_{ij}	euklidischer Abstand der Objekte I_i und J_j, Element der Rotationsmatrix $\mathbf{R}$ mit dem Index i, j
$\mathbf{R}_x, \mathbf{R}_y, \mathbf{R}_z,$	Rotationsmatrizen um die Achsen x, y, z
$\mathbb{R}^g$	Merkmalsraum reeller Zahlen der Dimension g
rows	vertikale Anzahl der Pixel
σ	Standardabweichung der Gauß-Verteilung
$sign(x)$	Vorzeichen von x
$\sin(\omega)$	Sinus des Winkels ω
$\mathbf{T}, \mathbf{U}$	Orthogonalmatrizen (bei der Singulärwertzerlegung)
θ	Rotationswinkel der y-Achse (IMU-Orientierung)
$\bar{v}$	mittlere Geschwindigkeit der Fahrzeuge an einem Querschnitt (zeitlicher Mittelwert)
$\bar{v}_m$	mittlere Geschwindigkeit der Fahrzeuge im Verkehrsstrom (räumlicher Mittelwert)
w	Normalenvektor einer Ebene
$\mathbf{x}_k$	Zustandsvektor eines Kalman-Filters im Zeitschritt k
$\hat{\mathbf{x}}_k^-$	a-priori-Schätzung des Zustandes im Zeitschritt k
$\hat{\mathbf{x}}_k$	a-posteriori-Schätzung des Zustandes im Zeitschritt k
x	Ort auf der Strecke
X_c, Y_c, Z_c	Kamerakoordinaten
x_i, y_i	Bildkoordinaten
x, x_i	Trainingsdatenvektor der *SVM* (Index i)
x_{neu}	zu klassifizierender Vektor der *SVM*

$\bar{x}_i, \bar{y}_i$	verzerrte Bildkoordinaten
x_p, y_p	Pixelkoordinaten
X_p, Y_p	Bildhauptpunkteverschiebung (in Pixel)
$\mathcal{X}$	Menge der Trainingsbeispiele einer *SVM*
y_i	Klasse des Vektors x_i
$\mathbf{y}_k$	Messwert im Zeitschritt k

Abkürzungen

Abkürzung	Erklärung
AdV	Arbeitsgemeinschaft der Vermessungsverwaltungen der Länder der Bundesrepublik Deutschland
ANTAR	Airborne Traffic Analyzer
AO	Absolute Orientierung
ATKIS	Amtliches Topographisch-Kartographisches Informationssystem
ARGOS	Airborne Wide Area High Altitude Monitoring System
CC	Correlation Coefficient
CCD	Charge Coupled Device (Lichtempfindlicher Sensor)
FN	False Negatives
FP	False Positives
GCP	Ground Control Point
GPS	Global Positioning System
HOG	Histogram of Oriented Gradients
HOS	Histogram of Oriented Gradients
HSV	Hue Saturation Value
IMU	Inertial Measurement Unit
NAVTEQ	Navigation Technologies
RoI	Region of Interest
RANSAC	Random Sample Consensus
RAS-Q	Richtlinie für die Anlage von Straßen - Querschnitt
RMS	Root Mean Square (Mittlerer quadratischer Fehler)
RO	Relative Orientierung
SAR	Synthetic Aperture Radar
SBET	Smoothed Best Estimate of Trajectory
SIFT	Scale-Invariant Feature Transform
SURF	Speeded Up Robust Features
SVD	Singular Value Decomposition (Singulärwertzerlegung)
SVM	Support Vector Machine

UTM   Universal Transverse Mercator

Kapitel 1

Einleitung

Digitale Bildverarbeitung ist ein wichtiges Werkzeug in vielen Bereichen der Wissenschaft [72]. Ob in der Astronomie, der Elektronenmikroskopie, der Medizin oder wie im vorliegenden Fall der terrestrischen Fernerkundung, die digitale Bildverarbeitung automatisiert bzw. erleichtert die Analyse der gewonnenen Bilddaten. Die Luftbildfotografie geht bis in die Mitte des 19. Jahrhunderts zurück [84], als der Franzose Gaspar Tournachon von einem Heißluftballon über Paris die ersten Luftbilder aufnahm. Heutzutage findet die Luftbildfotografie auf den verschiedensten Gebieten Anwendung, sei es bei der Kartografie, der militärischen Aufklärung, der Stadtplanung, der Luftbildarchäologie oder der Verkehrslageerfassung. Letzterem Themengebiet widmet sich die vorliegende Arbeit.

Eine funktionierende Infrastruktur ist für eine moderne Gesellschaft unerlässlich. Das bedeutet, dass ein der Nachfrage angemessenes Verkehrsnetz existiert, in diesem Falle das Straßennetz. Leider sind jedoch Nachfrage und Angebot nicht immer ausgewogen. Wenn die Nachfrage aus unterschiedlichsten Gründen das Verkehrsangebot übersteigt, kommt es schnell zur Überlastung des Netzes. Um dies zu vermeiden, wird versucht, aktiv in den Verkehr einzugreifen. Bevor solch eingreifende Maßnahmen vorgenommen werden können, muss wie bei jedem Regelkreis zunächst gemessen werden. Die wichtigsten Größen sind dabei die Geschwindigkeiten der Fahrzeuge sowie die *Verkehrsstärke* Q und die *Verkehrsdichte* D [63].

Diese Größen beziehen sich auf einen Verkehrsstrom. Von einem Verkehrsstrom spricht man, wenn sich mehrere Fahrzeuge auf derselben Spur in dieselbe Richtung bewegen. Die Stromstärke dieses Stromes wird als Verkehrsstärke Q bezeichnet [86]. Sie leitet sich aus der Anzahl der Fahrzeuge her, die einen Querschnitt am Ort x in einem Zeitintervall Δt passieren, ist also eine querschnittsbezogene Messung [63]. Wenn die Zahl der am Querschnitt x zum Zeitpunkt t gezählten Fahrzeuge als $N_f(x,t)$ bezeichnet wird, ergibt sich die Verkehrsstärke bezogen auf das Zeitintervall

$[t_1, t_2]$ aus:

$$Q(x, t_1, t_2) = \frac{N_f(x, t_2) - N_f(x, t_1)}{t_2 - t_1} \qquad (1.1)$$

Die *Verkehrsdichte* D hingegen ist eine streckenbezogene Größe und bezieht sich auf die Anzahl der Fahrzeuge auf einem bestimmten Streckenabschnitt $[x_1, x_2]$ und ist wie folgt definiert:

$$D(x_1, x_2, t) = \frac{N_f(x_2, t) - N_f(x_1, t)}{x_2 - x_1} \qquad (1.2)$$

Es gibt die verschiedensten Arten von Detektoren für die Verkehrserfassung. Am weitesten verbreitet sind wohl die Induktionsschleifen [53]. Sie werden in den Boden der Straße eingelassen und haben den Vorteil, sehr zuverlässige Detektionsraten zu liefern, solange sie regelmäßig gewartet werden, was mit großem Aufwand verbunden ist ([35] S.31). Ein weiterer Nachteil sind die Kosten und der Aufwand, die Schleife in die Straßenoberfläche einzulassen. Andere Systeme detektieren mit Laser, Radar oder Kameras und sind meist auf Brücken, Schilderbrücken oder an Ampeln angebracht.

Nachteil dieser punktuellen Erfassungsmethoden (Kameras ausgenommen) ist, dass sich mit ihnen nur querschnittsbezogene Daten (Verkehrsstärken) erfassen lassen. Angenähert lässt sich die Verkehrsdichte über die Flussrelation aus

$$Q = \bar{v}_m D \approx \bar{v} D \qquad (1.3)$$

herleiten, wobei $\bar{v}_m$ die mittlere momentane Geschwindigkeit aller Fahrzeuge im Streckenabschnitt ist und $\bar{v}$ die mittlere Geschwindigkeit aller Fahrzeuge, die den Querschnitt x passieren. Unter der Annahme einer Gleichverteilung der Fahrzeugpositionen und einer Normalverteilung der Geschwindigkeiten sind $\bar{v}_m$ und $\bar{v}$ gleich [86], was jedoch in der Praxis nicht immer der Fall ist. Daher ist $\bar{v}$ allenfalls als Schätzwert für die mittlere momentane Geschwindigkeit zu betrachten.

Durch luftgestützte Verkehrserfassung ist es jedoch möglich, die Anzahl, den Ort und die Geschwindigkeit aller (erfassten) Fahrzeuge in einem nahezu beliebig großen räumlichen Intervall zu bestimmen. Dadurch lassen sich Verkehrsstärke und -dichte sowie deren zeitliche Mittelwerte berechnen [63].

Gerade bei Katastrophen oder Großereignissen, bei denen das Straßenverkehrsnetz um ein Vielfaches überlastet wird, ist an vielen Stellen keine Dichte messbar. In diesen Fällen ist die luftgestützte Erfassung von großem Vorteil. Zum einen können Einsatzzeit und -ort individuell gewählt werden, zum anderen werden große Gebiete komplett erfasst und müssen nicht interpoliert werden. Die Werkzeuge und Algorithmen, mit denen ein solches luftgestütztes Erfassungssystem realisiert werden kann, sollen in dieser Arbeit aufgezeigt und neu entwickelt beziehungsweise verbessert werden.

Die Arbeit beschäftigt sich mit folgenden Fragestellungen:

- Kalibrierung der äußeren Orientierung einer Luftbildkamera und Untersuchung der angegebenen Genauigkeit des Fluglagemesssystems
- Entwicklung von Algorithmen zur Fahrzeugerkennung und -verfolgung unter Berücksichtigung sehr großer Datenmengen
- Entwicklung einer Fluglagebestimmung auf Basis optischer Informationen

In den folgenden drei Kapiteln 2 bis 4 soll dem Leser ein Überblick über den Stand der Technik gegeben werden. Es werden Werkzeuge und Algorithmen vorgestellt, die die Grundlage für die in dieser Art entwickelten Neuerungen bilden. Im zweiten Kapitel wird auf die verwendete Hardware eingegangen. Die Erfassungssysteme *ANTAR* und *ARGOS* werden vorgestellt, welche im Laufe der letzten Jahre für den Zweck der luftgestützten Vekehrserfassung am DLR entwickelt wurden. Kapitel 3 befasst sich allgemein mit der Kalibrierung solcher Systeme und zeigt deren Realisierung bei *ANTAR* und *ARGOS*. In Kapitel 4 werden Algorithmen zur Vorverarbeitung der erfassten Aufnahmen vorgestellt, um diese für die in späteren Kapiteln implementierten Algorithmen aufzubereiten.

Die eigentlichen Innovationen dieser Arbeit werden in Kapitel 5 bis 7 dargelegt. Kapitel 5 befasst sich mit der Entwicklung eines hybriden Erkennungsalgorithmus, welcher die Vorteile aus schnellen aber unzuverlässigen und rechenintensiven aber genauen Algorithmen vereinen soll. Die ungenaue Vorauswahl mit einfachen Modellen erstellt in möglichst kurzer Zeit Fahrzeughypothesen, welche durch eine *Support Vector Machine* verifiziert werden. Die Kombination aus Vorauswahl und Verifizierung führt zu einem Algorithmus, welcher nicht nur zuverlässig detektiert, sondern es schafft, Aufnahmen von 20 bis 30 Megapixel während des Überfluges in Quasi-Echtzeit auszuwerten. Im Vergleich zu anderen Ansätzen werden sowohl Geschwindigkeit als auch Zuverlässigkeit optimiert.

In Kapitel 6 wird ein Trackingalgorithmus vorgestellt, der die detektierten Fahrzeuge in Folgebildern miteinander assoziiert. Da die Aufnahmen nicht kontinuierlich übertragen werden, können Fahrzeuge nicht über längere Bildsequenzen getrackt werden. Dafür wird ein Algorithmus verwendet, der zur Zuordnung von *Interest Points* in Stereobildern entwickelt wurde. Er basiert auf der Singulärwertzerlegung von Matrizen und berücksichtigt die relative Position sowie die Ähnlichkeit der zu assoziierenden Objekte. Dadurch lassen sich die mittleren Geschwindigkeiten der erfassten Fahrzeuge zuverlässig ableiten.

Kapitel 7 enthält eine alternative optische Orientierungsbestimmung, welche entwickelt wurde, um das Fluglagemesssystem IMU zu ersetzen. Da das Fluglagesystem eine der kostspieligsten Komponenten im ganzen System ist, soll die Messung der Flugzeug- bzw. Kameraorientierung durch den optischen Sensor übernommen werden. Mit Hilfe der GPS-Position wird die Fluglage durch Matching von bekannten Straßensegmenten geschätzt. Gestützt wird das Ganze durch eine zusätzliche relative Orientierung, um falsche Messungen zu kompensieren. Mittels eines Kalman-Filters und eines *RANSAC*-Algorithmus wurde in dieser Arbeit die korrekte Fluglage für sämtliche elf Testdatensätze auf durchschnittlich 0,17 Grad genau ermittelt.

Ein Ausblick auf weitere Forschungsthemen ist letztlich in Kapitel 8 zusammengefasst.

Kapitel 2

Aufnahmesysteme

Der Ansatz der luftgestützten Verkehrsdatenerfassung wird im Deutschen Zentrum für Luft- und Raumfahrt schon länger verfolgt. Zwei zu diesem Zweck entwickelte Systeme zur Verkehrslageerfassung bilden die Datengrundlage für die vorliegende Arbeit. Zum einen das System *ANTAR*, welches im Rahmen des LUMOS-Projektes bereits 2003 auf der ITSC-Konferenz in Shanghai vorgestellt wurde (vgl. [26] und [27]) und bisher in Flugzeugen, Hubschraubern und Zeppelinen zum Einsatz kam. Zum anderen befasst sich die Arbeit mit dem System *ARGOS*, mit dessen Entwicklung im Jahre 2007 im gleichnamigen Projekt am Institut für Methodik der Fernerkundung begonnen wurde. Die grundsätzliche Idee bestand darin, ein flexibles, auf kommerziellen Baugruppen basierendes Aufnahmesystem zu entwickeln, welches im Falle von Großereignissen oder Katastrophenszenarien in der Lage ist, im Überflug großflächig die Verkehrslage zu erfassen. Die Aufnahmen sollen als Entscheidungshilfe für Einsatzkräfte wie Feuerwehr, Polizei oder das Technische Hilfswerk (THW) dienen. Grundsätzlich arbeitet *ARGOS* nicht anders als das *ANTAR*-System, nur soll aufgrund größerer Flughöhe und höherer Auflösung die Bodenabdeckung um ein Vielfaches erhöht und somit die Aufnahmezeit verringert werden. Im Folgenden sollen beide Systeme kurz vorgestellt werden.

2.1 *ANTAR*

Der „Airborne Traffic Analyzer" (kurz *ANTAR*) besteht aus einer monochromen CCD-Kamera (siehe Abb. 2.1) mit einer Auflösung von 1024 x 1024 Pixeln. Diese liefert Luftbilder mit einer Frequenz von fünf Hertz. Eine zweite Kamera mit 320 x 240 Pixeln liefert zusätzlich Aufnahmen im thermalen Infrarotbereich. Diese kann aufgrund der geringeren Auflösung eine Bildrate von bis zu 25 Hertz erreichen. Zusätzlich liefert das Inertialsystem POS-AV 410 von Applanix (siehe [74] und Abb.

2.1) die aktuelle Flugzeugposition und -orientierung zu jeder Aufnahme.

Die Luftbilder werden im JPEG-Format gespeichert und erhalten Zusatzinformationen wie Fluglagedaten (GPS und IMU) sowie einen Zeitstempel (Abb. 2.2 gelb). Die Aufnahmen werden per Funkverbindung (Downlink) mit einer Datenrate von bis zu fünf MBit/s an die Bodenstation weitergeleitet und dort in Echtzeit verarbeitet (Abb. 2.2 blau).

Abbildung 2.1: Kameras und IMU des *ANTAR*-Systems

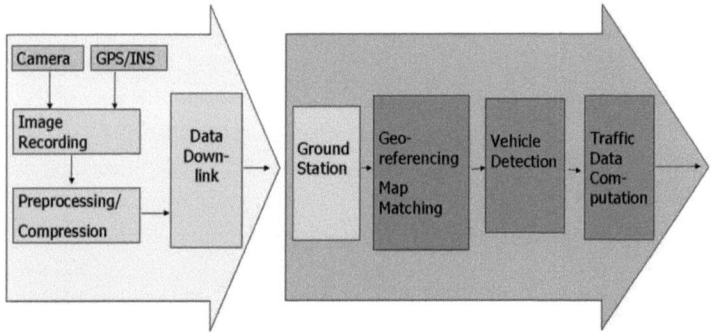

Abbildung 2.2: Schematischer Aufbau des *ANTAR*-Systems (Quelle: [51])

2.2 *ARGOS*

Das „Airborne Wide Area High Altitude Monitoring System" (kurz *ARGOS*) ist ähnlich aufgebaut wie das *ANTAR*-System.

Abbildung 2.3: 3K-Kamera des *ARGOS*

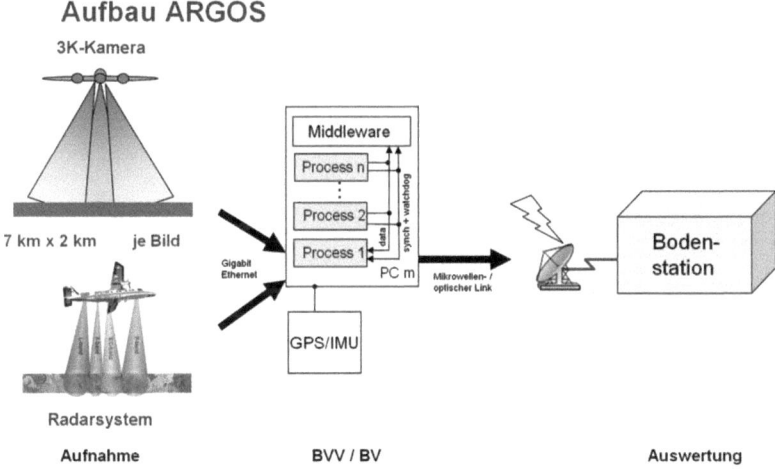

Abbildung 2.4: Schematischer Aufbau des *ARGOS*

Das Kernstück der optischen Erfassung bildet die 3K-Kamera (3K = 3-Kopf) (siehe Abb. 2.3). Die in dieser Arbeit verwendete Version ist eine Kombination aus drei Spiegelreflexkameras vom Typ „Canon EOS 1Ds Mark II" mit CMOS-Vollformatsensor und einer Auflösung von je 4992 x 3328 Pixeln (16,7 MPix). Die Bildrate der Kameras liegt bei höchstens drei Aufnahmen pro Sekunde. Erschwerend für den Echtzeitbetrieb kommt hinzu, dass die Kamera nach zwei bis vier Aufnahmen den internen Puffer leert und die Daten auf die Speicherkarte schreibt. Dabei wird die Aufnahme für sieben bis zehn Sekunden unterbrochen. Erst bei einer Bildrate von 2 Hertz wäre der kontinuierliche Betrieb möglich. Daher wird in Erwägung gezogen, den Ringpuffer der Kamera direkt auszulesen, anstatt die Daten auf die Speicherkarte zu übertragen, was jedoch zur Anfertigung dieser Arbeit noch nicht realisiert war. Daneben enthält *ARGOS* ein SAR-System (Siehe [43] und 2.4 links unten), welches zusätzlich Radar-Daten erheben soll, die jedoch hier nicht weiter berücksichtigt werden.

Die vorliegende Arbeit konzentriert sich jedoch ausschließlich auf die Aufnahme und Verarbeitung optischer Daten. Die *ARGOS*-Daten werden, anders als bei *ANTAR*, direkt an Bord verarbeitet (Abb. 2.4 Mitte). Der Downlink soll nur dazu dienen, bereits ermittelte Verkehrskenngrößen und Kartenbilder an die Bodenstation zu übertragen (Abb. 2.4 rechts). Die Informationen können von dort je nach Bedarf an verschiedene Interessenten wie Feuerwehr, THW oder Polizei weitergeleitet werden.

Für die Erfassung der Fluglagedaten ist ein Inertialsystem (GPS/IMU) der „Ingenieur-Gesellschaft für Interfaces mbH" (IGI) integriert [8]. Dies besteht aus drei orthogonal angeordneten Beschleunigungssensoren, welche die lineare Beschleunigung in x-, y-, und z-Richtung messen, sowie drei ebenfalls orthogonal angeordneten Drehratensensoren, welche die Winkelbeschleunigungen um die drei Achsen bestimmen. In Kombination mit einem GPS-Receiver können alle sechs Parameter der äußeren Orientierung erfasst werden.

Kapitel 3

Kalibrierung

Die im folgenden Kapitel beschriebene Kalibrierung bezieht sich auf das Inertialsystem Applanix POS-AV 410 des *ANTAR*-Systems. Um den im Bild erfassten Objekten, in diesem Fall den Fahrzeugen, eine geografische Position zuordnen zu können, sie zu georeferenzieren, müssen die äußere (Position und Richtung) und innere Orientierung (Abbildungseigenschaften) der Kamera zum Aufnahmezeitpunkt bekannt sein. Die je nach Modell bis zu zehn oder mehr Parameter der inneren Orientierung werden im Vorfeld bestimmt und ändern sich während eines Einsatzes normalerweise nicht. Die sechs Parameter der äußeren Orientierung hingegen, drei für die Translation (Position) und drei für die Rotation (Richtung), werden während des Fluges ständig von einem Inertialsystem erfasst und gespeichert. Nachfolgend wird das Inertialsystem auch als IMU (Inertial Measurement Unit) bezeichnet. Diese Art der direkten Georeferenzierung wird heutzutage für fast jede erdenkliche Art von luftgestützten Sensoren verwendet und hat die klassische Aerotriangulation, d.h. das Ausrichten jeder einzelnen Aufnahme durch Referenzpunkte, weitestgehend ersetzt (siehe [21] und [87]).

Da jedoch die äußere Orientierung der Kamera nicht mit der der IMU übereinstimmt, muss diese durch zusätzliche Rotation und Translation ausgeglichen werden. Die Winkel, welche den Rotationsoffset zwischen dem IMU-Koordinatensystem und dem Kameraprojektionszentrum beschreiben, werden als Boresightwinkel bezeichnet. Diese Winkel werden im Vorfeld in Testflügen bestimmt.

Für gewöhnlich sind die Translationen zwischen Kamera, Inertialsystem und GPS-Antenne ebenfalls von Belang, doch können diese in unserem Fall vernachlässigt werden. Der „lever arm" also der Abstand zwischen Inertial-System und GPS-Antenne (siehe 3.1), wurde vorher gemessen und wird vom Inertialsystem kompensiert. Der Abstand zwischen Inertialsystem und Kamera ist so gering (ca. 10 cm), dass er bei der zu erwartenden Genauigkeit der Kalibrierung nicht ins Gewicht fällt.

Somit werden die Nullpunkte des Projektionszentrums und des Inertialsystems als gleich angenommen.

3.1 Koordinatensysteme

Zuerst wird festgelegt, auf welche Koordinatensysteme sich die Orientierungsangaben beziehen. Die Koordinatensysteme sind mit Index und Bezeichung in den Abbildungen 3.1 und 3.2 skizziert. Zusätzlich stellen die Pfeile die Umrechnungen zwischen den Systemen mit den zugehörigen Rotationsmatrizen M_y^x dar.

Zum einen gibt es das Kartenkoordinatensystem (Index m, Abb. 3.1) mit der Ausrichtung X_m = Osten, Y_m = Norden und Z_m = Höhe (Angaben in Meter). Dieses System ist ein UTM-Koordinatensystem (siehe [2]), in welches die GPS-Koordinaten projiziert werden, und ist somit als Weltkoordinatensystem zu verstehen.

Als zweites existiert das Kamerakoordinatensystem (Index c, Abb. 3.1) mit der Ausrichtung (X_c = Rechts, Y_c = Oben, Z_c = Negative Blickrichtung). Da die Kamera im Flugzeug mit dem Blick nach unten gerichtet ist, zeigt die Y-Achse im Weltkoordinatensystem in Flugrichtung und die Z-Achse nach oben.

Das dritte Referenzsystem ist das Bildkoordinatensystem (Index i), welches die zweidimensionale Sensorebene der Kamera darstellt und somit auch nur zwei Koordinaten hat. Dieses System ist in Abbildung 3.2 skizziert. Es befindet sich im Abstand der Brennweite vor dem Projektionszentrum, lotrecht zur optischen Achse und hat die Ausrichtung X_i = Rechts, Y_i = Oben (Angaben in Millimeter), ist also achsparallel zum Kamerakoordinatensystem.

Als viertes wird das Pixelkoordinatensystem verwendet (Index p), welches ebenfalls in Abbildung 3.2 dargestellt ist. Es hat die Ausrichtung X_p = Rechts, Y_p = Unten (Angaben in Pixel). Es liegt koplanar zum Bildkoordinatensystem, hat seinen Ursprung jedoch nicht auf der optischen Achse sondern in der linken oberen Ecke des Bildes. Die Entfernung zwischen Pixelursprung und optischer Achse wird durch die Größe und Anzahl der Sensorelemente definiert.

Eine zweites Weltkoordinatensystem, das Navigationskoordinatensystem (Index n, Abb. 3.1) wird vom Inertialsystem benutzt. Es ist zwar achsparallel zum Kartenkoordinatensystem, hat jedoch die Ausrichtung X_n = Nord, Y_n = Ost, Z_n = Unten.

In diesem Koordinatensystem wiederum ist die Orientierung des Bodykoordinatensystems (Index b, Abb. 3.1) definiert, welches das Inertialsystem selbst darstellt. Es hat die Ausrichtung X_b = Flugrichtung, Y_b = Rechts, Z_b = Unten.

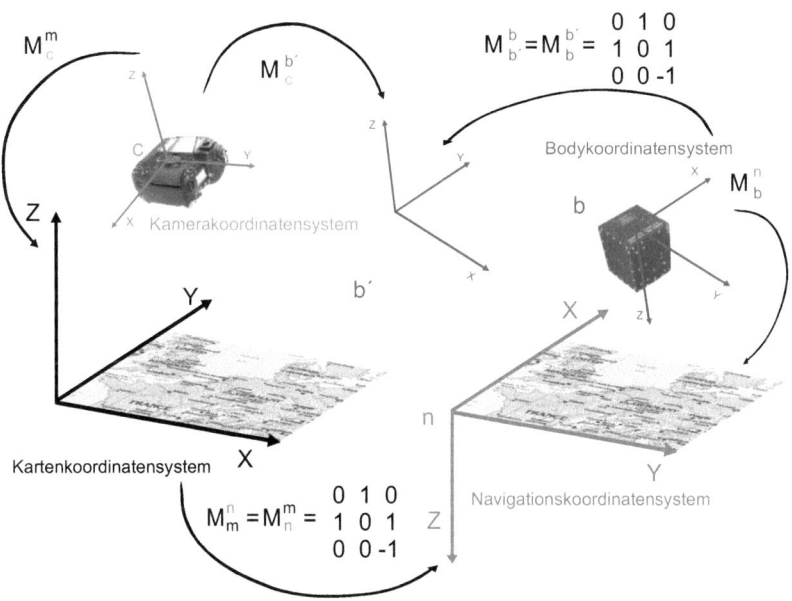

Abbildung 3.1: Verwendete Koordinatensysteme

3.2 Innere Orientierung

Um die äußere Orientierung der Kamera auf Grundlage von Bildinformationen bestimmen zu können, müssen ihre Abbildungseigenschaften, muss also die innere Orientierung bekannt sein. Die Abbildung umfasst die Transformation der Koordinaten vom Kamerakoordinatensystem (X_c, Y_c, Z_c) über das Bildkoordinatensystem mit normalisierten $(x_i, y_i, -c)$ und verzeichneten Bildkoordinaten $(\overline{x}_i, \overline{y}_i, -c)$ bis hin zum Pixelkoordinatensystem (x_p, y_p).

$$(X_c, Y_c, Z_c) \to (x_i, y_i, -c) \to (\overline{x}_i, \overline{y}_i, -c) \to (x_p, y_p) \tag{3.1}$$

Nach dem geometrischen Abbildungsmodell (vgl. [68]) werden Objekte zentralperspektivisch auf die Bildebene projiziert.

$$x_i = \frac{X}{Z} \cdot c \tag{3.2}$$

$$y_i = \frac{Y}{Z} \cdot c \tag{3.3}$$

Aufgrund des vergleichsweise kleinen Öffnungswinkels und der geringen Linsen-

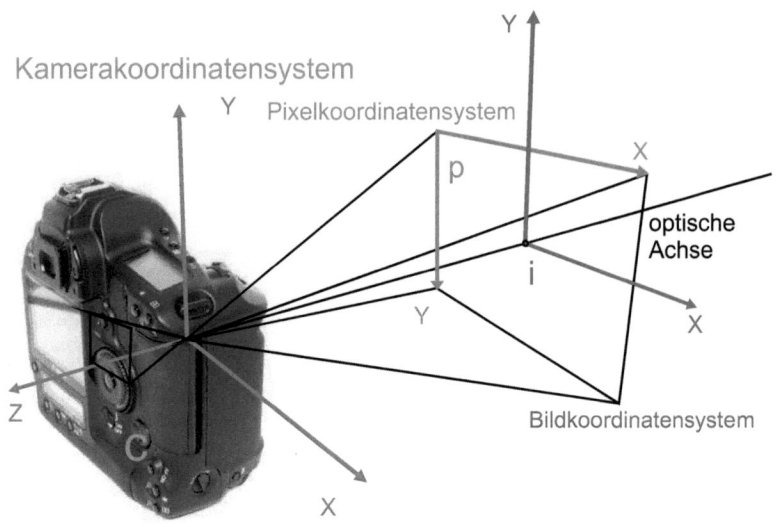

Abbildung 3.2: Verwendete Koordinatensysteme

verzeichnung wurde das Lochkamera-Modell in Verbindung mit einem vereinfachten Verzeichnungsmodell gewählt. Im Falle sehr kurzer Brennweiten und großer Öffnungswinkel (ab 180°) lassen sich einfallende Strahlen nicht mehr durch Zentralperspektive und Verzeichnungskorrektur abbilden, und andere Abbildungsmodelle müssen angewandt werden (siehe [50] und [67]).

Für die Korrektur der Verzeichnung wurde der Ansatz von Brown (vgl. [17]) gewählt. Dabei werden die abgebildeten Punkte je nach Position und Abstand r zur optischen Achse um einen bestimmten Vektor $(\Delta x, \Delta y)$ verschoben. Dieser errechnet sich in drei Schritten:

$$\Delta(x,y) = \Delta(x_r, y_r) + \Delta(x_d, y_d) + \Delta(x_a, y_a) \qquad (3.4)$$

Radial-symmetrische Verzeichnung:

$$\Delta x_r = \overline{x}(r^2 K_1 + r^4 K_2 + r^6 K_3) \qquad (3.5)$$

$$\Delta y_r = \overline{y}(r^2 K_1 + r^4 K_2 + r^6 K_3) \qquad (3.6)$$

Radial-asymmetrische Verzeichnung:

$$\Delta x_d = (r^2 + 2\overline{x}^2)P_1 + 2\overline{xy}P_2 \qquad (3.7)$$

$$\Delta y_d = 2\overline{xy}P_1 + (r^2 + 2\overline{y}^2)P_2 \qquad (3.8)$$

Affinität und Scherung:

$$\Delta x_a = \overline{x}B_1 + \overline{y}B_2 \qquad (3.9)$$

$$\Delta y_a = 0 \qquad (3.10)$$

Die Verzeichnungskoeffizienten $K_1, K_2, K_3, P_1, P_2, B_1$ und B_2 sind Parameter der inneren Orientierung der Kamera und müssen bei der Kalibrierung bestimmt werden. Allerdings werden mit den Gleichungen 3.4 bis 3.10 die normalisierten Koordinaten x und y aus den verzeichneten Koordinaten $\overline{x}$ und $\overline{y}$ errechnet. Da die sich ergebende Gesamtgleichung nicht invertierbar ist, müssen die Verzeichnungen iterativ errechnet werden, wobei die idealen Koordinaten x und y als Startwert genommen werden können. Experimente haben ergeben, dass beim verwendeten Objektiv nur zwei Iterationen notwendig sind, um die Verzeichnung zu korrigieren.

Hinzu kommt, dass die optische Achse nicht exakt durch die Mitte des Bildsensors verläuft und somit bei der Quantisierung eines Bildpunktes neben der Größe und Anzahl der Sensorelemente die Verschiebung des Bildhauptpunktes (X_p und Y_p) berücksichtigt werden muss. Die Pixelkoordinaten im Bild errechnen sich aus den verzeichneten Bildkoordinaten somit wie folgt:

$$x_p = \frac{\text{cols}}{2} + 0.5 + \frac{\overline{x} + X_p}{d_x} \qquad (3.11)$$

$$y_p = \frac{\text{rows}}{2} + 0.5 + \frac{\overline{y} + Y_p}{d_y} \qquad (3.12)$$

Die Parameter *cols* und *rows* geben die Anzahl der Sensorelemente pro Zeile und Spalte an, d_x und d_y stehen für die Größe der Elemente und X_p und Y_p für die Bildhauptpunktverschiebung. Die genannten Parameter wurden mithilfe der Kalibriersoftware „Australis" und bekannter Objektpunkte durch eine Bündelblockausgleichung bestimmt (siehe Abb. 3.3), welche in [68] beschrieben ist. Von den Verzeichnungsparametern K_1 bis B_2 werden jedoch nur die ersten beiden K_1 und K_2 in den weiteren Rechnungen berücksichtigt.

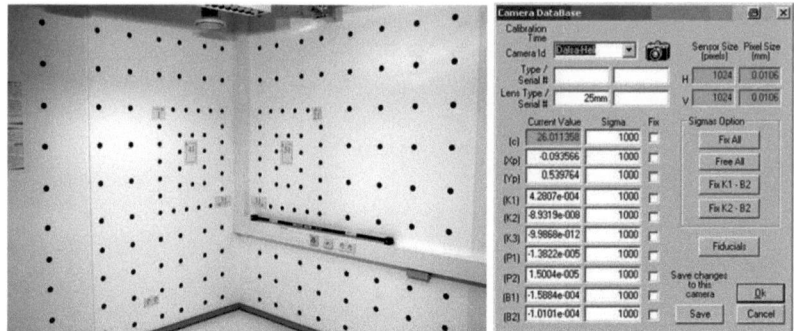

Abbildung 3.3: Kalibrierwand und innere Orientierung

3.3 Bestimmung der Einbauwinkel

Während die innere Orientierung die Transformation vom Kamera- (Index c) ins Pixelkoordinatensystem (Index p) beschreibt, bezieht sich die Äußere Orientierung auf die Transformation vom Navigations- (Index n) in das Kamerakoordinatensystem (Index c). Was an dieser Stelle jedoch ermittelt werden soll, sind die Einbauwinkel der Kamera im Verhältnis zum Inertialsystem, also der Zusammenhang der äußeren Orientierung beider Systeme (Indizes c und b). Mithilfe der inneren Orientierung der Kamera und bekannter Objektpunkte können Position und Blickrichtung der Kamera zum Aufnahmezeitpunkt berechnet werden. Mit dem eigens dafür implementierten ClickTool (Abb. 3.4) werden diese Objektpunkte im Bild angewählt. Da die Positionen der Punkte im Vorfeld durch DGPS bestimmt wurden, kann für jede Aufnahme durch Räumlichen Rückwärtsschnitt (siehe [68]) eine äußere Orientierung der Kamera errechnet werden. Diese äußere Orientierung entspricht der Transformation eines Punktes vom Karten- ins Kamerakoordinatensystem, also der Drehmatrix M_m^c (siehe Abb. 3.1) und dem Translationsvektor T_m^c. Da die Translation, wie schon erwähnt, vernachlässigt wird, interessieren uns fortan nur die Rotationsmatrizen.

Die Aufnahmen werden mit einem weiteren Programm, welches die eigentliche Boresight-Bestimmung vornimmt, in eine Liste geladen und die zugehörigen Orientierungsdaten des Inertialsystems aus der Aufnahme extrahiert oder aus einer externen Datei geladen. Die IMU-Orientierungen wurden zum Aufnahmezeitpunkt als Zusatzinformation in die jeweilige JPEG-Datei geschrieben. Werden nachprozessierte IMU/GPS-Daten verwendet, stehen diese in zusätzlichen $SBET$-Dateien. $SBET$ steht für „Smoothed Best Estimation of Trajectory" . Das Inertialsystem ist mit zusätzlicher Post-Processing-Software in der Lage, die fehlerbehafteten Navigationsdaten zu filtern (siehe [75]) und eine optimale Trajektorie zu schätzen.

Abbildung 3.4: ClickTool mit Aufnahme aus dem *ANTAR*-System

Die Position des Bodysystems T_b^n, welche gleichzeitig die Position der Kamera darstellt, ist in WGS84-Koordinaten angegeben, also zwei Winkel für die geographische Breite und Länge, und muss per UTM-Projektion in das vom GPS verwendete UTM-Koordinatensystem projiziert werden. Dabei muss die Meridiankonvergenz beachtet werden. Da sich die geografische Nordrichtung der IMU von der Nordrichtung des UTM-Koordinatensystems unterscheidet (siehe [47] und [60]), wird diese dementsprechend korrigiert.

Die Orientierung der IMU entspricht der Rotation eines Punktes vom Body- ins Navigationskoordinatensystem, also der Matrix M_b^n (siehe Abb. 3.1), wobei die Rotationsreihenfolge anders als üblich hier roll (ϕ), pitch (θ), heading (ψ) (also $X-$, $Y-$, $Z-$Achse oder Roll-, Nick-, und Gierwinkel) ist (siehe [18] und [46]). Die gesamte Rotationsmatrix definiert sich somit wie folgt:

$$\mathbf{M}_b^n = \mathbf{R}_z(\psi) \cdot \mathbf{R}_y(\theta) \cdot \mathbf{R}_x(\phi) \tag{3.13}$$

$$= \begin{bmatrix} \cos(\psi) & -\sin(\psi) & 0 \\ \sin(\psi) & \cos(\psi) & 0 \\ 0 & 0 & 1 \end{bmatrix} \cdot \begin{bmatrix} \cos(\theta) & 0 & \sin(\theta) \\ 0 & 1 & 0 \\ -\sin(\theta) & 0 & \cos(\theta) \end{bmatrix} \cdot \begin{bmatrix} 1 & 0 & 0 \\ 0 & \cos(\phi) & -\sin(\phi) \\ 0 & \sin(\phi) & \cos(\phi) \end{bmatrix} \quad (3.14)$$

Photogrammetrisch (siehe [68]) wird jedoch vorwiegen die Drehreihenfolge κ, ϕ, ω verwendet (also $Z-$, $Y-$, $X-$Achse). Die Rotationsmatrix $\mathbf{M}_c^m$ eines Punktes vom Kamera- ins Kartenkoordinatensystem definiert sich wie folgt:

$$\mathbf{M}_c^m = \mathbf{R}_x(\omega) \cdot \mathbf{R}_y(\phi) \cdot \mathbf{R}_z(\kappa) \quad (3.15)$$

$$= \begin{bmatrix} 1 & 0 & 0 \\ 0 & \cos(\omega) & -\sin(\omega) \\ 0 & \sin(\omega) & \cos(\omega) \end{bmatrix} \cdot \begin{bmatrix} \cos(\phi) & 0 & \sin(\phi) \\ 0 & 1 & 0 \\ -\sin(\phi) & 0 & \cos(\phi) \end{bmatrix} \cdot \begin{bmatrix} \cos(\kappa) & -\sin(\kappa) & 0 \\ \sin(\kappa) & \cos(\kappa) & 0 \\ 0 & 0 & 1 \end{bmatrix} \quad (3.16)$$

Um die obere Drehung $\mathbf{M}_b^n$ auf einen Punkt aus dem Kamera- ins Kartenkoordinatensystem anzuwenden, müssen die x- und y-Achse vor und nach der Drehung vertauscht werden. Die z-Achse wird gespiegelt.

$$\mathbf{M}_n^m = \mathbf{M}_m^n = \mathbf{M}_b^{\bar{b}} = \mathbf{M}_{\bar{b}}^b = \begin{bmatrix} 0 & 1 & 0 \\ 1 & 0 & 0 \\ 0 & 0 & -1 \end{bmatrix} \quad (3.17)$$

Die Rotationsmatrix $\mathbf{M}_n^m$ beschreibt also sowohl eine Drehung vom Karten- ins Navigationskoordinatensystem als auch die gegensätzliche. Die neue Rotationsmatrix $\mathbf{M}_{\bar{b}}^m$ ergibt sich dann aus

$$\mathbf{M}_{\bar{b}}^m = (\mathbf{M}_n^m)^{-1} \cdot \mathbf{M}_b^n \cdot \mathbf{M}_n^m \quad (3.18)$$

Somit wurde ein zweites Body-Koordinatensystem definiert (Index $\bar{b}$). Dessen Ursprung befindet sich nach wie vor an gleicher Stelle, seine Achsen sind jedoch wie die der Systeme m und c ausgerichtet. Um die Rotation des $\bar{b}$-Koordinatensystems in das Kamerakoordinatensystem zu ermitteln, welches der eigentlichen Boresight-Rotation entspricht, muss ein Punkt nun die folgenden Rotationen durchlaufen:

$$\mathbf{M}_{\bar{b}}^c = (\mathbf{M}_c^m)^{-1} \cdot \mathbf{M}_{\bar{b}}^m \quad (3.19)$$

Erstens findet eine Rotation vom $\bar{b}$-Koordinatensystem ins Kartenkoordinatensystem ($\mathbf{M}_{\bar{b}}^m$) und anschließend von diesem ins Kamerakoordinatensystem statt (siehe [90]). Die erhaltene Boresight-Matrix rotiert einen Punkt vom $\bar{b}$- ins Kamerakoordinatensystem. Die eigentlichen Boresightwinkel lassen sich aus der Rotationsmatrix mithilfe der speziellen Arkustanges-Funktion atan2(y, x) ermitteln. Da die Eindeutigkeit des Winkels bei der normalen Arkustangens-Funktion nicht gewährleistet ist, d.h. der Quadrant nicht bestimmt wird, gibt es in vielen Programmiersprachen eine Funktion, die mit zwei Argumenten aufgerufen wird. Anstelle ihres Quotienten $\frac{y}{x}$ werden die kartesischen Koordinaten einzeln übergeben (siehe [5]). Die Boresightwinkel sind demnach aus den Elementen der Matrix wie folgt zu berechnen:

$$\phi = \mathrm{atan2}\left(\mathbf{M}_{1,3}, \sqrt{\mathbf{M}_{2,3}^2 + \mathbf{M}_{3,3}^2}\right) \quad (3.20)$$

$$\omega = \mathrm{atan2}\left(\frac{-\mathbf{M}_{2,3}}{\cos(\phi)}, \frac{\mathbf{M}_{3,3}}{\cos(\phi)}\right) \quad (3.21)$$

$$\kappa = \mathrm{atan2}\left(\frac{-\mathbf{M}_{1,2}}{\cos(\phi)}, \frac{\mathbf{M}_{1,1}}{\cos(\phi)}\right) \quad (3.22)$$

Für mehrere Einzelaufnahmen aus vier Anflugrichtungen wurden so die Boresightwinkel durch eine eigens dafür implementierte Software ermittelt (Abb. 3.5). Zusammen mit der aktuellen IMU-Orientierung wurden Kontrollpunkte in alle Aufnahmen projiziert, deren GPS-Positionen ebenfalls bekannt waren. Die Projektionen wurden mit vorher angeklickten Passpunkten verglichen und die mittleren quadratischen Fehler berechnet. Die Kameraposition wurde vom GPS ermittelt und in der Ausgleichsrechnung als fixe Eingangsgröße behandelt. Für die Bestimmung der Boresightwinkel wurden nur nachprozessierte GPS/IMU-Daten (*SBET*) verwendet, welche nach Angaben des Herstellers „Applanix Corporation" die folgenden Genauigkeiten aufweisen.

Parameter Accuracy (RMS)	POS/AV^{TM} 410
Position (m)	0.05 - 0.30
Velocity (m/s)	0.005
Roll, Pitch (Deg)	0.008
True Heading (Deg)	0.015

Tabelle 3.1: Genauigkeit des Applanix-Inertialsystems (Quelle: [74])

Im Allgemeinen ist bei Inertialsystemen die Genauigkeit des Gierwinkels (heading) um das Zwei- bis Dreifache schlechter als die der Roll- (roll) und Nickwinkel (pitch). Das kommt daher, dass der Gierwinkel nicht durch die Erdbeschleunigung korrigiert werden kann, da er sich in einer Ebene parallel zur Erdoberfläche befindet (siehe [95]).

Die ermittelten Winkel unterliegen jedoch größeren Streuungen als erwartet (Abb. 3.5 und 3.6). Wie die Abbildung 3.7 zeigt, schwanken die Winkel ω, ϕ und κ mit Standardabweichungen von 0,05 bis 0,12 Grad. Diese Ungenauigkeiten erge-

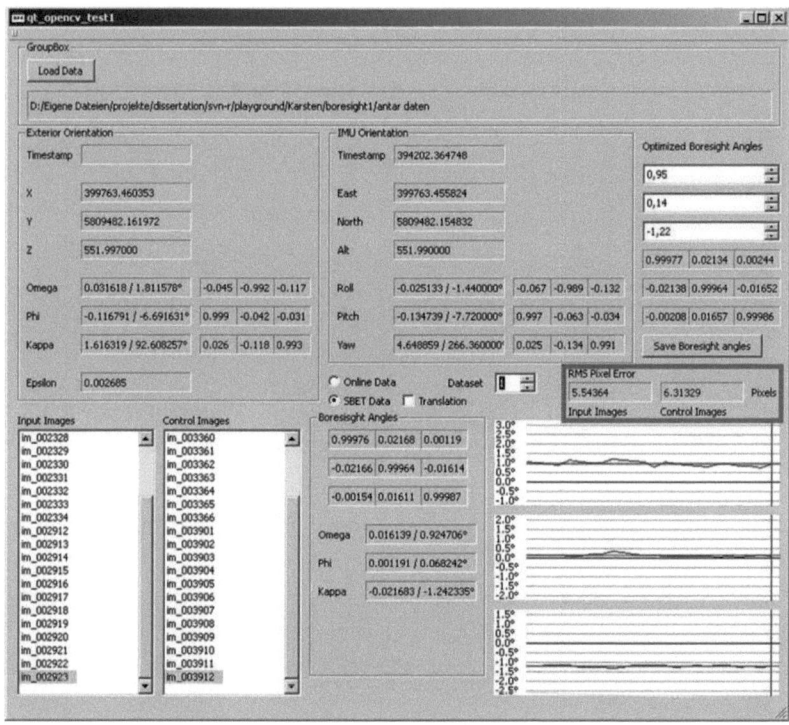

Abbildung 3.5: Software zur Ermittlung der Boresightwinkel (RMS-Fehler rot markiert)

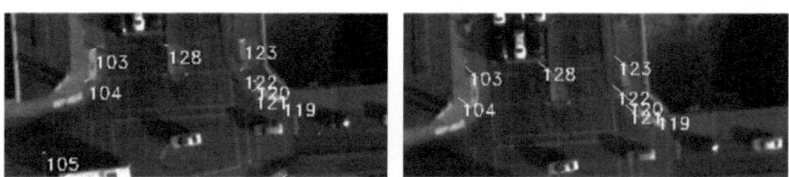

Abbildung 3.6: Disparitäten zweier aufeinanderfolgender Aufnahmen (weiße Striche)

ben bei den rückprojizierten Kontrollpunkten einen mittleren quadratischen Fehler (RMS) von 5-6 Pixeln, was bei der gegebenen Auflösung und Flughöhe einem Versatz von 1,0 bis 1,2 Metern am Boden entspricht.

Nach den Angaben in Tabelle 3.1 kann der RMS der GPS-Einheit bei nachprozessierten Daten bis zu 30 cm betragen. Bei den gegebenen Parametern entspricht das ca. 1,5 Pixeln im Bild. Die Fehler der IMU von 0,005 und 0,008 Grad beim Roll-

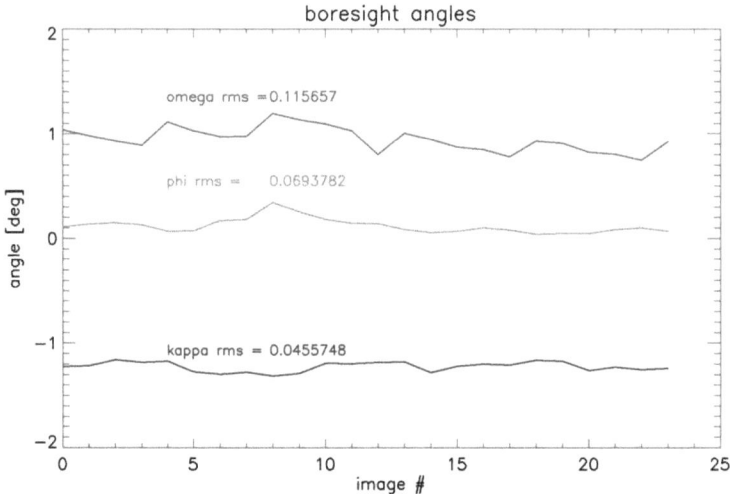

Abbildung 3.7: Ermittelte Boresightwinkel für verschiedene Aufnahmen

und Nickwinkel fallen mit ca. einem drittel Pixel in der Bildmitte wie am Rand nicht ins Gewicht. Der Kurswinkelfehler von 0,015 Grad würde am Bildrand weniger als ein achtel Pixel betragen, ist also auch vernachlässigbar klein. Diese Ungenauigkeit wird auch in [36] bestätigt und mit der unzureichenden Dämpfung der Kamera sowie ungenauer Synchronisierung zwischen IMU und Kamera erklärt.

Aufgrund der Vermutung, dass IMU und/oder GPS-Daten verzögert erzeugt werden, wurden systematisch verschiedene zeitliche Offsets verwendet und die Ergebnisse analysiert (siehe Abbildung 3.8). Auch wenn die minimalen RMS-Werte bei einem Zeitversatz von $-1ms$ liegen, unterscheiden sich diese nur geringfügig von den ursprünglichen Fehlerwerten bei 0 ms. Es lässt sich also für keinen Offset eine signifikante Verbesserung erkennen.

Eine weitere Vermutung war, dass die Kamera nicht exakt in dem Moment auslöst, wenn die IMU von ihr getriggert wird. Wenn sich bei festen Boresightwinkeln für jede Aufnahme ein individueller Zeitoffset finden ließe, bei dem der Fehler signifikant kleiner wird, wäre der Fehler auf die unstetige Synchronisation zwischen IMU und Kamera zurückzuführen. Doch auch der Versuch, die Ungenauigkeit mit einem variablen Synchronisations-Offset auszugleichen, war nicht möglich. Zwar ließ sich in einigen Aufnahmen der Fehler auf 0,5 bis 1,5 Pixel reduzieren, doch lag er bei drei der neun Kalibrierbilder nach wie vor zwischen vier und sieben Pixeln.

Die Experimente zeigen, dass sich die vom Hersteller angegebene Genauigkeit des

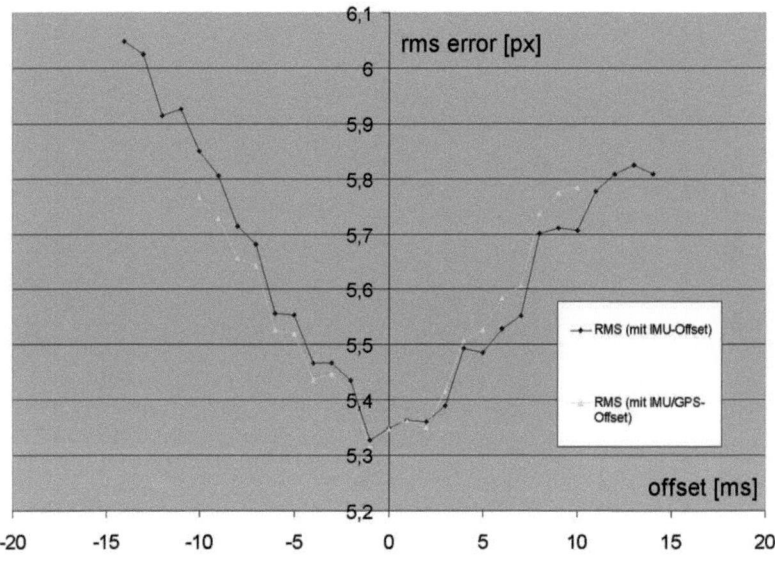

Abbildung 3.8: RMS-Werte bei verschiedenen zeitlichen Offsets

Inertialsystems nicht ohne Weiteres erreichen lässt. Die nächste in Frage kommende Ursache für die Ungenauigkeiten wäre, wie auch in [36] erwähnt wird, die schlechte Dämpfung des Systems. Weitere Experimente mit *ANTAR* könnten diese Hypothese bestätigen, wurden jedoch für diese Arbeit nicht weiter verfolgt.

Die bisher erreichbare Genauigkeit des *ANTAR*-Systems liegt somit bei einer Flughöhe von 500 Metern zwischen 1,0 und 1,2 Metern am Boden.

3.4 Alternative Kalibration bei *ARGOS*

Im Institut für Methodik der Fernerkundung am DLR-Standort Oberpfaffenhofen wurde eine alternative Bestimmung der Einbauwinkel für die 3K-Kamera des *ARGOS* entwickelt (siehe [61]). Die Boresightwinkel werden während des Fluges ohne bekannte Passpunkte oder Ground Control Points (GCP) ermittelt. Dabei werden je drei Aufnahmen berücksichtigt, in denen beliebige Kontrollpunkte festgelegt und verfolgt werden. Mit den aktuellen Fluglagedaten und den Boresightwinkeln müssten die Strahlen durch die Kontrollpunkte aller drei Aufnahmen in einem Raumpunkt konvergieren (siehe Abb. 3.9). Die drei Boresightwinkel werden in einer Ausgleichsrechnung so optimiert, dass die Raumstrahlen in minimalem Abstand aneinander vorbeilaufen.

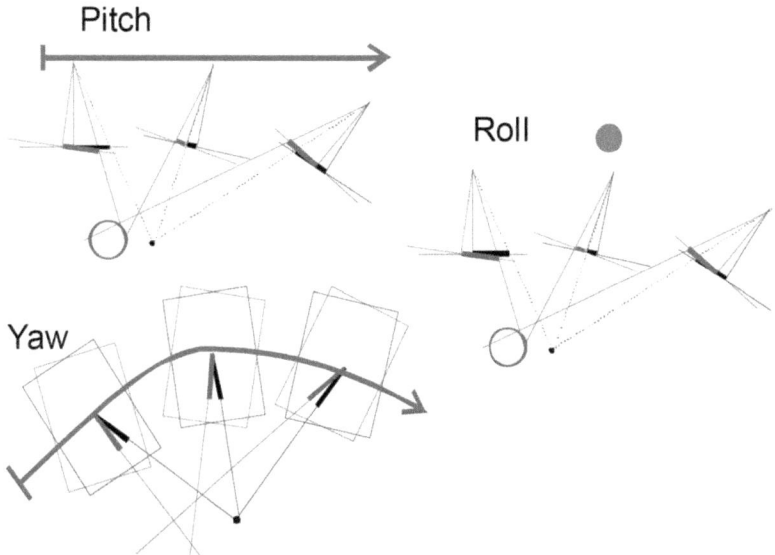

Abbildung 3.9: Kalibrierung mit drei Aufnahmen (rot - ohne Boresightwinkel, schwarz - mit korrekten Boresightwinkeln, Quelle: [61])

Die Genauigkeit dieser Kalibrierung ist mit fünf Metern in der Position und einem Meter in der Höhe zwar signifikant geringer als die klassische Verwendung von GCP (1,0 und 0,5 m), doch reicht sie für die Erfassung von Verkehrsdaten aus.

Kapitel 4

Vorverarbeitung

4.1 Georeferenzierung

Um jedem Pixel im Bild eine geografische Position zuzuordnen, werden die Luftaufnahmen orthorektifiziert und georeferenziert. Bei der Orthorektifizierung werden alle Bildpunkte unter Berücksichtigung sämtlicher Verzerrungen durch Linse, Perspektive oder Gelände senkrecht auf eine Referenzebene projiziert. Bei der Georeferenzierung werden die genordeten Aufnahmen als TIFF-Dateien gespeichert und mit einem geografischen Ankerpunkt und einem Skalierungsfaktor versehen. Die entstandene Format wird als GeoTIFF bezeichnet. Auf diese Weise können die Aufnahmen direkt auf Karten im UTM-Format (vgl. [2]) abgebildet werden.

Bei der im *ANTAR*-System verwendeten Software *TrafficFinder* werden die Bilder nach der sogenannten Ankerpunktmethode rektifiziert ([59] S. 426 ff.). Dafür werden für die vier Bildecken Höhenwerte berechnet und für dazwischenliegende Pixel interpoliert. Auch wird die geringe Linsenverzerrung der Kamera nicht berücksichtigt.

Anders als bei später verwendeten *ARGOS*-Aufnahmen wurden die GeoTIFFs aus den *ANTAR*-Aufnahmen (siehe Abb. 4.3) für diese Arbeit erneut orthrektifiziert. Dies geschah nach der klassischen Pixel-by-Pixel-Methode. Anstatt alle Pixel des Originalbildes mit einem Höhenmodell zu schneiden, wird zuerst das leere Orthobild oder GeoTIFF erstellt, für jedes Pixel die Höhe ermittelt und das Pixel mit dem korrespondierenden Grauwert aus dem Originalbild gefüllt. Die Berechnung geschieht auf der CPU und ist mit ca. 20 s pro Aufnahme nicht echtzeitfähig, soll aber auch nicht in der Prozessierungskette verwendet werden. Als Höhenmodell stehen die Daten der *Shuttle Radar Topography Mission* [7] aus dem Jahre 2000 zur Verfügung. Diese enthalten für nahezu die gesamte Erdoberfläche Höhendaten mit einer Auflösung von 3 Bogensekunden (ca. 90 m). Für die vorliegende Arbeit wurde ein Ausschnitt von 47° bis 57° nördlicher Breite und 7° bis 17° östlicher Länge verwendet. Der Orthorektifizierungs- und Georeferenzierungsprozess dazu verläuft wie folgt:

- Bestimmung des Skalierungsfaktors / der Bodenauflösung

   Wichtig für die Balance aus Rechenzeit und Informationsverlust ist der Skalierungsfaktor (Länge und Breite eines Bodenpixels). Zu kleine Pixel führen zu längeren Rechenzeiten, während bei der Projektion auf zu große Pixel Bildinformationen verloren gehen. Einerseits kann der optimale Skalierungsfaktor s für jedes Bild dynamisch aus der Flughöhe h, der Pixelgröße des Sensors dx und der Brennweite c bestimmt werden.

$$s = \frac{h \cdot dx}{c} \qquad (4.1)$$

   Unkomplizierter ist es jedoch für die Koregistrierung, also die geografische Registrierung der Bilder relativ zueinander, die Bodenauflösung vorher festzulegen. So kann für alle Aufnahmen die gleiche Skalierung verwendet werden. Im gezeigten Beispiel beträgt diese 20 cm/Pixel.

- Festlegung der Bildgrenzen

   Um die Bodengrenzen des Orthobildes bestimmen zu können, müssen die maximalen und minimalen Ost- und Nordwerte des Bildausschnittes ermittelt werden. Dafür werden die vier Ecken des Originalbildes auf das Höhenmodell projiziert. Da nicht für jeden Punkt Höhendaten zur Verfügung stehen und somit die Richtung des projizierten Strahls nicht von Anfang an bestimmt werden kann, werden die Schnitte iterativ ermittelt (Siehe Abb. 4.1).

   Als Ausgangshöhe wird ein Wert für ein von der Flugzeugposition gefälltes Lot bilinear interpoliert (Abb. 4.1). Der Projektionsstrahl einer Bildecke wird mit dieser Höhenebene geschnitten und für die bestimmte Position eine neue Höhe errechnet. Der Strahl wird wiederum mit dieser Höhe geschnitten um eine genauere Schnittposition zu ermitteln. Dieser Vorgang wird solange wiederholt, bis sich der Schnittpunkt in horizontaler Richtung nur noch minimal verschiebt. Aus den Koordinatenwerten der vier Schnittpunkte ergeben sich die Bodengrenzen des Orthobildes. Aus diesen kann dann mit Hilfe der vorher bestimmten Bodenauflösung die Größe des Orthobildes errechnet werden.

- Füllen des Orthobildes

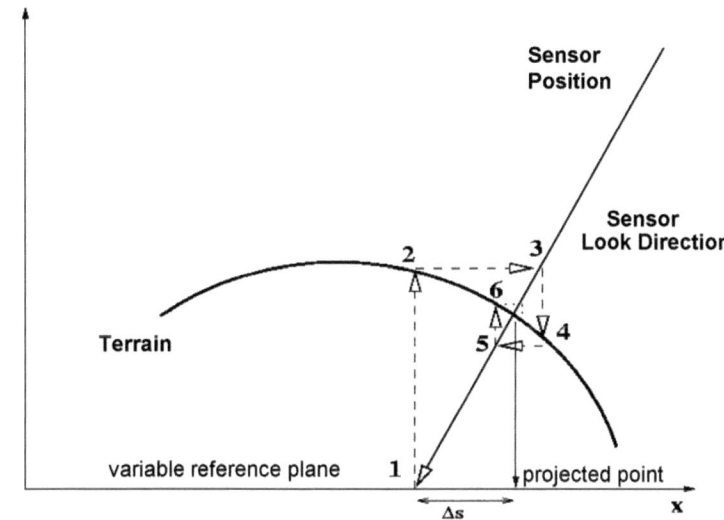

Abbildung 4.1: Iterative Höhenbestimmung (Quelle: [71])

Für jedes Pixel im Orthobild wird ein Höhenwert interpoliert und von dieser 3D-Position aus ein Strahl durch das Projektionszentrum mit der Bildebene geschnitten (Abb. 4.2). Der Schnittpunkt wird nach dem Brown-Modell verzerrt und in ein Bildpixel umgerechnet (vgl. Kapitel 3.2). Aus der daraus resultierenden Position kann der Grauwert aus dem Originalbild gelesen werden. Um Aliasing-Effekte zu vermeiden, sollte auch der gelesene Farbwert interpoliert werden.

4.1.1 GeoTIFF

Um das orthorektifizierte Bild zu georeferenzieren, wird es im TIFF-Format gespeichert und mit zusätzlichen Informationen versehen. „libtiff" ist eine freie C-Bibliothek und kann zur Arbeit mit TIFF-Dateien verwendet werden. Die Bilder haben vier Kanäle mit je acht Bit Farbtiefe, drei Farbkanäle und einen Alpha-Kanal, der den relevanten Bereich des Bildes maskiert. Die Bibliothek „libgeotiff" setzt darauf auf und kann das spezielle Format GeoTIFF verwalten. GeoTIFFs sind TIFF-Dateien mit zusätzlichen Metatags, die geographische Informationen zum Bild enthalten. Die wichtigsten sind die geographische Lage (UTM) mindestens einer Bildecke sowie der Skalierungsfaktor.

Bei *ARGOS* hingegen werden (siehe [94]) alle Pixel des Originalbildes mit dem

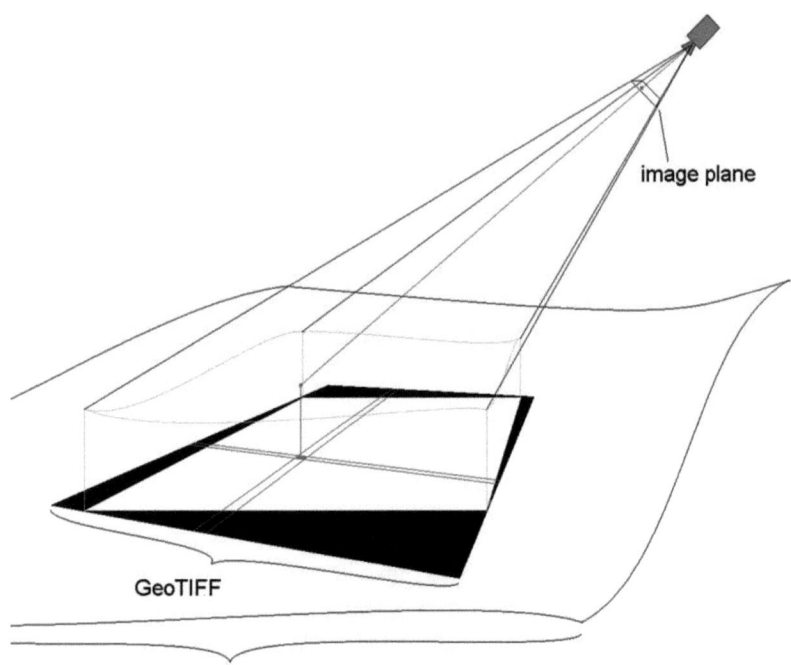

Abbildung 4.2: Projektion bei der GeoTIFF-Erzeugung

Höhenmodell geschnitten und von dort ins Orthobild projiziert. Die verbleibenden Lücken auf der Referenzebene müssen dann interpoliert werden. Die erforderlichen Rechenschritte werden per OpenGL auf der Grafikkarte ausgeführt, wobei bei 16,7 Megapixeln bis zu zehn Aufnahmen pro Sekunde verarbeitet werden können. Die Orthobildgenerierung bei *ARGOS* ist somit echtzeitfähig.

4.1.2 Genauigkeit der Orthobilder

Um die Genauigkeit der GeoTIFF-Bilder zu prüfen, wurden aus drei verschiedenen Anflügen je drei Kontrollbilder ausgewählt und in diesen manuell Passpunkte festgelegt. Da die GPS-Positionen dieser Passpunkte bekannt sind, können sie ebenfalls automatisch in das GeoTIFF projiziert werden (siehe Abb. 4.4). Ähnlich wie bei der Kalibrierung der Einbauwinkel (Kap. 3.3) kann die mittlere quadratische Abweichung zwischen der erwarteten und der projizierten Position errechnet werden. Wie schon durch die Genauigkeit der äußeren Orientierung zu erwarten war, lag der

Abbildung 4.3: GeoTIFF der DLR-Messstrecke „Ernst-Ruska-Ufer" in Berlin-Adlershof (Aufgenommen mit *ANTAR*)

RMS Fehler in den Bildern insgesamt bei 5,6 Pixeln, also ca. einem Meter.

4.2 Straßenprojektion

Um bei der späteren Fahrzeugerkennung (Kapitel 5) Rechenzeit zu sparen sowie Fehlerkennungen zu reduzieren, wird der Suchraum für Verkehrsobjekte zunächst eingegerenzt. Dafür werden die Straßen in den Aufnahmen als *Regions of Interest* maskiert. Digitale Straßenkarten können bei *Navigation Technologies* (*NAVTEQ* [6]) oder dem *Amtlichen Topographisch-Kartographischen Informationssystem* (ATKIS [11]) erworben werden. Als Datengrundlage für die vorliegende Arbeit wur-

Abbildung 4.4: Passpunkte in GeoTIFF-Bildern, grün - wahre Position, rot - projizierte Position, links - RMS = 1,6 Pixel (30 cm), rechts - RMS = 7,5 Pixel (150 cm)

de die Straßendatenbank von *NAVTEQ* aus dem Jahr 2009 verwendet und direkt in die GeoTIFFs projiziert. Die Daten enthalten die UTM-Koordinaten von Knotenpunkten, die ihnen zugeordneten Straßenabschnitte als Kanten sowie zahlreiche zusätzliche Informationen wie z.B. die Anzahl der Fahrspuren oder die Straßenkategorie. Die Straßenstücke werden in einer Liste mit den zugehörigen Koordinaten ihrer Endpunkte sowie ihres Mittelpunktes abgelegt. Koordinaten werden so zwar redundant gespeichert, doch erlaubt dies schnelleren Zugriff. Da das Lesen der *NAVTEQ*-Dateien im Textformat sehr lange dauert, werden die Listen in eigenen Dateien gespeichert.

Um nicht alle Straßen ins Bild projizieren zu müssen, wird für jede Kante geprüft, ob sich ihr Mittelpunkt in einer bestimmten Umgebung des georeferenzierten Bildes befindet. Da die Länge der Kanten sehr unterschiedlich ist und teilweise mehr als einen Kilometer betragen kann, werden alle Kanten vorher auf eine Maximallänge von 400 Metern zerteilt. Wenn sich der Mittelpunkt einer Kante im Umkreis von 200 Metern um das GeoTIFF-Bild befindet, kann diese im Bild zu sehen sein und wird gezeichnet.

4.2.1 Straßenbreite

Prinzipiell gibt es zwei Möglichkeiten, die Straßenbreite zu bestimmen. Zum einen kann diese aus einer Kombination von Spurbreite und Spuranzahl sowie der Breite der zugehörigen Seiten- und Mittelstreifen errechnet werden, andererseits gibt es nach der *Richtlinie für die Anlage von Straßen - Querschnitt* (kurz *RAS-Q*, siehe [1]) eindeutige Vorschriften, was den Gesamtquerschnitt bezüglich der Belastung angeht. Beide Methoden haben jedoch Schwachpunkte.

- Bei die Bestimmung der Gesamtbreite durch Regelquerschnitte (*RAS-Q*) tritt das Problem auf, dass die Straßen bei *NAVTEQ* in fünf verschiedene Hierarchie-Klassen eingeteilt sind. Diese lassen sich nur bedingt auf die neun Straßenquerschnitte der *RAS-Q* abbilden.

- Die Errechnung durch Addition aller vorhandenen Streifenbreiten erfordert nicht nur die Berücksichtigung verschiedener Streifenbreiten für die Fahrstreifen (zwischen 2,75 und 3,75 Metern), sondern auch für Mittel-, Seiten-, Seitentrenn- und Randstreifen. Da diese Informationen im Einzelnen nicht durch *NAVTEQ* gegeben werden, ist diese Art der Bestimmung fehlerbehaftet und unnötig aufwendig zu rechnen.

Einfacher und nicht weniger genau ist die Verwendung der Regelquerschnitte durch *RAS-Q*. Die Straßenbreiten in Deutschland sind in neun Regelquerschnitte (RQ 7,5 bis RQ 35,5) eingeteilt, wobei der Name dem Querschnitt in Metern entspricht. Fünf dieser Querschnitte (1,3,5,7 und 9) werden den fünf Hierarchieklassen von *NAVTEQ* zugeordnet. Zusätzlich wird ein Kalibrierfehler der äußeren Orientierung von durchschnittlich 1,5 m auf beiden Straßenseiten dazugerechnet, um sicherzustellen, dass möglichst wenige Fahrzeuge durch ungenaue Orientierung ausgeschlossen werden.

4.2.2 Genauigkeit der Straßenprojektion

Die *NAVTEQ*-Daten sind jedoch fehlerhaft, einerseits weil Straßen ständig neu gebaut werden, zum anderen sind ihre GPS-Positionen ungenau. Beispielsweise ist die DLR-Messstrecke am „Ernst-Ruska-Ufer" als zweispurige Straße der Hierarchie-Klasse 4 mit je einem Fahrstreifen pro Richtung angegeben (siehe Abb. 4.5), was dem RQ 7,5 (7,5 m Breite) entspricht. Doch ist diese Straße mittlerweile vierspurig ausgebaut worden und hat mit dem Randstreifen eine Breite von 16,5 Metern, muss also in die Klasse 2 (entspricht RQ 20) eingeordnet werden.

In [92] wurden zehn markante *NAVTEQ*-Koordinaten auf ihre Genauigkeit hin überprüft. Die Abweichungen zu den tatsächlichen Koordinaten lagen in den dort verwendeten Testdatensätzen bei durchschnittlich 1,7 Metern. Vereinzelt lagen diese höher, ein Punkt wies sogar einen Positionsfehler von 6,1 Metern auf. Wie in Abbildung 4.5 rechts zu sehen ist, werden die Koordinaten von Straßenknoten bei kleineren Straßen manchmal sehr ungenau angegeben. Im gezeigten Beispiel liegt die vertikal verlaufende Straße (grün) mehr als fünf Meter neben der gegebenen *NAVTEQ*-Kante (rot). Fahrzeuge am linken Rand der Straße würden somit trotz des Puffers von je 1,5 Metern nicht im Erkennungsbereich liegen.

Abbildung 4.5: Fehler in der *NAVTEQ*-datenbank (links falsche Spuranzahl, rechts falsche Position)

4.2.3 Straßenkorrektur

Grundsätzlich gibt es zwei Möglichkeiten, die ungenauen Straßenkoordinaten der *NAVTEQ*-Datenbank zu korrigieren. Zum einen kann man eine genauere Datengrundlage benutzen, da *NAVTEQ* nicht als einziger Anbieter in Frage kommt. Die *Arbeitsgemeinschaft der Vermessungsverwaltungen der Länder der Bundesrepublik Deutschland (AdV)* verfügt zwar durch das *ATKIS*-Projekt (Amtliches Topographisch-Kartographisches Informationssystem) über weitaus detailliertere Straßenkarten, doch stellte sich deren Genauigkeit im verwendeten Testdatensatz [92] mit 3,3 Metern als noch unzuverlässiger heraus. Die zweite Alternative ist somit, die Straßenlage aus den vorhandenen Bilddaten zu korrigieren. Dafür wurde eine einfache eindimensionale Optimierung implementiert, welche das jeweilige Straßenelement orthogonal zur Fahrtrichtung verschiebt. Als Bewertung werden die Pixel gezählt, welche gleichzeitig als Straßenoberfläche angenommen und vom projizierten Straßenelement abgedeckt werden. Dafür muss die Straßenoberfläche extrahiert werden. Ein einfacher Ansatz geht von einem bestimmten Farbwert der Straße aus. Auch wenn diese als grau erscheint, deckt deren Farbe im HSV-Farbraum [9] einen bestimmten Winkel ab. Gleichzeitig wird die Straße auf ihre Sättigung geprüft, da diese meist sehr gering ist.

Wie die Abbildungen 4.6 und 4.7 zeigen, werden die Straßenelemente in ihrer Lage optimiert. Dadurch sind mehr Fahrzeuge von der Straßenmaske abgedeckt, welche ansonsten nicht erkennbar wären. Zusätzlich wird die Falscherkennung verringert, da neben den Straßen befindliche Strukturen nicht berücksichtigt werden. Zu beachten ist jedoch, dass der Farbwinkel der Straßenoberfläche im HSV-Farbraum nicht immer gleich ist, sondern sich leicht mit dem Wetter und dem Weißabgleich der Kamera verändert. An der Stelle sollten bessere Straßenerkennungsalgorithmen, wie

Abbildung 4.6: Straßenprojektion unkorrigiert (Straße - rot, Umgebung - türkis)

Abbildung 4.7: Straßenprojektion korrigiert

z.B. in [42] vorgestellt (siehe Kap. 7.1.1), Abhilfe schaffen. Wie sich die Verbesserung der Straßenposition auf die Erkennung auswirkt, wird in Kapitel 5.3 gezeigt.

Kapitel 5

Fahrzeugerkennung

Zur Erkennung von Fahrzeugen in Luftbildern gibt es eine Reihe von Veröffentlichungen und verschiedenste Ansätze. Im Allgemeinen können die Ansätze nach [41] in zwei Gruppen unterteilt werden. Zum einen solche mit impliziter, zum anderen mit expliziter Modellierung.

Erstere Ansätze gehen, wie der Name sagt, von einem impliziten Fahrzeugmodell aus. Das heißt, es existiert anfangs keine Modellbeschreibung. In der Trainingsphase leitet ein Klassifikator ein Vielzahl von Merkmalen (features) aus ihm vorliegenden Bildausschnitten ab. Diese Trainingsdaten werden vom Benutzer als *Fahrzeug* oder *Nicht-Fahrzeug* deklariert. Nach dem Training hat der Algorithmus ein implizites Fahrzeugmodell erlernt. Die Arbeiten [34], [62], [64] und [81] befassen sich mit dem Thema der impliziten Fahrzeugerkennung auf Basis von *Support Vector Machines* (*SVM*), *Boosting* oder *High Order Statistics* (*HOS*).

In [96] werden Histogramme von orientierten Gradienten (*HOG*) verwendet (vgl. [24]), die ebenfalls durch einen Boosting-Algorithmus (siehe [33]) separiert werden. Dafür werden zunächst mehrere positive und negative Trainingsbeispiele erhoben. Dabei wird die Region um ein Objekt in mehrere Fenster unterteilt, für die die Gradienten bestimmt werden. Aus Betrag und Richtung der Gradienten werden Histogramme erstellt und in einen multidimensionalen Merkmalsraum eingetragen. Danach wird eine Reihe von schwachen Klassifikatoren angewandt, um die Daten zu separieren. Der endgültige Klassifikator ergibt sich aus einer Linearkombination aller schwachen Klassifikatoren. Für die Detektion wird das Bild dann zuerst segmentiert, um verkehrsaktive Flächen zu extrahieren und Rechenzeit zu sparen. Über jedes Pixel dieser Region of Interest (*RoI*) werden die jeweiligen *HOG* berechnet und klassifiziert.

Der Algorithmus erreichte für die untersuchten Szenen Vollständigkeiten von bis zu 87 Prozent, hat jedoch den entscheidenden Nachteil, dass die Berechnungszeit bei vielen Straßen trotz Vorsegmentierung bis zu einer Stunde dauern kann. An dieser Stelle wirkt sich die hohe Anzahl der extrahierten Merkmale (269) negativ aus.

Der explizite Ansatz bezieht sich von Anfang an auf ein oder meist mehrere vordefinierte Fahrzeugmodelle. Diese können als zwei- oder dreidimensionale geometrische Konstrukte vorliegen. Die Erkennung erfolgt meist auf der Basis von Kantenfiltern, wobei versucht wird, die extrahierten Fahrzeugkanten mit den Kanten im Modell zu assoziieren. Zwei einfache Ansätze mit zweidimensionalen Modellen werden in [25] und [73] beschrieben. Während in [25] in kantengefilterten Bildern nach rechteckigen Formen mit bestimmter Größe und Ausrichtung gesucht wird, generiert man bei [73] das Kantenfilter selbst in Fahrzeugform.

Ein etwas aufwändigerer Ansatz wird in [38] verfolgt, indem die Autoren auf Basis von 400 dreidimensionalen Modellen versuchen, den Schattenwurf der Fahrzeuge zu bestimmen und zu erkennen. In [41] und [101] gehen die Autoren noch weiter und versuchen zusätzlich die Windschutzscheiben der Fahrzeuge zu erkennen sowie auf Basis eines radiometrischen Modells die Stärke der extrahierten Kanten vorauszusagen. Die finale Entscheidung wird bei [101] durch ein Bayes´sches Netz getroffen.

5.1 Ansatz

Auf der einen Seite ist der Algorithmus umso zuverlässiger, je mehr Merkmale extrahiert und verglichen werden, doch kostet das Ganze auch wesentlich mehr Rechenzeit. So hat der in [41] vorgestellte Ansatz zwar eine sehr hohe Zuverlässigkeit, was bedeutet, dass in den Tests keine einzige Fehlextraktion auftrat, doch braucht der Algorithmus nach Angaben des Autors in etwa vier Minuten, um eine Aufnahme von einem Megapixel auszuwerten.

Da die Aufnahmen des *ARGOS* eine Originalauflösung von je 16,7 Megapixeln haben und die generierten GeoTiffs bis zu 30 Megapixel, wäre ein solcher Rechenaufwand nicht angemessen. Gleichzeitig hat das System *ANTAR* gezeigt, dass eine Vollständigkeit von etwa 60 bis 75 Prozent für die Erfassung der Verkehrslage akzeptable Ergebnisse liefert [25].

Im gewählten Ansatz liegt der Fokus somit auch vorerst auf der Geschwindigkeit als auf der Genauigkeit (siehe [57]). Die Entscheidung fiel auf einen zweistufigen Algorithmus, um die Vorteile der schnellen und die der zuverlässigen Detektion zu vereinen.

In einer ersten Phase soll ein möglichst einfaches explizites zweidimensionales Fahrzeugmodell verwendet werden, um in akzeptabler Geschwindigkeit Fahrzeughypothesen für die verkehrsaktiven Flächen der Aufnahme zu sammeln. Der Suchraum wird dabei nochmals auf wenige hundert Pixel reduziert. In Phase zwei sollen diese Hypothesen durch einen rechenintensiveren Klassifizierungsalgorithmus auf ihre Richtigkeit geprüft werden. Dadurch sollen in möglichst kurzer Zeit falsch erkannte Objekte überprüft und verworfen werden, was die Zuverlässigkeit bedeutend verbessert.

5.1.1 Phase eins - Erstellung von Objekthypothesen

Wie schon in [73] vorgestellt, arbeitet der in Phase eins verwendete Algorithmus ebenfalls mit speziell geformten Kantenfiltern. Diese Art der Erkennung liefert die besten Ergebnisse, wenn zusätzlich Informationen über die verkehrsaktive Fläche (Straße) sowie deren Ausrichtung berücksichtigt werden. Dies sind genau die Voraussetzungen, welche durch die Straßendatenbank gegeben und in Kapitel 4.2 beschrieben sind.

Am Anfang wird das Originalbild in ein Grauwertbild umgewandelt, da nach einer Studie von PPG Industries [3] aus dem Jahre 2004 über zwei Drittel der weltweit hergestellten Fahrzeuge keine Farbinformation haben, also schwarz, weiß oder grau sind (38% silbern, 15,4% weiß, 13,9% schwarz). Auch neuere Untersuchungen kommen zu ähnlichen Ergebnissen [4]. Darüberhinaus haben Tests ergeben, dass der Algorithmus bei Anwendung auf alle Farbkanäle keine signifikanten Änderungen der Ergebnisse zur Folge hat. Somit sind zwei Drittel der Rechenzeit redundant.

Der Algorithmus projiziert die gegebenen Straßensegmente einzeln in das Orthofoto, bevor ein Rechteck um jedes Straßensegment als *Region of Interest* (Abb. 5.1 und 5.2) ausgeschnitten wird. Je nach Pixelskalierung und Ausrichtung des Straßensegmentes werden vier Kantenfilter (Abb. 5.3) erstellt, welche die vier Kanten des Fahrzeugs repräsentieren. Die Vorgehensweise entspricht somit einem expliziten zweidimensionalen Fahrzeugmodell, ähnlich wie in [73].

Die Filter liefern vier Antwortbilder (Abb. 5.4), welche zunächst schwellwertgefiltert werden (Abb. 5.5). Der Schwellwert kann frei gewählt werden und bestimmt dabei die Sensibilität des Filters. Je höher er ist, desto stärker muss der Kontrast einer Kante sein, um erkannt zu werden. Anstatt die Kanten für verschiedene Fahrzeuggrößen zurecht zu schieben und die Aufnahmen mehrfach zu filtern, ist es eleganter, die Filterantworten selbst (je nach Fahrzeuglänge und -breite) zu verschieben. Die Kanten müssen in beide Richtungen verschoben werden, um sicherzustellen, dass sowohl helle als auch dunkle Fahrzeuge erkannt werden. Hierbei ist wichtig, nur Kanten zu verknüpfen, die in die gleiche Richtung zeigen, nach innen oder außen. Wird dies nicht berücksichtigt, treten mehr Fehldetektionen auf. Wenn die verschobenen

Abbildung 5.1: GeoTIFF mit Straßensegment

Filterantworten UND-verknüpft werden, bleiben nur die Stellen übrig, an denen alle vier Filter ausreichend stark reagiert haben (Abb. 5.6).

Erst jetzt wird das resultierende Teilbild mit dem Straßensegment maskiert, um sämtliche Objekthypothesen außerhalb der Straße zu entfernen. Dies geschieht jedoch erst nach dem Filtern, damit auch einzelne Fahrzeugkanten, die nicht im maskierten Bereich liegen, berücksichtigt werden. Ein Beispiel dafür ist das Fahrzeug rechts oben in Abb. 5.6.

Um die Hypothesen auf jeweils ein Pixel zu reduzieren, werden die verbleibenden Bereiche mittels *Non-Maxima-Suppression* (vgl. [78]) skelettiert und anschlie-

Abbildung 5.2: Straßensegment

Abbildung 5.3: Filter für die vier Fahrzeugkanten

ßend, um Doppeldetektionen zu vermeiden, auf ihren Abstand untereinander geprüft. Wenn zwei Hypothesen weniger als die Fahrzeuglänge bzw. -breite voneinander entfernt sind, wird diejenige mit der geringeren Intensität verworfen. Die übrigen Fahrzeughypothesen werden mit Angaben zur Position, Fahrzeugklasse, Winkel, Intensität und Straßensegment in einer Liste gespeichert.

Nachdem alle Straßensegmente einer Aufnahme bearbeitet wurden, werden die Fahrzeuge erneut auf ihren Abstand überprüft, da einige Fahrzeuge in den sich überlappenden Bereichen benachbarter Segmente erkannt und somit doppelt registriert wurden.

Als Ergebnis aus Phase eins liegt nun eine Liste der Positionen aller Fahrzeughypothesen einer Aufnahme mit eben genannten Zusatzinformationen vor.

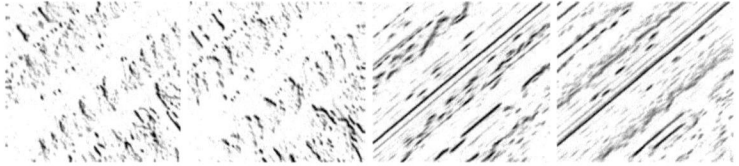

Abbildung 5.4: Die vier Filterantworten

Abbildung 5.5: Die vier Filterantworten (nach Schwellwert)

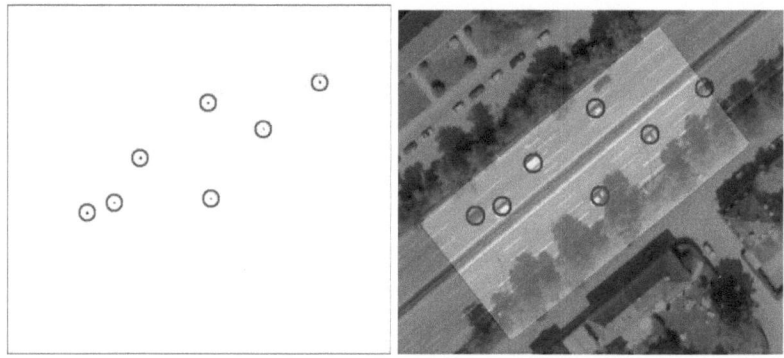

Abbildung 5.6: UND-Verknüpfung der Filterantworten

5.1.2 Phase zwei - Validierung der Hypothesen

Nachdem mittels einfacher (wenn auch speziell angepasster) Kantendetektion in möglichst kurzer Zeit möglichst viele Hypothesen für die Existenz von Fahrzeugen erstellt wurden, kommt ein aufwändigerer Klassifizierungsalgorithmus zum Einsatz, um diese Hypothesen zu überprüfen. Phase eins ist notwendig, da das folgende Vorgehen für die gesamte Aufnahme eine Rechenzeit von ungefähr 20 Stunden benötigt.

Der in [62] beschriebene Algorithmus liefert trotz geringer Auflösung der Satellitenfotos von ca. einem Meter (siehe [10]) gute Erkennungsraten. Dafür wurden für vorher definierte Fahrzeuge die *SIFT*-Deskriptoren (siehe [66]) ermittelt, mit welchen dann wiederum eine *Support Vector Machine (SVM)* trainiert wurde (siehe [22]). Die Grundidee einer *SVM* besteht darin, eine Menge von Objekten aufgrund ihrer Merkmale binär so zu klassifizieren, dass zwischen ihnen ein möglichst breiter Rand (*margin*) entsteht [19] (Abb. 5.8). Bei mehr als drei Merkmalen bzw. Dimensionen (in diesem Fall 128) entsteht eine Hyperebene, welche die Objekte in zwei Klassen unterteilt. Diese sind im gegebenen Fall die Klassen *Fahrzeug* und *Nicht-Fahrzeug*. Die Merkmale für die Klassifizierung sind die Gradienten des *SIFT*-Deskriptors.

Da der Vergleich zwischen den Deskriptoren *SIFT* und *SURF* in [13] und [97] die beiden als ähnlich zuverlässig einstuft, dem *SURF*-Deskriptor aber aufgrund der geringeren Dimensionalität (64 statt 128) und der Verwendung von Integralbildern eine schnellere Berechnungszeit zuschreibt, wurde für diese Arbeit eine *Support Vector Machine* auf *SURF*-Deskriptoren angewandt. Eine genauere Beschreibung des Vorgehens findet sich in der Diplomarbeit [40].

Merkmalsextraktion

Der *SURF*-Algorithmus dient ähnlich wie *SIFT* der schnellen Erkennung und Wiedererkennung von Bildmerkmalen (siehe [13]). Dafür wird zunächst ein Detektor angewandt, welcher in verschiedenen Skalierungen den sogenannten *Fast-Hessian Detector* verwendet. Dieser basiert auf der Auswertung der Hesse-Matrix einer bestimmten Bildregion. Anstatt eines Gaußfilters werden Boxfilter angewandt, um die zweiten Ableitungen in x- und y-Richtung zu bestimmen. Diese bringen als Näherungen des Gaußfilters ähnliche Ergebnisse, können jedoch mithilfe von Integralbildern Pixelwerte sehr schnell summieren (siehe [98]). Als Indikator für die Einzigartigkeit eines Punktes wird die Determinante der Hesse-Matrix herangezogen. Die Detektion von Punkten ist hier jedoch nicht von Bedeutung, da die Fahrzeugmittelpunkte durch die Hypothesen aus Phase eins vorgegeben sind.

Nachdem die Punkte bestimmt sind, müssen diese durch einen geeigneten Deskriptor beschrieben werden. Hierfür wird das skalierbare Fenster um den Punkt in vier mal vier gleichgroße quadratische Regionen eingeteilt, für welche jeweils vier Kennzahlen bestimmt werden. Diese sind die Summen der Gradienten in x- und y-Richtung und die Summen ihrer Beträge. Zusammen ergibt das vier mal 16, also 64 Kenngrößen. Die Summe der Beträge ist notwendig, um Bereiche mit schnell wechselnden Helligkeiten von homogenen Bereichen zu unterscheiden, da die Gradientensumme bei beiden sehr gering ist (siehe Abb. 5.7).

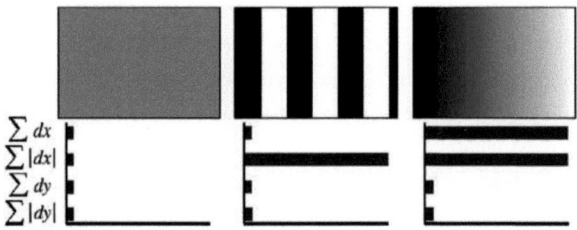

Abbildung 5.7: Kennzahlen des *SURF*-Deskriptors, Quelle [13]

Der *SURF*-Deskriptor hat einen sehr hohen Wiedererkennungswert und ist invariant gegen Skalierung und Rotation. Für Rotationsinvarianz muss vorher zusätzlich die Gradientenhauptrichtung des *Interest Point* bestimmt werden, in welcher das Fenster samt Gradienten ausgerichtet wird.

Klassifikation

Für die Klassifikation der 64-dimensionalen Vektoren wurde eine *Support Vector Machine* implementiert. Diese muss zunächst mit einer bestimmten Menge

$$\mathcal{X} = \{x_i, y_i\} \mid x_i \in \mathbb{R}^g, y_i \in \{+1, -1\} \tag{5.1}$$

an Trainingsdaten angelernt werden. Die Trainingsdaten x_i unterscheiden sich in genau zwei Klassen $y_i \in \{+1, -1\}$, eine positive (*Fahrzeug*) und eine negative (*Nicht-Fahrzeug*). Sie werden in den Merkmalsraum $\mathbb{R}^g$ eingeordnet und versucht, linear zu trennen.

Dafür muss die Gleichung einer Hyperebene $\mathcal{H}$ mit dem Normalenvektor w und der Verschiebung b (Abb. 5.8) so optimiert werden, dass sie einen maximalen Abstand zu den naheliegendsten Trainingsdaten x_i (den *Support Vectors*) hat.

$$\mathcal{H} = \{x | \langle w, x \rangle + b = 0\} \tag{5.2}$$

Die genaue Herleitung und Lösung der Optimierungsgleichung für eine Hyperebene mit maximaler Trennspanne bzw. maximal breitem Rand sind in [69] und [19] beschrieben.

Ist die Hyperebene bestimmt, werden neue Vektoren einfach durch ihr Vorzeichen klassifiziert. Dies sagt aus, auf welcher Seite der Hyperebene sich der Vektor befindet.

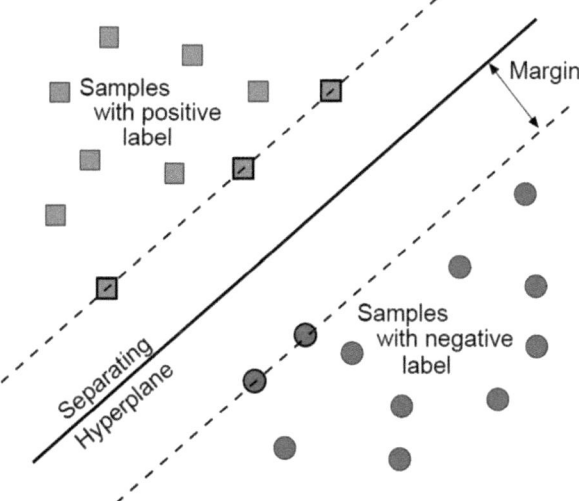

Abbildung 5.8: Merkmalsraum der SVM, Quelle [69]

$$f(x_{neu}) = sign(\langle w, x_{neu}\rangle + b) \tag{5.3}$$

Jedoch ist es nicht immer möglich, die Vektoren linear zu separieren. Auch wenn der Merkmalsraum schon relativ viele Dimensionen hat, gibt es oft keine trennende Hyperebene. In höheren Dimensionen lassen sich Datenpunkte nach dem *Theorem von Cover* (siehe [89]) einfacher trennen (Abb. 5.9). Daher werden die Vektoren durch nichtlineare Transformation Φ in einen höherdimensionalen Merkmalsraum projiziert.

$$\Phi : \mathbb{R}^{d1} \mapsto \mathbb{R}^{d2} \mid d2 > d1 \tag{5.4}$$
$$\Phi : (g_1, g_2) \mapsto (g_1^2, \sqrt{2}g_1g_2, g_2^2) \tag{5.5}$$

Anstatt das Skalarprodukt zweier Vektoren $p = (g_1, g_2)$ und $q = (h_1, h_2)$ im niedrigdimensionalen Merkmalsraum $\mathbb{R}^{d1}$ zu berechnen, wird das Skalarprodukt ihrer Abbildungen berechnet.

$$\begin{aligned}
\langle \Phi(p,q) \rangle &= (g_1^2, \sqrt{2}g_1g_2, g_2^2)(h_1^2, \sqrt{2}h_1h_2, h_2^2)^t & (5.6)\\
&= g_1^2 h_1^2 + 2g_1h_1g_2h_2 + g_2^2h_2^2 & (5.7)\\
&= (g_1h_1 + g_2h_2)^2 & (5.8)\\
&= \langle p,q \rangle^2 =: \mathcal{K}(p,q) & (5.9)
\end{aligned}$$

Wie das Beispiel zeigt, kann das Skalarprodukt im Merkmalsraum $\mathbb{R}^{d1}$ errechnet werden, ohne die Vektoren wirklich nach $\mathbb{R}^{d2}$ projizieren zu müssen. Die daraus resultierende Funktion $\mathcal{K}(p,q)$ wird Kernel-Funktion genannt. Je nach Projektionsart können so verschiedene Arten von Kernelfunktionen errechnet werden.

$$\mathcal{K}(p,q) = exp(-\gamma \, \|p-q\|^2) \qquad (5.10)$$

Für die Klassifizierung der *SURF*-Deskriptoren wurde die radiale Basisfunktion (Gl. 5.10) verwendet, da sie am weitesten verbreitet ist und in Tests die besten Ergebnisse erzielte. Weitere Experimente mit anderen Kantenfiltern, Kernelfunktionen und Trainingssets sind in [40] näher erläutert.

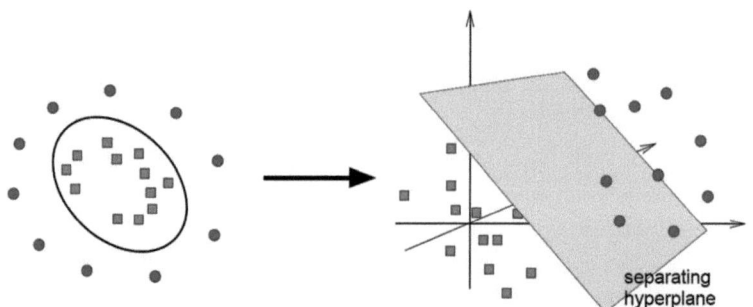

Abbildung 5.9: Merkmalsraum der SVM, Quelle [69]

5.2 Fehlerursachen

5.2.1 False Negatives

Als *False Negatives* (*FN*) werden all die Fehler bezeichnet, bei denen ein Objekt nicht erkannt wurde, obwohl eines vorhanden ist. Die Rate der *FN* bestimmt also direkt die Vollständigkeit.

$$\text{Vollständigkeit} = 100\% - \frac{\textit{False Negatives}}{\text{Alle Fahrzeuge}} \cdot 100\% = \frac{\textit{True Positives}}{\text{Alle Fahrzeuge}} \cdot 100\% \quad (5.11)$$

Als Hauptursachen für das Auftreten von *False Negatives* sind die folgenden drei Punkte zu nennen.

- Zum einen werden hellere Fahrzeuge oft übersehen, da ihre Farbe zur oft ebenfalls hellen Straße keinen ausreichenden Kontrast bildet (Abbildungen 5.10 c und 5.12). Abhilfe schafft dabei teilweise die Verringerung des Schwellwertes, wenn nach hellen Fahrzeugen gesucht wird. Da helle und dunkle Fahrzeuge separat gesucht werden, ist dies möglich, doch führt es gleichzeitig dazu, dass mehr *False Positives* auftreten.

- Durch ungenaue Straßenkoordinaten kann es passieren, dass Fahrzeuge gar nicht erfasst werden können, da sie sich nicht in der „Region of Interest" befinden. Die Straße führt an den Fahrzeugen vorbei (Abbildung 5.11 b).

- Teilweise verdeckte Fahrzeuge werden oft nicht erkannt, wenn sich einige ihrer Kanten unter Bäumen, Schilderbrücken oder ähnlichen Hindernissen befinden (Abbildungen 5.11 a und c).

Abbildung 5.10: Ursachen für Erkennungsfehler (blau - wirkliche Fahrzeuge, rot und gelb - erkannte Fahrzeuge)

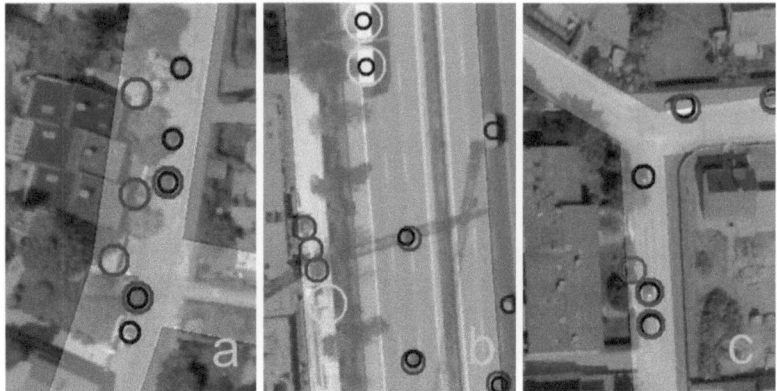

Abbildung 5.11: Ursachen für Erkennungsfehler (blau - wirkliche Fahrzeuge, rot und gelb - erkannte Fahrzeuge)

Abbildung 5.12: Kontrastproblem bei der Fahrzeugerkennung

5.2.2 False Positives

Als *False Positives* (*FP*) bezeichnet man die Art von Fehler, bei dem fälschlicherweise ein Objekt erkannt wurde, wo keines vorhanden ist (vgl. Kap 5.3.1). Die Rate der *FP* bestimmt somit die Zuverlässigkeit:

$$\text{Zuverlässigkeit} = 100\% - \frac{\textit{False Positives}}{\text{Alle Objekte}} \cdot 100\% \qquad (5.12)$$

Die drei Hauptursachen, die dafür beobachtet werden konnten, sind folgende:

- Wenn die Straßenkoordinaten ungenau sind, werden oft rechteckige Strukturen neben der Straße als Fahrzeuge erkannt (Abbildungen 5.10 und 5.11 a und b). Dies passiert vorwiegend in bewohnten Gebieten, da sich an Häusern neben der Straße viele rechteckige Formen finden.

- Die Schatten zwischen Fahrzeugen werden manchmal als Fahrzeug selbst erkannt (Abbildungen 5.10 b und c), da ihre dunkle Erscheinung einen stärkeren Kontrast zur Straße bildet als das eigentliche Fahrzeug. Selbst wenn das Fahrzeug auch erkannt wird, verwirft es der Algorithmus, da es sich zu nah am Schatten befindet.

- Neben Fahrzeugen werfen andere Objekte ihren Schatten in den Straßenraum (Bäume, Krane), was ebenfalls zu Fehlerkennungen führen kann (Abbildungen 5.10 c und 5.11 b).

Diejenigen Fehler, die durch ungenaue Straßeninformationen entstehen, können durch bessere Straßendatenbanken oder, wie gezeigt, eine Korrektur der Koordinaten vermieden werden. Andere Fehlerquellen, wie die fälschliche Detektion von Schatten oder anderen Objekten, werden zwar teilweise durch die *Support Vector Machine* kompensiert, jedoch wurden bislang keine Untersuchungen durchgeführt, in welchem Maße dies passiert. In der Hinsicht besteht noch Forschungsbedarf.

5.3 Ergebnisse

Der gesamte Algorithmus wurde auf je vier Aufnahmen von fünf verschiedenen Überflügen in München und Umgebung angewandt. Sämtliche Fahrzeuge mussten per Hand markiert und deren Positionen gespeichert werden, um eine Datengrundlage als *Ground Truth* zu erhalten. Als ein Gütemaß wird das Verhältnisse von richtig erkannten Objekten (*True Positives TP*) zu wirklich vorhandenen Fahrzeugen gewertet, welche im Folgenden als Vollständigkeit oder *TP*-Rate bezeichnet wird. Das zweite verwendete Maß stellt das Verhältnis der fälschlich erkannten Objekte (*False Positives FP*) zu den tatsächlich vorhandenen Fahrzeugen dar. Es wird nachfolgend Zuverlässigkeit oder *FP*-Rate genannt. Damit ist jedoch die negierte Zuverlässigkeit gemeint, d.h. je höher die *FP*-Rate ist, desto unzuverlässiger arbeitet die Erkennung.

Die Support Vector Machine wurde mit je 2500 und 6500 positiven und negativen Trainingsdaten angelernt. Beide Versionen wurden getestet, und obwohl die *SVM* mit geringerem Datensatz wesentlich mehr *False Positives* erkannte, entstand gleichzeitig das Problem, dass zu viele *True Positives* verworfen wurden. Die ausführlichere Auswertung dafür findet sich ebenfalls in [40]. Hier soll nur auf den größere Datensatz mit den 7000 Trainingsbeispielen eingegangen werden.

Es wurde versucht, verschiedene Szenarien abzudecken. Der erste Datensatz wurde unter optimalen Bedingungen erhoben. Die Autobahn A8 wurde bei fließendem Verkehr und sonnigem Wetter beobachtet. Datensatz zwei weist ähnliche Bedingungen auf, nur stauen sich die Fahrzeuge. Der dritte Datensatz zeigt auch die A8, nur wurde er bei Schnee aufgenommen. Die Datensätze vier und fünf zeigen Überflüge über die Innenstadt mit vielen Nebenstraßen und Verdeckungen.

5.3.1 Datensatz 1 - Autobahn A8

Für den ersten Datensatz wurden neben der Autobahn keine weiteren Straßen berücksichtigt. Alle vier Aufnahmen wurden mit verschiedenen Erkennungsschwellwerten (siehe Kap. 5.1.1) getestet, wobei sich gut erkennen lässt, dass man bei der Erkennung immer um einen Kompromiss zwischen Vollständigkeit und Zuverlässigkeit eingeht, der mit dem Schwellwert gesteuert wird. Je vollständiger die Erkennung ist, desto mehr Fehldetektionen treten auf, während eine hohe Zuverlässigkeit auch mehr nicht erkannte Fahrzeuge zur Folge hat. Somit ist es sinnvoll, die Vorselektion mit einem möglichst niedrigen Schwellwert anzusetzen, da die *False Positives* von der *Support Vector Machine* verworfen werden können, nicht erkannte Fahrzeuge jedoch nicht betrachtet werden.

Die Abbildungen 5.13 und 5.14 zeigen die durchschnittlichen Erkennungsraten aller vier Aufnahmen. Die blauen Symbole in Abb. 5.13 zeigen die Vollständigkeit (*True Positives*), während die roten die Prozentzahl der *False Positives* darstellen. An diesem Beispiel lässt sich gut erkennen, dass die Straßenkorrektur (Kreuze ×) die Detektionsrate im Vergleich zur ursprünglichen Erkennung (Plus +) leicht verbessert. Die Validierung durch die *Support Vector Machine* verringert zwar die Vollständigkeit (blaue Rauten ◊) leicht, doch wird ebenfalls die Rate der *False Positives* (rote Rauten ◊) besonders im Bereich niedriger Schwellwerte enorm unterdrückt. So ergibt sich bei einer Vollständigkeit von 88 Prozent eine *FP*-Rate um die zehn Prozent. Durch die Ergebnisse der *SVM* wurde ein Polynom höheren Grades approximiert, um den Verlauf besser zu visualisieren. Abbildung 5.14 zeigt die Detektionsraten mit der zugehörigen Standardabweichung. Während diese im vorderen Bereich der *True Positives* nur vier Prozentpunkte beträgt, streut sie sehr stark bei den *False Positives*. Das liegt daran, dass sich die *FP*-Rate auf die Anzahl der wirklich vorhandenen Fahrzeuge bezieht, welche in den vier Aufnahmen zwischen 68 und 100 liegt, also vergleichsweise gering ist. Das hat zur Folge, dass bei hoher Sensibilität die Fehldetektionen stärker streuen.

5.3.2 Datensatz 2 - Autobahn A8, Stau

Der zweite Datensatz (Abb. 5.13 und 5.14) wurde, wie oben erwähnt, unter fast gleichen Bedingungen aufgenommen, nur staut sich der Verkehr auf einer Seite der Fahrbahn. Die Detektionsraten (Vollständigkeit) sind geringer als im ersten Daten-

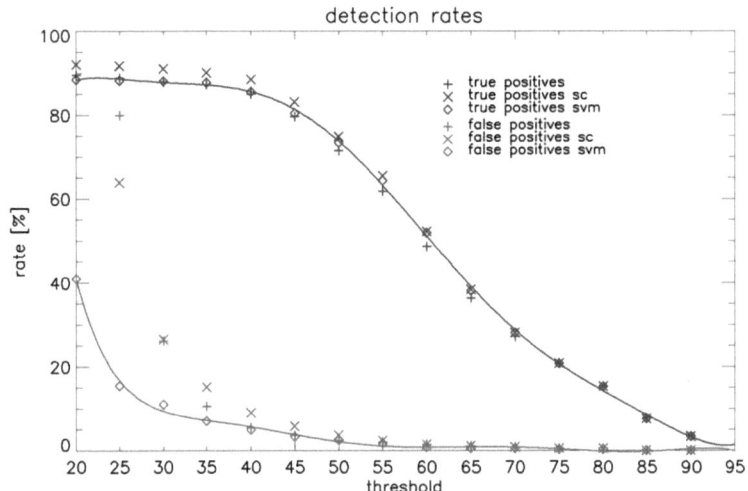

Abbildung 5.13: Detektionsraten Datensatz 1

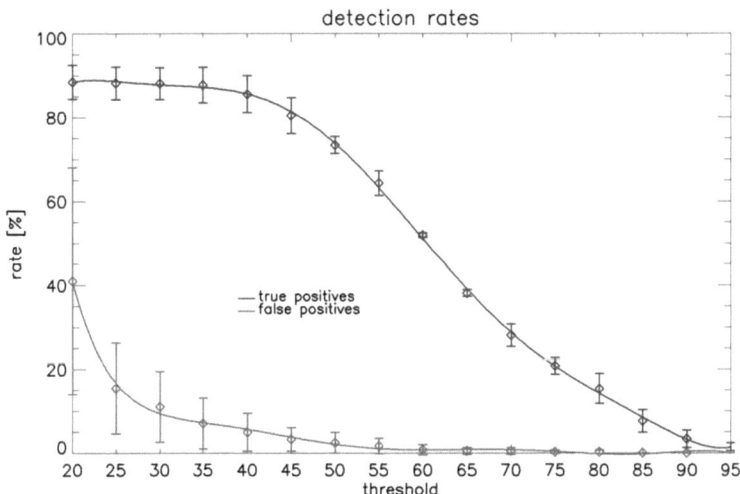

Abbildung 5.14: Detektionsraten Datensatz 1

satz, doch wird auch hier durch die *SVM* die *FP*-Rate stark verringert. So ergeben sich Vollständigkeiten von etwa 70 Prozent bei Fehlerraten (*FP*) um die zehn Prozent. Die geringere *TP*-Rate hängt damit zusammen, dass viele der Fahrzeuge dicht gedrängt stehen. Bei hoher Sensibilität wird oft zwischen zwei Fahrzeugen eine zusätzliche Hypothese erzeugt. Diese liegt zu nah an einem der tatsächlichen Fahrzeuge, was in einigen Fällen dazu führt, dass die wahre Fahrzeughypothese verworfen wird.

Aufgrund der größeren Anzahl von Fahrzeugen (200-300) fällt auch die Streuung der *TP*- und *FP*-Raten geringer aus (Abb. 5.14).

5.3.3 Datensatz 3 - Autobahn A8, Schnee

Datensatz Nummer drei bringt den Detektionsalgorithmus klar an seine Grenzen. Wie in Abbildung 5.17 und 5.18 zu erkennen ist, werden bei der Vollständigkeit (*TP*) im günstigsten Fall zwei Drittel erreicht, während sich die *False Positives* noch weit darüber befinden. Die *False Positives* liegen oft über 100 Prozent, da sie relativ zur Anzahl der wirklich vorhandenen Fahrzeuge berechnet werden, welche in manchen Fällen geringer ist. Bei höheren Schwellwerten wird immer noch die Hälfte richtig erkannt, während die *FP*-Rate unter 20 Prozent liegt.

Da die Gebiete neben den Straßen größtenteils mit Schnee bedeckt sind, wird die Blende automatisch reguliert, was die Straßenoberfläche erheblich dunkler erscheinen lässt. Dadurch verringert sich auch der Kontrast zwischen Fahrzeug und Fahrbahnoberfläche (siehe Abbildung 5.12), was wiederum die TP-Rate verringert, Fahrzeuge werden übersehen. Gleichzeitig werden Sperrflächen als Fahrzeuge erkannt, da sie starke Kanten teilweise in Fahrzeugform aufweisen.

Hier zeigt sich besonders deutlich, wie sich die Straßenkorrektur auf die Erkennungswerte auswirkt (Plus + und Kreuz ×). Auch ist bei diesem Datensatz wieder die Auswirkung der geringen Anzahl von Fahrzeugen erkennbar. Die Streuung der *False Positives* ist sehr groß, da sich geringe Abweichungen stark auf die Erkennungsrate auswirken.

5.3.4 Datensatz 4 - Stadtgebiet München, Nebenstraßen

Der vierte Datensatz zeigt das Münchner Stadtgebiet entlang der Autobahn A95 in den Stadtteilen Fürstenried und Sendling. Bei diesem Datensatz wurden sämtliche Nebenstraßen berücksichtigt und auf Fahrzeuge untersucht. Die Kurve der Vollständigkeit (*TP*) steigt zunächst durch Straßenkorrektur um fünf bis sechs Prozentpunkte auf maximal 74 Prozent an. Nach der Verifikation durch die *SVM* bleibt bei höheren Schwellwerten eine *TP*-Rate von 65 Prozent übrig, während die *False Positives* auf 15 bis 20 Prozent sinken (siehe Abbildung 5.19 und 5.20).

Die starke Streuung und vergleichsweise schlechte Detektionsrate sind mit der

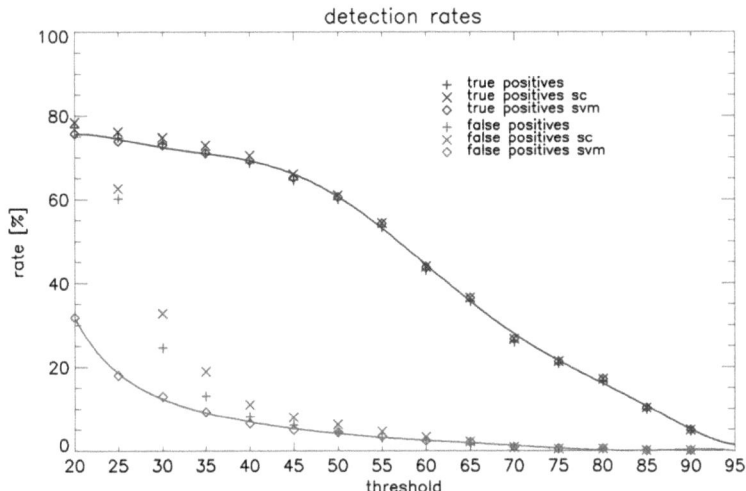

Abbildung 5.15: Detektionsraten Datensatz 2

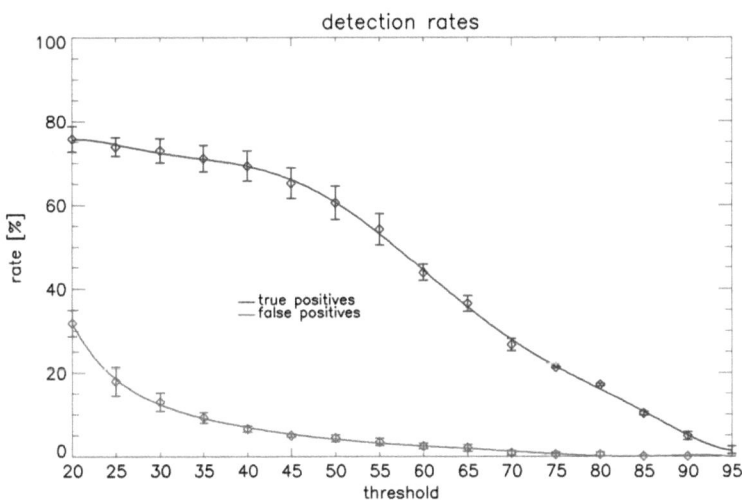

Abbildung 5.16: Detektionsraten Datensatz 2

Ungenauigkeit der Straßenkoordinaten zu erklären. Auch wenn deren Position durch einen Algorithmus korrigiert wird, konvergiert die Optimierung nicht immer richtig. In manchen Fällen verschlechtert sich die Straßenposition sogar, was an denjenigen

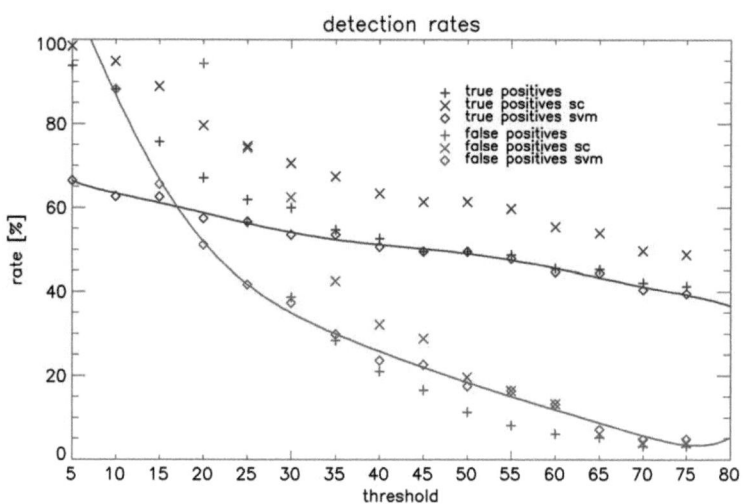

Abbildung 5.17: Detektionsraten Datensatz 3

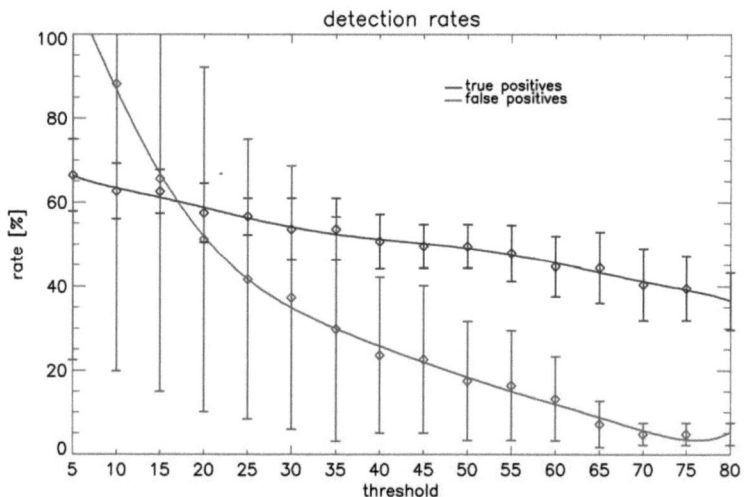

Abbildung 5.18: Detektionsraten Datensatz 3

Stellen weniger *True Positives* und mehr *False Positives* zur Folge hat. Die dort falsch detektierten Objekte werden zwar größtenteils durch die *SVM* verworfen, doch auch nur bis zu einem bestimmten Grad.

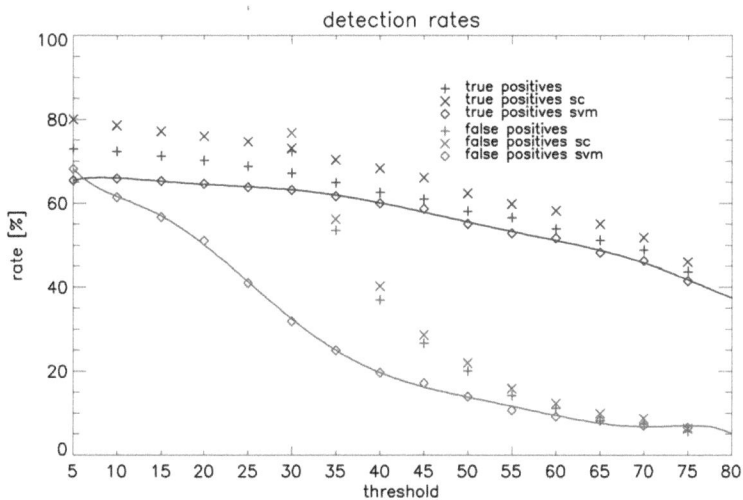

Abbildung 5.19: Detektionsraten Datensatz 4

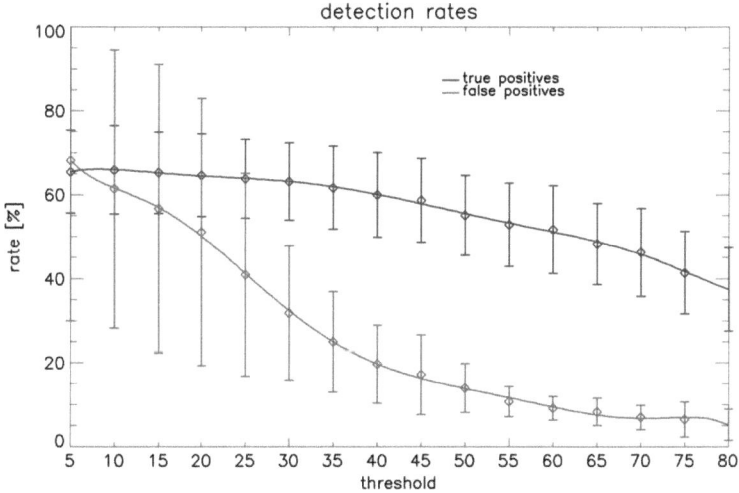

Abbildung 5.20: Detektionsraten Datensatz 4

5.3.5 Datensatz 5 - Stadtgebiet München, Nebenstraßen

Auch der fünfte Datensatz zeigt das Münchner Stadtgebiet und bezieht sämtliche Nebenstraßen in die Detektion ein (5.21). Auch hier hebt die Straßenkorrektur die

Detektionsrate zunächst leicht an. Nach der Evaluierung durch die *SVM* wird diese jedoch wieder auf ca. 60 Prozent gesenkt. Die *FP*-Rate jedoch sinkt dabei enorm von weit über 100 Prozent auf weniger als 40, bei höheren Schwellwerten zwischen zehn und 20 Prozent.

Die Tatsache, dass dieser Datensatz mehr Fahrzeuge enthält als Nummer 4 führt wieder dazu, dass die Anzahl der *False Positives* sowie deren Streuung geringer als im vorigen Datensatz ist. Wieder einmal erweist sich die *Support Vector Machine* als signifikante Verbesserung der Fehlerkennungsrate.

5.4 Zusammenfassung

Die Kombination eines schnellen und eines aufwendigen Algorithmus erreicht je nach Szenario Erkennungsraten zwischen 60 und 90 Prozent, während die *False Positives* auch in extremen Situationen selten die Marke von 20 Prozent überschreiten, in den meisten Fällen unter zehn Prozent liegen. In den Abbildungen 5.13 bis 5.22 lässt sich erkennen, dass die Auswahl des Schwellwertes (*Threshold*) für die Kantenfilter entscheidend für die Güte der Erkennung ist. Weder darf der Wert zu hoch sein, da sonst kaum Fahrzeuge detektiert werden, noch sollte er zu niedrig gewählt werden, was zu viele Falscherkennungen (*FP*) zur Folge hat. Der optimale Bereich liegt bei den hier verwendeten 8-Bit-Grauwertbildern etwa zwischen 25 und 40. Bei kontrastschwachen Aufnahmen wie in Datensatz 3 übersteigt die Vollständigkeit erst bei sehr niedrigem *Threshold* (15) die 60-Prozent-Marke, was gleichzeitig aber sehr viele *False Positives* verursacht durch Bildrauschen nach sich zieht. Auch in solchen Extremfällen muss ein höherer Wert mit geringerer *TP*-Rate in Kauf genommen werden, da die geringe Zuverlässigkeit das Ergebnis zu stark verfälscht.

Allgemein ist zu sagen, dass der Algorithmus bei Autobahnaufnahmen sehr hohe *TP*-Raten zwischen 80 und 90 Prozent aufweist. Schwieriger wird die Erkennung bei mehr Verkehr oder in Stadtgebieten, wo die heterogene, kantenreiche Umgebung viele *False Positives* hervorbringt. Die bei weitem schlechtesten Ergebnisse liefert der Algorithmus für den Schnee-Datensatz. Die Belichtung wurde aufgrund der hellen Umgebung so stark herunter geregelt, dass sich die Objekte auf den Straßen kaum noch von Hintergrund abheben.

Nach [25] sind Erkennungsraten um die 70 Prozent für die Verkehrslageerfassung ausreichend. Wenn auch von den meisten stationären Erfassungssystemen, insbesondere von Induktionsschleifen, wesentlich genauere Ergebnisse zu erwarten sind, sind doch die Vorteile der luftgestützten Erfassung in Kapitel 1 dargelegt.

Durch die Vorauswahl mittels Kantenfilter kann die Berechnungszeit stark mi-

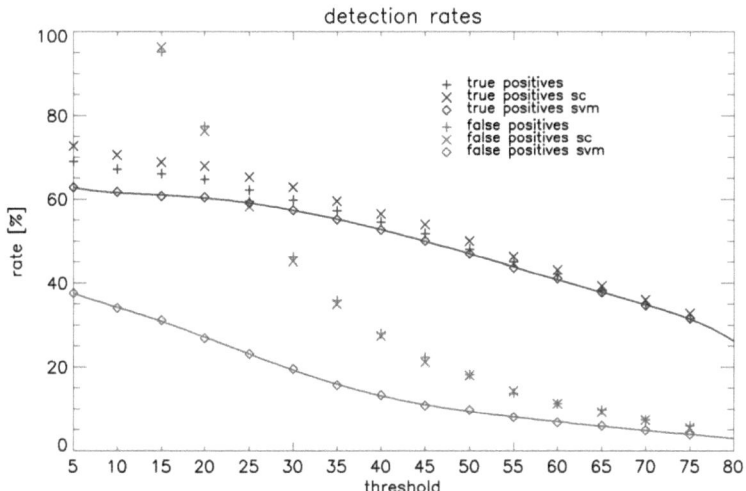

Abbildung 5.21: Detektionsraten Datensatz 5

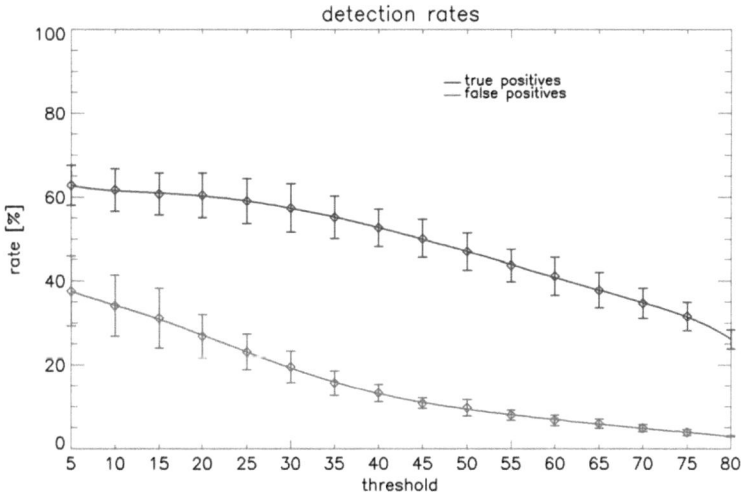

Abbildung 5.22: Detektionsraten Datensatz 5

nimiert werden, was bis zu einem gewissen Maße Quasi-Echtzeitbetrieb erlaubt. Das heißt, dass die Auswertung der Aufnahmen während des Überfluges stattfinden kann. Die Berechnung einer Aufnahme dauert je nach Anzahl der Straßenelemente und Fahrzeuge zwischen 1,2 und 7,5 Sekunden (keine Straßenkorrektur).

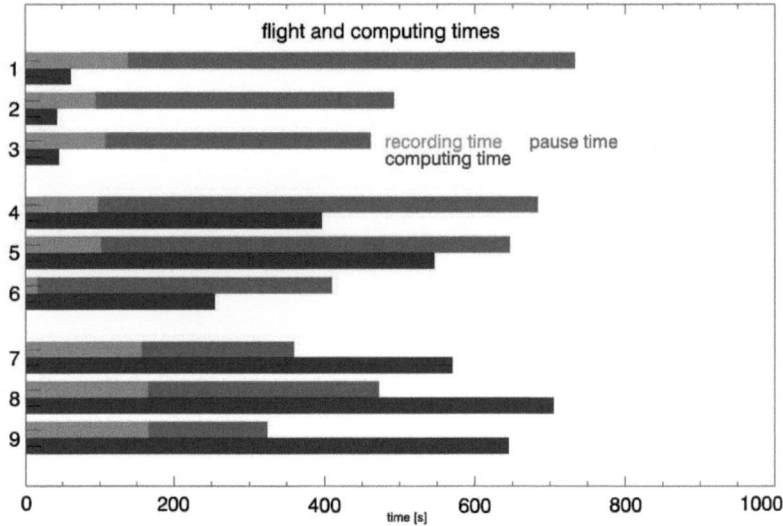

Abbildung 5.23: Flug- und Rechenzeiten der Fahrzeugerkennung

Da die Aufnahme eines Flugstreifens zwischen 30 und 160 Sekunden dauern kann und die anschließende Wende weitere 200 bis 600 Sekunden, ist es in den meisten Fällen möglich, den aufgenommen Datensatz während des Überfluges und der anschließenden Wende komplett zu berechnen. In Abbildung 5.23 sind Zeiten aus drei verschiedenen Flugkampagnen dargestellt. Die Balken 1 bis 3 zeigen die Flug- (grün und rot) und Rechenzeiten (blau) der ersten beiden Datensätze aus Kapitel 5.3. Da nur die Segmente der Autobahn berücksichtigt und pro Überflug nur 40 bis 50 Aufnahmen gemacht werden, können diese sogar schon in der Überflugzeit ausgewertet werden. Der Computer braucht nur einen Bruchteil der ihm zur Verfügung stehenden Zeit.

Die Balken 4 bis 6 zeigen die Zeiten einer Flugkampagne über Stadtgebiet. Erstens sind die Aufnahme- (grün) und Wendezeiten (rot) im Schnitt kürzer als in den ersten Beispielen. Gleichzeitig werden die Aufnahmen mit höherer Frequenz erfasst, was pro Überflug bis zu 73 Aufnahmen liefert. Drittens erhöht sich die Rechenzeit pro Aufnahme auf durchschnittlich 7,5 Sekunden, da alle Nebenstraßen mit einbezogen werden. Dennoch reicht die Gesamtflugzeit aus, um alle Aufnahmen zu berechnen.

Im letzten Fall (Balken 7 bis 9) handelt es sich um den Datensatz 5 aus dem Kapitel 5.3. Bei diesem Beispiel wurden sehr viele Aufnahmen pro Überflug gemacht (bis zu 90), während gleichzeitig sehr kurze Wenden geflogen wurden (150 bis 300 Sekunden). Da wiederum sämtliche Straßen berücksichtigt werden, dauert die Berechnungszeit sehr lange, im ungünstigsten Fall doppelt solange wie die Flugzeit. Verwendet man zusätzlich die Straßenkorrektur, benötigt der Algorithmus in etwa die dreifachen Rechenzeiten. In dem Falle wäre Echtzeitbetrieb nur bei Autobahnüberflügen möglich.

Wie oben erläutert, hängt die Echtzeitfähigkeit der Software von verschiedenen Parametern ab. Positiv auf die Möglichkeit der Echtzeitberechnung wirken sich somit eine lange Flugzeit (insbesondere Wendezeit), geringe Aufnahmefrequenz und geringe Anzahl von Straßen bzw. Fahrzeugen aus. Die durchgeführten Tests beziehen sich ausschließlich auf die Vorselektion durch Kantenfilter. Da sämtliche nachfolgenden Teilalgorithmen der Verkehrserfassung (SVM und Tracking) erheblich weniger Zeit beanspruchen und parallel ablaufen können, sind deren Berechnungszeiten nicht von Belang.

Kapitel 6

Tracking

Die Art von Verkehrsdaten, welche im *ARGOS*-Projekt in erster Linie erhoben werden sollen, sind die Anzahl der Fahrzeuge pro Straßensegment und deren Durchschnittsgeschwindigkeit. Das Zählen bzw. die Detektion der Fahrzeuge wurde in Kapitel 5 erläutert. Die Geschwindigkeiten sollen durch die Wiedererkennung in Folgebildern ermittelt werden. Dafür existieren in der Literatur viele Ansätze. Am naheliegendsten ist dabei die Wiedererkennung durch verschiedene Matchingverfahren wie Kreuzkorrelation, *Sum of Squared Differences* oder den Vergleich aufwändigerer Deskriptoren wie *SIFT* [66] oder *SURF* [13]. In [83] wird zum Beispiel in Fahrtrichtung per Korrelationskoeffizient nach ähnlichen Objekten gesucht. In [65] wird ebenfalls ein Ansatz vorgestellt, der auf Wiedererkennung durch Matching setzt. Zusätzlich wird jedoch ein einfaches Bewegungsmodell erstellt, welches aus zwei Bildern die Positionsvorhersage für die dritte Aufnahme trifft. Die wahrscheinlichste Kombination aus drei Aufnahmen wird dann als „Trajektorie" akzeptiert. Diese Methode eignet sich sehr gut für Bursts von drei Aufnahmen, ist jedoch bei nur zwei Bildern allein auf das verwendete *Shape Matching* angewiesen.

In [12], [15] und [91] werden Bewegungen und Positionen der zu trackenden Objekte durch Kalman- oder Partikelfilter geschätzt. Der optimal wahrscheinliche Zustand eines Objektes wird aus einer Kombination aus Vorhersage und Beobachtung errechnet. Diese Methoden liefern zuverlässige Trajektorien, benötigen jedoch eine gewisse Anzahl an Schritten, um die Bewegungsparameter optimal zu schätzen. Aufgrund der Unterbrechungen bei der *ARGOS*-Bildaufnahme sind diese Filter im gegebenen Fall nicht als Tracker einsetzbar.

Die Quellen [38], [76] und [82] befassen sich damit, bewegte Objekte zu erkennen. In [82] sollen mittels Differenzbildverfahren die beweglichen Fahrzeuge detektiert werden, während in den Quellen [38] und [76] der Optische Fluss verwendet wird. Für sich bewegende Fahrzeuge sind das zweifellos sehr zuverlässige Algorithmen, doch stoßen sie an ihre Grenzen, sobald stehende Fahrzeuge auftreten, was an Ampeln oder in Staus der Fall ist.

6.1 Ansatz

Aufgrund kurzer Bildfolgen und langer Pausen sollten Fahrzeuge nur in benachbarten Aufnahmen miteinander assoziiert werden. Ein vielversprechender Ansatz, korrespondierende Objekte oder Merkmale aus zwei Bildern miteinander zu matchen, wird in [88] erläutert. Darin werden die Abstände aller Objekte der ersten Aufnahme zu sämtlichen Objekten der zweiten Aufnahme berücksichtigt. Eine Erweiterung des Algorithmus unter Berücksichtigung der Ähnlichkeit der Merkmale wurde später in [79] vorgestellt.

Der dort beschriebene Algorithmus basiert auf der Singulärwertzerlegung einer Abstands- und Ähnlichkeitsmatrix. Gegeben seien zwei Aufnahmen I und J mit m Objekten I_i ($i = 1..m$) und n Objekten J_j ($j = 1..n$). Diese sollen in eine Eins-zu-Eins-Beziehung gesetzt werden. Um dies zu erreichen, wird eine Nachbarschaftsmatrix $\mathbf{G}$ erstellt, deren Elemente $\mathbf{G}_{ij}$ die Gauß-gewichteten Abstände der Objekte zueinander enthalten.

$$\mathbf{G}_{ij} = e^{-r_{ij}^2/2\sigma^2} \quad (6.1)$$

$$r_{ij}^2 = ||I_i - J_j|| \quad (6.2)$$

Der Parameter r_{ij} enthält die euklidischen Abstände der Objekte I_i und J_j. Die Werte für $\mathbf{G}_{ij}$ liegen zwischen 1 und 0 und werden mit zunehmendem Abstand der Objekte kleiner. Der Parameter σ kontrolliert nach [79] den Grad der Interaktion zwischen den beiden Objektmengen, wobei ein kleines σ mehr lokale und ein großes σ mehr globale Interaktionen berücksichtigt. Allgemein gesagt, je größer σ ist, desto flacher fällt die Verteilungsdichte- funktion ab und desto größere Verschiebungen zwischen zwei assoziierten Objekten I_i und J_j werden akzeptiert.

Der nächste Schritt ist, die Nachbarschaftsmatrix $\mathbf{G}$ einer Singulärwertzerlegung zu unterziehen.

$$\mathbf{G} = \mathbf{T}\mathbf{D}\mathbf{U}^t \quad (6.3)$$

Die Matrizen $\mathbf{T}$ und $\mathbf{U}$ sind Orthogonalmatrizen, und die Diagonalmatrix $\mathbf{D}$ enthält die positiven Singulärwerte der Matrix $\mathbf{G}$ in absteigender Reihenfolge. Als nächstes wird die Matrix $\mathbf{D}$ nach $\mathbf{E}$ umgewandelt, indem die Singulärwerte auf

der Hauptdiagonalen durch Einsen ersetzt werden.
Dann wird erneut das Produkt aus den drei Matrizen errechnet.

$$\mathbf{P} = \mathbf{TEU}^T \qquad (6.4)$$

Die Matrix $\mathbf{P}$ ist jetzt eine Art Abbildungsmatrix der minimalen quadrierten Distanzen in $\mathbf{G}$. Für gute Paarungen zwischen allen Objekten in den aufeinanderfolgenden Bildern stehen hohe Werte in $\mathbf{P}$ und für schlechte Paarungen niedrige. Wenn ein Element $\mathbf{P}_{ij}$ gleichzeitig das größte in Zeile und Spalte ist, werden die Elemente I_i und J_j als zusammengehörig angenommen.

Um nicht allein den Abstand zweier Objekte als Indikator für deren Korrespondenz zu nehmen, werden die Matrixeinträge $\mathbf{G}_{ij}$ zusätzlich mit einem Korrelationskoeffizienten gewichtet. Ein Fenster von beispielsweise 30 mal 30 Pixeln um jedes Objekt I_i wird mit den Umgebungen aller Objekte J_j gematcht. Der Korrelationskoeffizient der Farbwerte aller Objektpaare I_i und J_j wird als $\mathbf{C}_{ij}$ bezeichnet und ebenfalls Gauß-gewichtet in die Matrix übernommen.

$$\mathbf{G}_{ij} = e^{-r_{ij}^2/2\sigma^2} \cdot e^{-(C_{ij}-1)^2/2\gamma^2} \qquad (6.5)$$

$$\mathbf{C}_{ij} = \frac{\sum_{i=1}^n (x_i - \overline{x})(y_i - \overline{y})}{\sqrt{\sum_{i=1}^n (x_i - \overline{x}^2)} \cdot \sqrt{\sum_{i=1}^n (y_i - \overline{y}^2)}} \qquad (6.6)$$

Der linke Faktor in 6.5 ist noch derselbe wie in Gleichung 6.1. Der Parameter γ im rechten Faktor hat hier die gleiche Funktion wie σ im vorher beschriebenen Fall. Er legt fest, wie flach die Gauß-Kurve mit abnehmender Ähnlichkeit abfällt.

6.2 Ergebnisse

6.2.1 Erste Tests

Die Implementierung wurde zunächst auf eine Straße in zwei aufeinander- folgenden Aufnahmen angewandt. In den Aufnahmen wurden 49 und 53 Objekte detektiert. Aus diesen Ergebnissen lassen sich 38 korrekte Paarungen bilden. Die Abbildungen 6.1 und 6.2 zeigen die Vollständigkeiten für die Testaufnahme in Abhängigkeit der Parameter σ und γ. Gleichzeitig zeigen die schwarzen Balken in Abbildung 6.1 den Anteil der False Positives an.

In Abbildung 6.2 sind die gleichen Graphen auf die xy-Ebene projiziert. Wie man sieht, ergeben sich die besten Vollständigkeiten etwa im Bereich $0.4 \leq \gamma \leq 1.0$ und $20 \leq \sigma \leq 30$ (grüne und blaue Kurve). Zwar ist die Trackingrate auch bei $\sigma = 5$

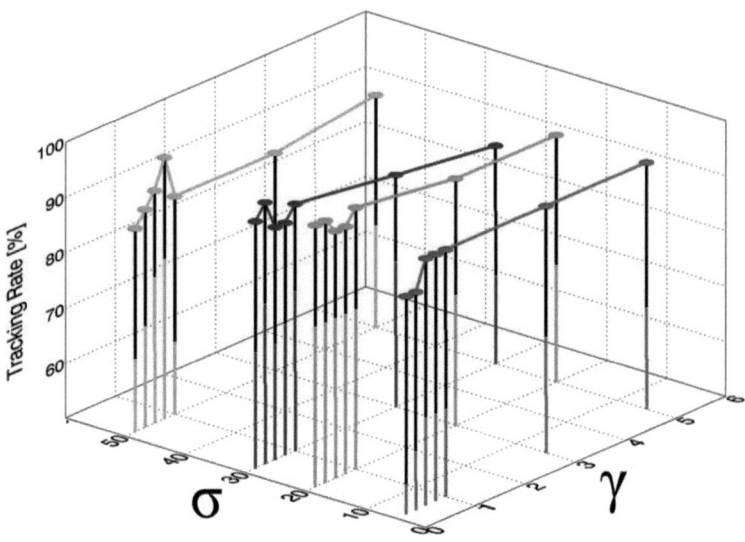

Abbildung 6.1: Vollständigkeit des Trackings in Abhängigkeit von σ und γ

vergleichbar hoch, doch treten in diesem Bereich auch sehr viele Fehlzuordnungen auf, was durch den oberen schwarzen Teil der Balken dargestellt ist. Maximal wurden 37 von den 38 möglichen richtigen Paarungen erkannt, was einer Vollständigkeit von 97,4 Prozent bei einer Zuverlässigkeit von 84,1 Prozent (sieben *False Positives*) entspricht.

Um die Zahl der Fehlzuordnungen weiter zu reduzieren, werden die Objektpaare im Nachhinein nochmals auf ihre Korrelation geprüft. Liegt diese unter einem gegebenen Schwellwert, wird die Zuordnung verworfen. Im gezeigten Beispiel (Abbildung 6.3) wurden 36 der 38 möglichen Objektpaare richtig zugeordnet, was einer Vollständigkeit von 94,7 Prozent entspricht. Doch gleichzeitig wurden sechs Paarungen falsch zugeordnet (15,8%). Nach der Zuordnung durch Singulärwertzerlegung wurde auf die Paare der Korrelationsschwellwert von 0.9 angewandt, wobei zwar nur noch 27 von 36 richtigen Zuordnungen (75%) übrig blieben, aber auch alle sechs Fehlzuordnungen verworfen wurden. Die Zuverlässigkeit liegt in dem Fall bei 100 Prozent. Drei Viertel Vollständigkeit sind ausreichend, um einen repräsentativen Wert für die Durchschnittsgeschwindigkeit zu ermitteln, wie in Kapitel 6.2.2 zu sehen ist. Neben einem Korrelationsschwellwert ist es sinnvoll, einen Schwellwert für ermittelte Geschwindigkeiten bzw. Objektabstände festzulegen. Teilweise lag der Geschwindigkeitsfehler im Stadtgebiet bei 250 km/h, da eine einzige Fehlzuordnung über eine

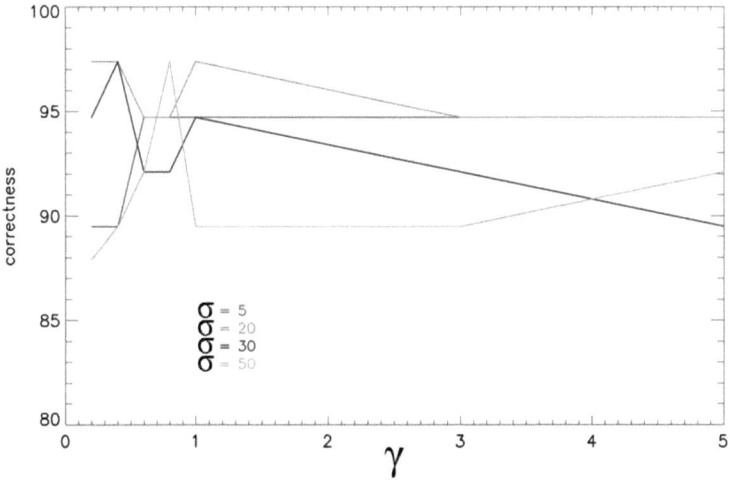

Abbildung 6.2: Vollständigkeit des Trackings in Abhängigkeit von σ und γ

zu große Entfernung in sehr hohen Abweichungen resultieren kann. Bei einer Zeitdifferenz von 0,7 Sekunden und einem Öffnungswinkel von 800 Metern am Boden kann eine Fehlzuordnung theoretisch einen Fehler von mehr als 4000 km/h ergeben. Selbst wenn sämtliche anderen Paare richtig zugeordnet würden, wäre die errechnete Durchschnittsgeschwindigkeit stark verfälscht. Daher wurden die Paarungen zusätzlich auf deren Distanz untereinander geprüft.

Bei weiteren Tests stellte sich heraus, dass das Tracking bessere Ergebnisse bringt, wenn die Fahrzeuge hinsichtlich ihrer Fahrtrichtung unterschieden, also auf beiden Straßenseiten separat getrackt werden. Zusätzlich ist der Parameter σ auf die zu erwartende Disposition anzupassen. In der Stadt sind beispielsweise geringere Geschwindigkeiten und somit kleinere Verschiebungen zu erwarten als auf Autobahnen. Dem Parameter σ werden somit je nach Straßenklasse verschiedene Werte zugewiesen, die zusätzlich durch die Zeit zwischen den Aufnahmen normiert werden. Eine größere Zeitspanne zwischen zwei Aufnahmen steht ebenfalls für größere Verschiebungen der zu trackenden Objekte.

Abbildung 6.3: Zuordnungen nach Singulärwertzerlegung ($\sigma=30$, $\gamma=1,0$) und Korrelationsschwellwert (CC=0,9), rot - PKW, gelb - LKW

6.2.2 Ergebnisse

Das Tracking wurde wie beschrieben auf mehrere Aufnahmen mit korrigierten Straßen angewandt. In den Aufnahmefolgen ON0015-ON0016, ON0024-ON0025 und ON100-ON0101 (91, 94 und 30 Fahrzeugpaare) wurden zunächst nur die Autobahnen berücksichtigt. Das Tracking wurde darauf mit verschiedenen Korrelationsschwellwerten getestet. In Abbildung 6.4 ist zu erkennen, dass in den Bildfolgen ON0024-ON0025 und ON0100-ON0101 sogar 100 Prozent Zuverlässigkeit (Correctness) erreicht werden können, was jedoch nicht bei ON0015-ON0016 der Fall ist. Bei ON0015-ON0025 nimmt die *FP*-Rate bei sinkender *TP*-Rate sogar zu. Der Effekt kommt daher, dass sich die *False Positives* in Relation zur Gesamtanzahl der gefundenen Tracks stehen. Wenn diese bei gleicher Anzahl von Fehlalarmen sinkt, steigt die relative *FP*-Rate. Alle drei Bildfolgen erreichen zwar Vollständigkeiten zwischen 70 und 80 Prozent, doch liegt an der Stelle die Rate der *False Positives* bei durchschnittlich einem Fünftel (12-28%). Für eine genaue Bestimmung der Durchschnittsgeschwindigkeit ist es jedoch wichtiger, möglichst wenige Fehlerkennungen mit einzubeziehen.

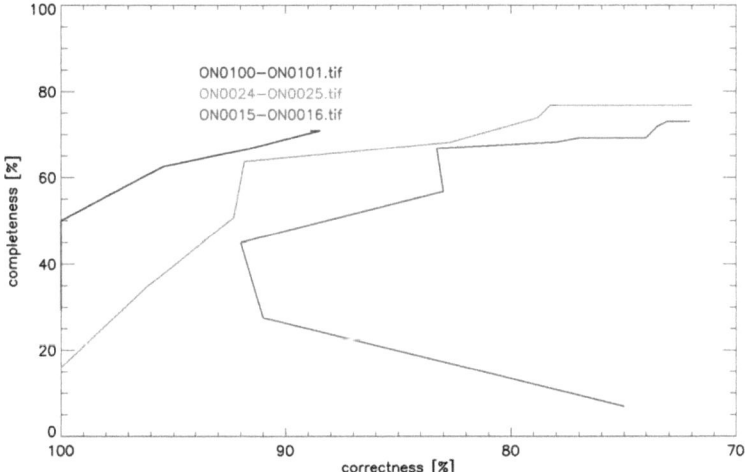

Abbildung 6.4: Trackingraten bei verschiedenen Korrelationsschwellwerten (Autobahn)

In der Stadt wurden die Aufnahmefolgen ON0100-ON0101 und ON0110-ON0111 (213 und 425 Fahrzeugpaare) getestet. Hier sind die Trackingraten wesentlich besser (Abb. 6.5), da die meisten Objekte parkende Autos sind und sich deren Relativposi-

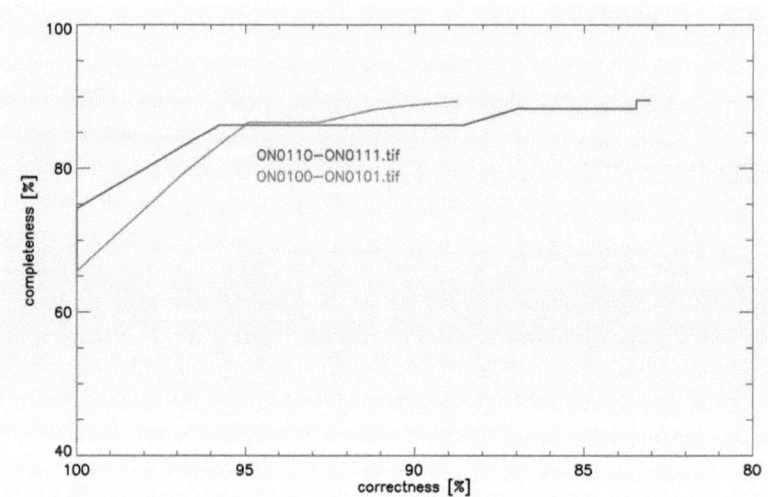

Abbildung 6.5: Trackingraten bei verschiedenen Korrelationsschwellwerten (Stadt)

tion zueinander kaum ändert. Dadurch ist es für die Singulärwertzerlegung einfacher, die Objekte einander zuzuordnen. Die Werte erreichen selbst bei einer Vollständigkeit um die 70 Prozent die volle Zuverlässigkeit von 100 Prozent. Bei niedrigerem Korrelationsschwellwert erreicht das Tracking bis zu 90 Prozent Vollständigkeit bei durchschnittlichen FP-Raten von 14 Prozent. Die schlechteren Ergebnisse auf den Autobahnaufnahmen kommen daher, dass sich Fahrzeuge mit höhere Geschwindigkeit in gegensätzliche Richtungen bewegen, was ihre Relativpositionen teilweise stark verändert und falsche Zuordnungen zur Folge hat. Auch wenn beide Straßenseiten separat getrackt werden, werden nicht sämtliche Fahrzeuge einer Richtung zugleich getrackt. Das Problem dabei ist, dass positive sowie negative Abschnitte einer Straße nicht immer gleichgerichtet sind, d.h. nicht immer die gleiche Straßenseite repräsentieren. Einige Fahrzeuge bewegen sich also dennoch in entgegengesetzte Richtungen.

Noch wichtiger aber als die Anzahl der richtigen und falschen Zuordnungen ist die Ermittlung der Geschwindigkeit und deren Abweichung vom wirklichen Wert. Aus den manuell ermittelten Fahrzeugpositionen und -zuordnun-gen wurden die mittleren Geschwindigkeiten für jedes Set von Aufnahmen errechnet.

Allgemein ergeben sich die geringsten Geschwindigkeitsabweichungen (siehe Abb. 6.6 - 6.7) bei einem Korrelationsschwellwert von 0,85. Bei allen Bildfolgen liegt die Abweichung zwischen 0,4 und etwa 10 km/h. Bei den Stadtaufnahmen liegt die Geschwindigkeitsabweichung sehr niedrig, stellt sich aber erst ab 0,85 und darüber

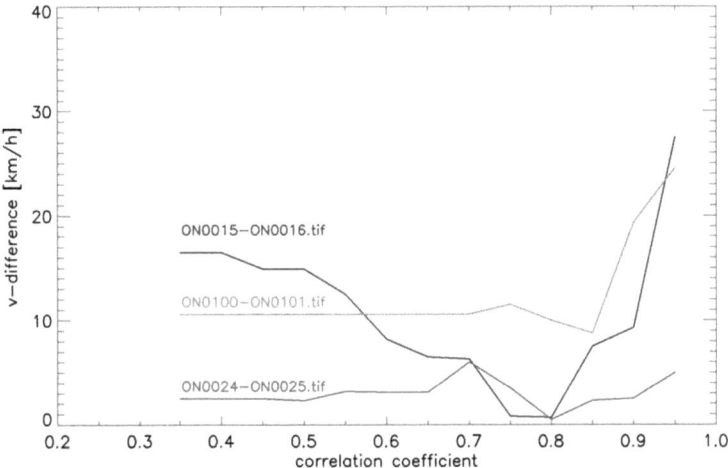

Abbildung 6.6: Geschwindigkeitsabweichung in Abhängigkeit des Korrelationsschwellwertes (Autobahn)

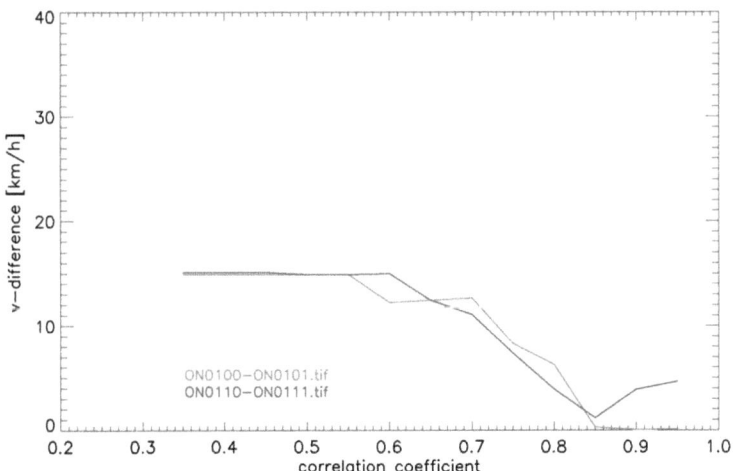

Abbildung 6.7: Geschwindigkeitsabweichung in Abhängigkeit des Korrelationsschwellwertes (Stadt)

ein, während die Werte für die Autobahn oberhalb von 0,8 wieder stärker divergieren. Die zuverlässigsten Durchschnittsgeschwindigkeiten werden somit im Bereich von 0,8 bis 0,85 ermittelt.

6.3 Zusammenfassung

Es wurde in diesem Kapitel ein Fahrzeug-Tracking entwickelt, implementiert und für verschiedene Luftaufnahmen getestet. Dabei wurde gezeigt, dass die Assoziation von Fahrzeugen in Folgebildern durch Singulärwertzerlegung ihrer Abstände und Ähnlichkeit möglich ist. Dabei wurden Vollständigkeiten von bis zu 90 Prozent erzielt. Die ermittelten Geschwindigkeiten wichen in allen Datensätzen bei optimalen Parametereinstellungen um höchstens zehn Stundenkilometer vom manuell ermittelten Wert ab, in mehreren Fällen war die Abweichung sogar weniger als ein km/h.

Um die Zuverlässigkeit noch weiter zu verbessern, ist es wichtig, Fehlzuordnungen zu erkennen und zu eliminieren. Einen guten Ansatz dafür liefert [23], indem die ermittelten Geschwindigkeitswerte mit der Glaubwürdigkeit ihres Auftretens gewichtet werden (siehe Abbildung 6.8 links). Für bestimmte Verkehrsdichten oder Straßenbereiche, beispielsweise vor Kreuzungen, sind hohe Geschwindigkeiten unwahrscheinlicher und gehen mit geringerem Gewicht in die Durchschnittsgeschwindigkeit ein. Zusätzlich wird die Standardabweichung errechnet und Fahrzeuge, welche außerhalb eines gewissen Bereiches der Verteilungsdichtefunktion (Abb. 6.8 rechts) liegen, als Ausreißer deklariert und verworfen.

Mit dieser Bewertungsmethode ist es den Autoren gelungen, die Zuverlässigkeit des Trackings von 65 auf 95 Prozent zu erhöhen.

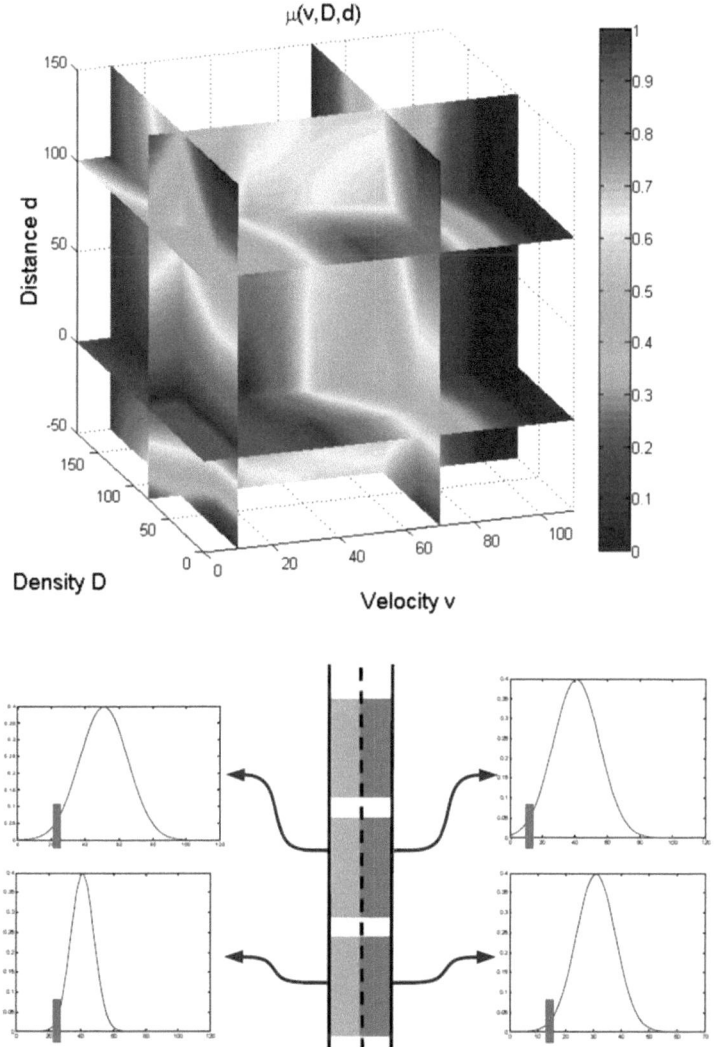

Abbildung 6.8: Oben - Wahrscheinlichkeiten der Geschwindigkeitswerte, Unten - Verteilungsdichtefunktion mit Grenzwert (rot), Quelle: [23]

Kapitel 7

Optische Orientierung

In diesem Kapitel wird die Entwicklung einer optischen Orientierungsbestimmung erläutert, welche das in Kapitel 2 erwähnte Inertialsystem (IMU) ersetzen soll. Da die GPS/IMU-Einheit eine der kostspieligsten Komponenten des *ARGOS* darstellt, ist die Entwicklung einer alternativen Fluglagebestimmung erstrebenswert. Praktisch ist es, dabei die Sensoren zu verwenden, die im *ARGOS* ohnehin integriert sind, zum Beispiel die Kameras. Allgemein ist die Methode, die Eigenorientierung durch das Auswerten optischer Merkmale zu bestimmen, schon lange bekannt und auf verschiedenste Arten realisiert.

Ein klassischer Ansatz ist, die äußere Orientierung einer Kamera durch räumlichen Rückwärtsschnitt zu bestimmen (siehe dazu [68] S. 239 ff.). Dabei müssen die Weltkoordinaten X, Y und Z von mindestens drei Objektpunkten und ihre zugehörigen Abbildungskoordinaten x und y im Bildraum bekannt sein sowie die innere Orientierung der Kamera. Die Koordinaten werden dabei in die Kollinearitätsgleichungen 7.1 und 7.2 eingesetzt, welche die Abbildung in den Bildraum beschreiben.

$$x' = x'_0 + z' \frac{r_{11}(X - X_0) + r_{12}(Y - Y_0) + r_{13}(Z - Z_0)}{r_{31}(X - X_0) + r_{32}(Y - Y_0) + r_{33}(Z - Z_0)} + \Delta x' \qquad (7.1)$$

$$y' = y'_0 + z' \frac{r_{21}(X - X_0) + r_{22}(Y - Y_0) + r_{23}(Z - Z_0)}{r_{31}(X - X_0) + r_{32}(Y - Y_0) + r_{33}(Z - Z_0)} + \Delta y' \qquad (7.2)$$

Die Parameter der inneren Orientierung sind dabei der Bildhauptpunkt (x'_0, y'_0), die Brennweite ($c = -z'$) und die Verzeichnungsoffsets ($\Delta x'$, $\Delta y'$) und werden als bekannt vorausgesetzt. Durch Ausgleichung nach vermittelnden Beobachtungen werden die unbekannten Parameter X_0, Y_0, Z_0 (Weltkoordinaten des Projektionszentrums) und r_{11} bis r_{33} (Elemente der Rotationsmatrix) bestimmt. Das Problem bei dieser Methode liegt jedoch darin, dass die Abbildungen der Punkte im Bild ermittelt werden müssen. Auch wenn eine ganze Reihe an Software für die Orientierungsbestimmung existiert, müssen die Passpunkte im Bildraum nach wie vor manuell bestimmt werden.

Die *NASA* benutzt optische Navigation in der Raumfahrt [14], um ähnlich wie beim GPS die eigene Position aus der Triangulation von Sensor und bekannten Himmelskörpern zu schätzen.

In [28] und [30] kompensieren die Autoren ungenaue Fluglagedaten dadurch, dass sie die Kanten eines dreidimensionalen Umgebungsmodells mit den sichtbaren Gebäudekanten im Bild matchen. Damit lässt sich die Fluglage zwar automatisiert und auch genauer bestimmen, doch ist dies nur möglich, wenn ein virtuelles Modell der Umgebung existiert, was nur an sehr wenigen ausgewählten Orten der Fall ist.

In [58] nutzen die Autoren die *Monte Carlo localization* für die Selbstlokalisierung eines Roboters. Dabei werden Wahrscheinlichkeiten für eine Reihe möglicher Positionen und Orientierungen des Roboters bestimmt. Mittels eines Bewegungsmodells und der Extraktion bekannter optischer Umgebungsmerkmale werden diese Wahrscheinlichkeiten permanent aktualisiert. Aus einer Reihe von Stichproben kann zu jeder Zeit die glaubwürdigste Orientierung ermittelt werden. Die optischen Merkmale werden jedoch ähnlich wie in [28] mit bekannten Umgebungsmodellen verglichen.

In den Quellen [54], [93] und [100] errechnen die Autoren die relativen Positionen aufeinanderfolgender Bilder mithilfe des Optischen Flusses. Dabei werden die Passpunkte vom Computer selbst festgelegt und durch *Lucas-Kanade Feature Tracking* in Folgebildern wieder gefunden. Die gewonnenen Bewegungsinformation fließen in ein Kalman-Filter ein, um die Navigationsdaten des GPS/IMU-Systems zu stützen.

Durch die Assoziation der Punktepaare in Folgebildern kann eine relative Orientierung (siehe [68] S. 255 ff.) der Aufnahmen zueinander errechnet werden. Diese relative Orientierung enthält drei Rotationswinkel und drei Modellkoordinaten der Translation, welche nach Belieben skaliert werden können.

In [37] verwenden die Autoren eine Stereokamera zur Stützung der IMU und können zu jedem Zeitpunkt die dreidimensionalen Positionen von detektierten *Interest Points* bestimmen. Dadurch lässt sich zwischen zwei Aufnahmen sogar die absolute Orientierung errechnen. Um Echtzeitfähigkeit zu erreichen, wird der Suchraum in Folgebildern minimiert. Dafür stützen sich IMU und Bildverarbeitung gegenseitig. Aus den Drehraten des Inertialsystems wird zunächst der Bewegungsvektor im Bild eingegrenzt. Die optischen Informationen wiederum verringern ein Abdriften der IMU.

Das Problem bei diesen Ansätzen ist jedoch einerseits, dass zu Anfang eine absolute Orientierung bekannt sein muss. Durch das Verfolgen von Passpunkten können allenfalls nachfolgende Orientierungen ermittelt werden, doch bedarf es nach wie vor bekannter Landmarken, um die Fluglage initial zu orientieren. Andererseits werden die optischen Informationen nur verwendet, um die inertialen Daten zu stützen. Der hier entwickelte neuartige Ansatz kann die IMU bis zu einer gewissen Genauigkeit sogar ersetzen.

In [80] wird ein Algorithmus präsentiert, welcher in Satellitenbildern Straßen extrahiert und die Stützpunkte von Straßennetzen in diese matcht. Durch ein Gradientenverfahren werden die Parameter der affinen Abbildung ermittelt, durch welche die Straßennetze optimal übereinander passen. Der für diese Arbeit entwickelte Ansatz verfolgt grundsätzlich die gleiche Idee, unterscheidet sich jedoch in einigen Details wie etwa der Straßenextraktion oder dem gewählten Optimierungsverfahren. Darüberhinaus wird der hier vorgestellte Ansatz um die zusätzliche Komponente der relativen Folgeorientierung und deren Fusion mit den zuvor erhobenen Daten erweitert.

7.1 Absolute optische Orientierung

Die Idee, ein Umgebungsmodell zu benutzen, dessen Abbildung im Bildraum erkannt und gematcht wird, soll auch hier aufgegriffen werden. Statt jedoch wie in [28] sporadisch vorhandene Gebäudemodelle zu verwenden, soll das Straßennetz verwendet werden, da die *ARGOS*-Software, wie schon in Kapitel 5 erwähnt, eine *NAVTEQ*-Straßendatenbank enthält. Straßen sind an allen Stellen vorhanden, an denen Verkehrsinformationen erhoben werden sollen. Somit kann man davon ausgehen, dass in den meisten Aufnahmen genügend Straßen enthalten sind, um diese mit den Straßenkanten der Datenbank zu matchen.

7.1.1 Extraktion von Straßenbereichen

Zur Extraktion von Straßen wurden in den letzten Jahren viele Ansätze veröffentlicht. Sehr ausführlich befasst sich die Dissertation [42] mit diesem Thema. In mehreren Phasen werden die Aufnahmen zunächst segmentiert und in reduzierter Auflösung homogene Bänder als Straßenhypothesen extrahiert. Am Ende werden die glaubwürdigsten Hypothesen im globalen Kontext zu Straßennetzen verknüpft.

In [20] wird ein *region growing*-Algorithmus auf LIDAR-Aufnahmen angewandt, um von bestimmten Startpunkten aus Gebiete mit weitgehend homogener Höhe und bestimmten reflektiven Eigenschaften zu extrahieren. Letztendlich werden diese vektorisiert und zu einem Straßennetz zusammengefasst.

Andere Ansätze, wie in [31], verwenden speziell adaptierte Kantenfilter, um in Luftbildern geringer Auflösung sämtliche Pixel zu bewerten. Anschließend werden diese zu einem Pfad verbunden, dessen Kostenfunktion minimiert wird.

In [44] wird die Straßenoberfläche im HSV-Farbraum [9] auf Basis ihres Farbwertes oder ihrer Sättigung und Intensität extrahiert. Hierbei wird unterschieden, ob die Intensitätsunterschiede im Bild groß genug sind. Ist das der Fall, ist der Farbwert (hue) der Hauptindikator für die Extraktion. Bei geringen Intensitätsunterschieden werden Sättigung und Intensität zur Extraktion herangezogen. Auch wenn die Aufnahmen in diesem speziellen Fall aus einem Fahrzeug heraus gemacht wurden, lässt sich der HSV-Ansatz in gleicher Weise auf Luftbilder anwenden.

Die *ARGOS*-Aufnahmen werden ebenfalls in den HSV-Farbraum umgerechnet. Der Farbwinkel der Straßenoberfläche liegt meist in einem Bereich zwischen 150 und 190 Grad, kann jedoch abhängig von Wetterlage und Weißabgleich variieren und zusätzliche Maxima in anderen Bereichen aufweisen. Daher ist es sinnvoll, zusätzlich die Sättigung mit einem Schwellwert zu begrenzen, um die Pixelmenge weiter einzugrenzen. Dadurch lässt sich zwar die Straßenoberfläche nicht eindeutig bestimmen, doch werden insgesamt signifikant mehr Pixel auf Straßen extrahiert als in der Umgebung (siehe Abbildungen 7.1 - 7.3).

Abbildung 7.1: Autobahn A96 in München

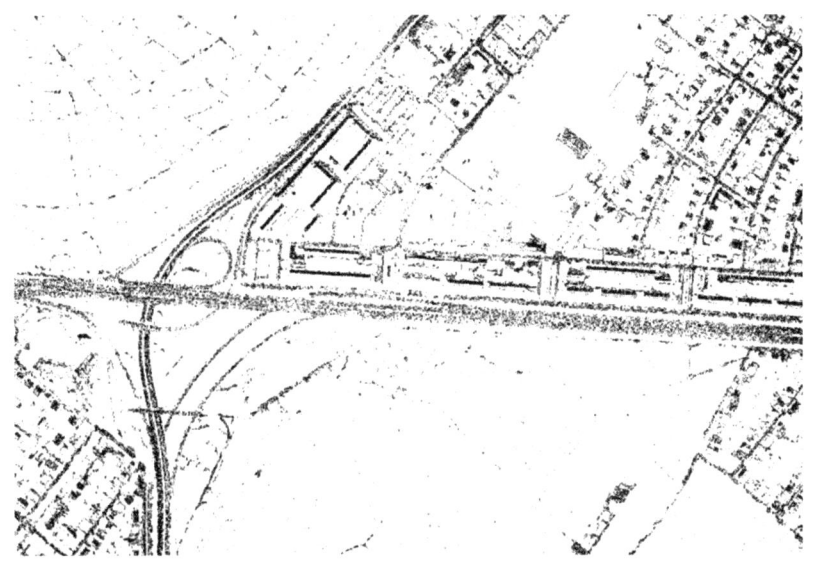
Abbildung 7.2: Mittels Farbwinkel extrahierte Straßen

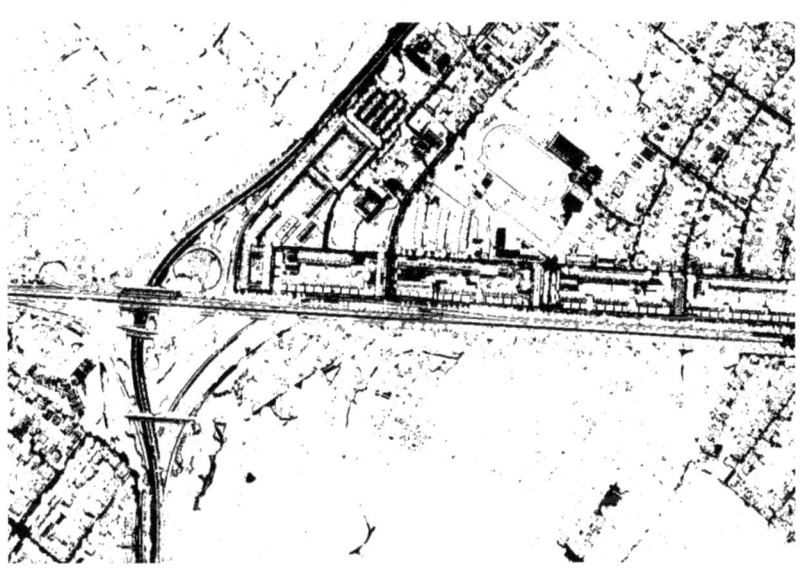
Abbildung 7.3: Mittels Sättigung extrahierte Straßen

7.1.2 Straßenmatching

Da die Zusammenhänge und Umrechnungen zwischen Flugzeug, Kamera und Weltkoordinatensystemen bereits ausführlich in Kapitel 3 erläutert wurden, soll hier nicht weiter darauf eingegangen werden.

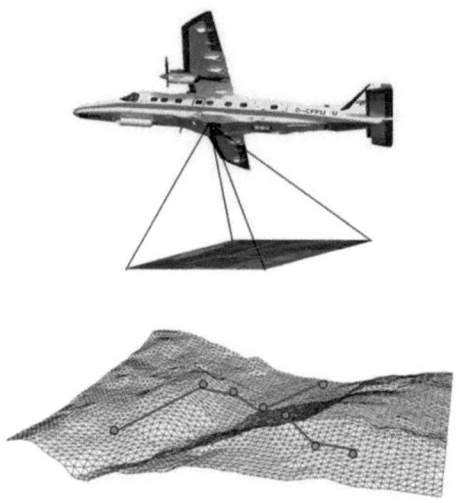

Abbildung 7.4: Projektion der dreidimensionalen Straßenelemente in die Aufnahme

Die zweidimensionalen Straßenknoten sind als UTM-Koordinaten [2] gespeichert und werden mit dem zugehörigen Höhenwert versehen (Abb. 7.4), welcher aus dem SRTM-Geländemodell [7] interpoliert wird. Die entstehenden 3D-Koordinaten werden in die Aufnahme projiziert [56]. Die Position des Flugzeuges bzw. der Kamera liefert der GPS-Sensor. Die Startwerte für den Nick- (ω) und Rollwinkel (ϕ) werden zunächst als 90 und 0 Grad angenommen, d.h. die Kamera blickt senkrecht nach unten. Der Gierwinkel (κ) wird aus zwei aufeinanderfolgenden Flugpositionen errechnet wird. Mit der gegebenen Anfangsorientierung der Kamera können die Straßen ins Bild projiziert und je nach innerer Orientierung verzerrt werden. Als Gütemaß für die Projektion werden sämtliche Pixel zusammengerechnet, die sowohl zur extrahierten als auch zur projizierten Straßenfläche gehören.

Da die Kostenfunktion nur ein Aufsummieren von Pixeln ist, können aus ihr keine Gradienten abgeleitet werden. Daher ist eine klassische Ausgleichung an der Stelle nicht angebracht. Stattdessen wird ein von Nelder und Mead entwickelter Simplex-Algorithmus angewandt [77], [85]. Da nur die drei Rotationswinkel ausgeglichen werden müssen, wird im dreidimensionalen Zustandsraum ein Simplex aus vier Eckpunkten um die Startwerte aufgebaut. Die Eckpunkte werden zu jedem Zeitpunkt bewertet, wodurch die zwischen ihnen entstehenden Gefälle dem Algorithmus anstelle von Gradienten als Anstieg dienen. Der Algorithmus verschiebt, spiegelt, expandiert und kontrahiert das Simplex solange, bis sich dessen Ecken bei erfolgreicher Konvergenz um ein Maximum zusammenziehen.

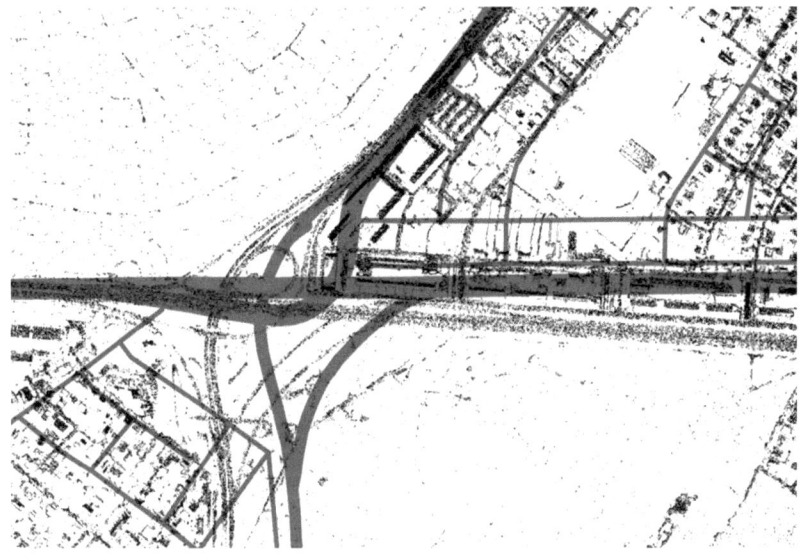

Abbildung 7.5: Extrahierte (schwarz) und projizierte (rot) Straßen überlagert

In Abbildung 7.6 ist die Güte der Projektion in Abhängigkeit zweier Rotationswinkel dargestellt. Die Grauwertsprünge im Schwarz-Weiß-Bild kommen durch den mehrfachen Überlauf des 8-Bit-Grauwertes zustande, stellen also eigentlich einen steigen Verlauf dar. Auch wenn sich das globale Maximum eindeutig abzeichnet, welches die optimalen Rotationswinkel repräsentiert, ist die Oberfläche der Kostenfunktion stark zerfurcht und weist viele lokale Extrema auf, in welchen die Ausgleichung oft falsch konvergiert. Daher muss die Bewertung geglättet werden. Ein passender Ansatz wird in einem Kantenmatchingverfahren (*Chamfer Matching*) angewandt [16], wobei sämtliche Kanten verbreitert werden, jedoch an ihren Rändern geringere Werte erhalten. Dadurch wird der Einzugsraum der Straßen vergrößert. Die breiteren Straßen überlappen leichter mit den Extrahierten Pixeln ihrer Umgebung, was eine bessere Konvergenz gewährleistet. Die Abbildungen 7.7 und 7.8 zeigen die verbreiterten Straßen und ihre Auswirkung auf den Bewertungsraum. Die

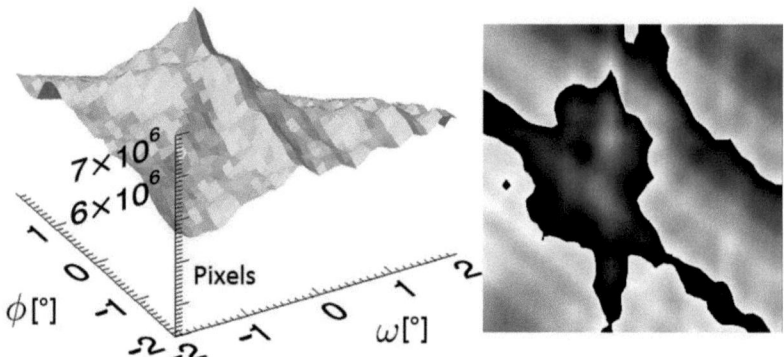

Abbildung 7.6: Projektionsgüte in Abhängigkeit der Winkel ω und ϕ

Oberfläche ist sichtlich glatter.

Abbildung 7.7: Extrahierte (schwarz) und verbreiterte projizierte (rot) Straßen überlagert

Problematisch ist jedoch, dass die Projektion und Verbreiterung der Straßen bei jeder Iteration erneut ausgeführt werden müssen, was je nach Anzahl der Straßenelemente sehr viel Rechenzeit in Anspruch nehmen kann. Daher arbeitet der Al-

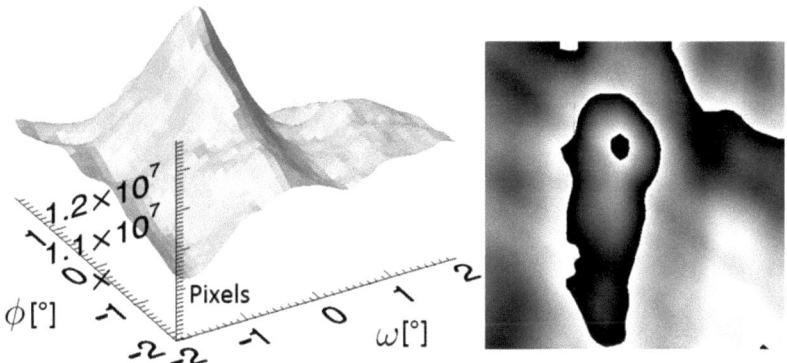

Abbildung 7.8: Projektionsgüte in Abhängigkeit der Winkel ω und ϕ (verbreiterte Straßen)

gorithmus hierarchisch. In der geringsten Auflösung werden zunächst empirisch die Startwerte bestimmt, indem in einem bestimmten Bereich um das letzte Optimum der Parameterraum in Ein-Grad-Schritten durchsucht wird.

Um die Startwerte mit der besten Bewertung wird durch geringes Verändern einzelner Parameter das Simplex definiert und in der nächsthöheren Auflösung der Algorithmus gestartet. Wenn das Konvergenzkriterium erreicht ist, werden die Eckpunkte in die nächsthöhere Auflösung übernommen, und die Optimierung wird erneut gestartet.

7.1.3 Ergebnisse

Der Algorithmus wurde auf über 400 Aufnahmen in elf Überflügen im Münchner Stadtgebiet getestet. Die Aufnahmen stammen aus zwei verschiedenen Messkampagnen der Jahre 2007 und 2008. Abbildung 7.9 zeigt zwei dieser Aufnahmen nach der Konvergenz des *Nelder-Mead*-Algorithmus mit optimierten Rotationswinkeln. Verglichen wurden die Ergebnisse mit den Rotationswinkeln, die das Inertialsystem lieferte und welche in photogrammetrische Winkel überführt wurden. Die optisch ermittelten Winkel konvergierten in 83,5 Prozent der Fälle richtig (Abb. 7.10) und erreichten im Falle korrekter Konvergenz Genauigkeiten zwischen 0,1 und 0,2 Grad.

Zwei Datensätze (Überflug A und B) sollen genauer untersucht und auf diese auch spätere Algorithmen angewandt werden. Ergebnisse weiterer Datensätze befinden sich im Anhang ab Seite 135. Die Abbildungen 7.11 und 7.12 zeigen die ermittelten ω-Winkel beider Überflüge im Vergleich zu den Werten, die das Inerti-

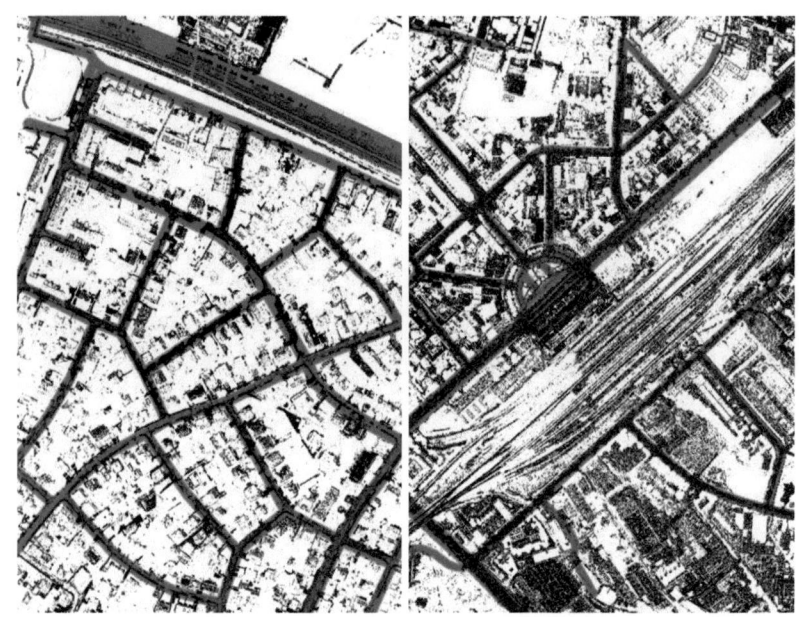

Abbildung 7.9: Richtig konvergierte Aufnahmen

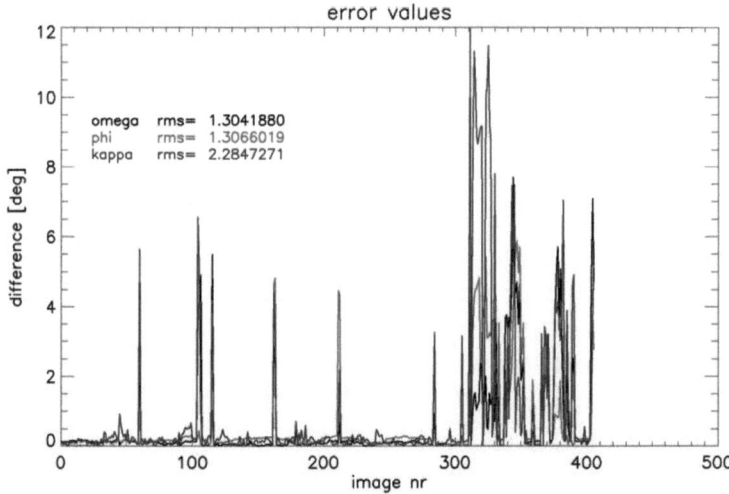

Abbildung 7.10: Winkelfehler aller 400 Aufnahmen

alsystem lieferte. Wie man erkennen kann, treten bedingt durch falsche Konvergenz gelegentlich Ausreißer auf, wobei die sonstige Genauigkeit bei 0,05 bis 0,2 Grad liegt. Die Ausreißer verzerren die RMS-Werte jedoch auf durchschnittlich 1,2 Grad, wie in Abb. 7.13 und 7.14 zu sehen ist.

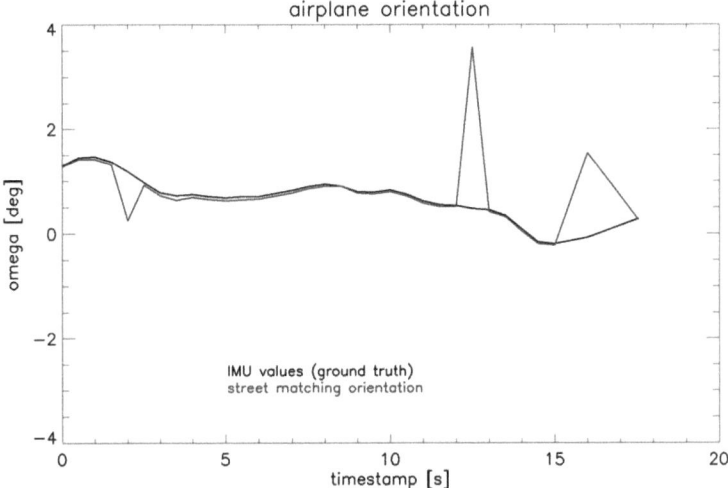

Abbildung 7.11: ω-Winkel der absoluten optischen Orientierung (Überflug A)

7.1.4 Fehlerquellen

Manche Datensätze zeigen jedoch im Gegensatz zum gezeigten Beispiel wesentlich seltener Konvergenz. Dies kann verschiedene Ursachen haben.

- Zu wenig Straßeninformation

    Zu wenig Straßeninformation kann zu falscher Konvergenz führen, wenn das Bild sehr wenig Straßenoberfläche zeigt. Einige Pixel werden jedoch fast immer extrahiert. Navteq-Straßenelemente, welche außerhalb der Aufnahme liegen (Abbildung 7.15), verursachen jedoch eine höhere Bewertung, wenn sie im Bild auf zufällig extrahierte Pixel treffen.

- Zu viel Straßeninformation

    Ein weiterer Grund für falsche Konvergenz kann auch zu viel Straßeninformation sein. In Abbildung 7.16 sind sehr viele kleine Straßen sichtbar, was zu

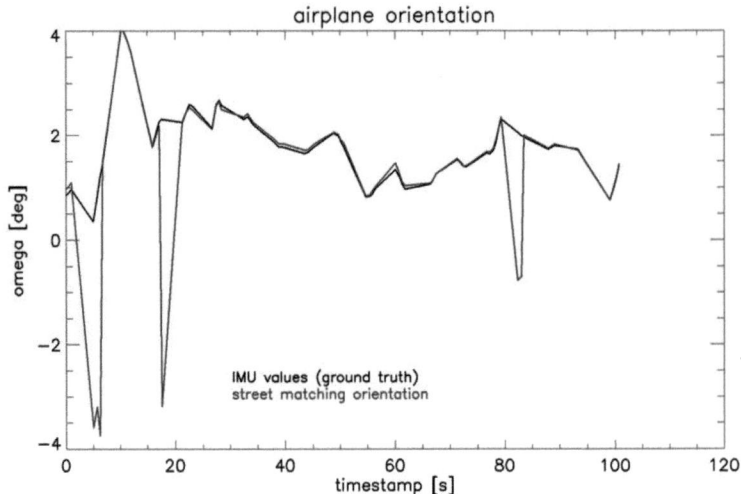

Abbildung 7.12: ω-Winkel der absoluten optischen Orientierung (Überflug B)

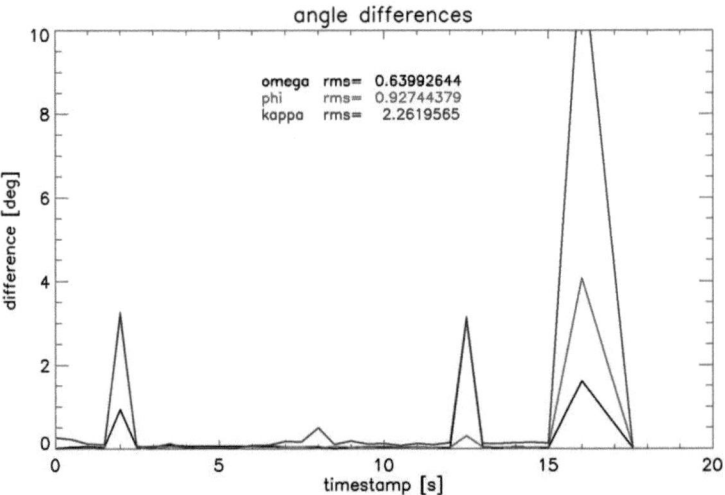

Abbildung 7.13: Winkeldifferenzen der absoluten optischen Orientierung (Überflug A)

vielen lokalen Extrema im Bewertungsraum führt. Das Simplex konvergiert an diesen.

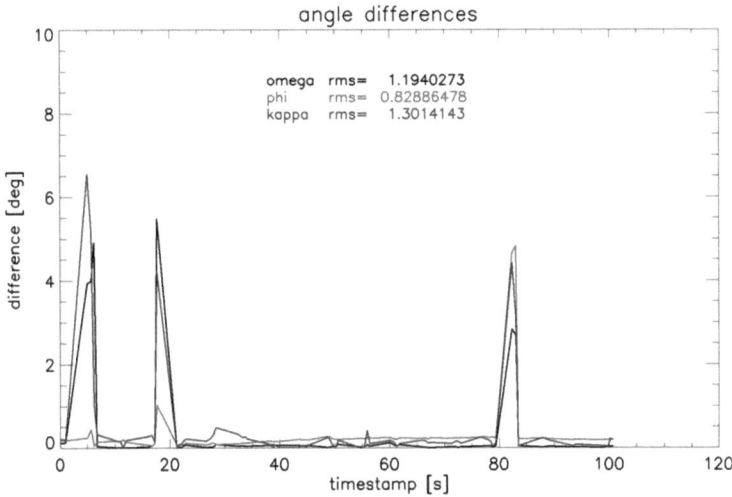

Abbildung 7.14: Winkeldifferenzen der absoluten optischen Orientierung (Überflug B)

Abbildung 7.15: Falsch konvergierte Aufnahme aufgrund von zu wenig Straßeninformation

Abbildung 7.16: Falsch konvergierte Aufnahme aufgrund von zu viel Straßeninformation

- Schlechte Straßenextraktion

    Ein weiterer oft auftretender Fehler wird durch schlechte Straßenextraktion hervorgerufen. Wenn sich die Wettersituation oder der Weißabgleich der Kamera ändern, verschiebt sich der Farbwinkel der Straßenoberfläche, was zum einen zur Folge haben kann, dass sie nicht mehr als solche erkannt wird, zum anderen, dass die Extraktion stärker auf andere Flächen wie Baustellen, Brachflächen oder Bahnareal (Abbildung 7.17) reagiert.

Um diese Fehlerquellen zu umgehen, bieten sich verschiedene Ansätze an. Beispielsweise könnte eine exaktere Straßenextraktion die erste und dritte Fehlerquelle abdecken. Wenn die Straßen nicht mehr nur unstrukturiert extrahiert werden, könnte das der falschen Konvergenz bei wenig Straßeninformation vorbeugen, da weniger Straßenelemente auf zufällig auftretende Pixel gematcht werden würden. Die falsch extrahierten Oberflächen in Fehlerbeispiel drei würden das Matching auch weniger beeinflussen. Die zweite Fehlerquelle könnte durch ein Multistart-Simplex-Verfahren vermieden werden. Mehrere Startwerte werden zufällig in einem gegebenen Bereich gesucht und das Verfahren auf diese angewandt. Zwar dauert die Konvergenz mehrerer Simplizia entsprechend länger, doch gewährt das Verfahren, wie in [45] beschrieben, weitaus bessere Konvergenz zum globalen Optimum. Die Berechnung

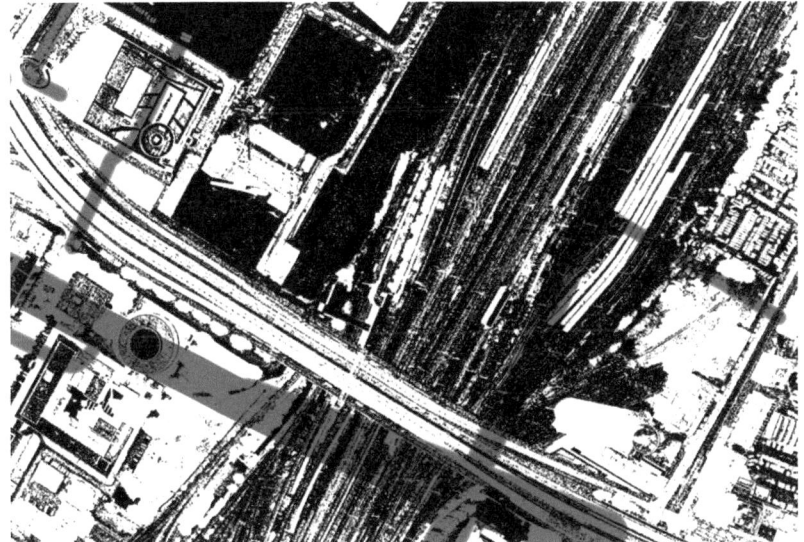

Abbildung 7.17: Falsch konvergierte Aufnahme aufgrund von falscher Straßenextraktion

kann auch parallelisiert werden.

7.2 Relative optische Orientierung

Ein weiterer Ansatz für die Fehlervermeidung in 7.1.4 wäre, die Ausreißer einfach zu verwerfen. Dazu müssen diese aber erst als Ausreißer erkannt werden, was sich durch den Vergleich aufeinanderfolgender Orientierungen realisieren lässt. Die oben erwähnten Ansätze von [30], [54] und [93] bedienen sich dabei der relativen Orientierung zwischen benachbarten Bildern.

7.2.1 Interest Points

Da die Berechnung des Optischen Flusses für die Assoziation von Punkten in den großen Aufnahmen sehr zeitaufwändig ist, wird hier auf die Suche und das Matching bestimmter *Interest Points* oder Ground Control Points zurückgegriffen. Diese müssen, um sie in Folgebildern richtig zuzuordnen, bestimmte Bedingungen erfüllen (siehe[55]), im Allgemeinen sich von ihrer Umgebung abheben. Einfache Ansätze für deren Bestimmung, wie etwa *Harris Corner Detector*, Förstner- oder SUSAN-Operator, sind in [55] beschrieben. In Verbindung mit einem Punkt-Matching-Algorithmus wie etwa *sum of squared differences (SSD)* oder einfache Kreuzkorrelation *cross correlation (CC)* wären diese Passpunkte wieder auffindbar, doch stellten sich in den letzten Jahren, wie in Abschnitt 5.1.2 erwähnt, Ansätze wie *SIFT* [66], [70] oder *SURF* [13] als robuster heraus. Wie in [97] untersucht wurde, sind Varianten des *SURF*-Algorithmus nicht nur schneller, sondern auch zuverlässiger als der *SIFT*-Algorithmus.

Für diese Arbeit wurde der *SURF*-Algorithmus aus der frei verfügbaren C-Bibliothek OpenCV verwendet, welcher in je zwei aufeinanderfolgenden Aufnahmen je nach Parametereinstellung hunderte von *Interest Points* findet. Wichtig ist dabei, dass diese Punkte nur in den überlappenden Bereichen der Aufnahmen gesucht werden, was die Chance auf Ausreißer verringert und größere Stabilität in der Ausgleichsrechnung gewährleistet.

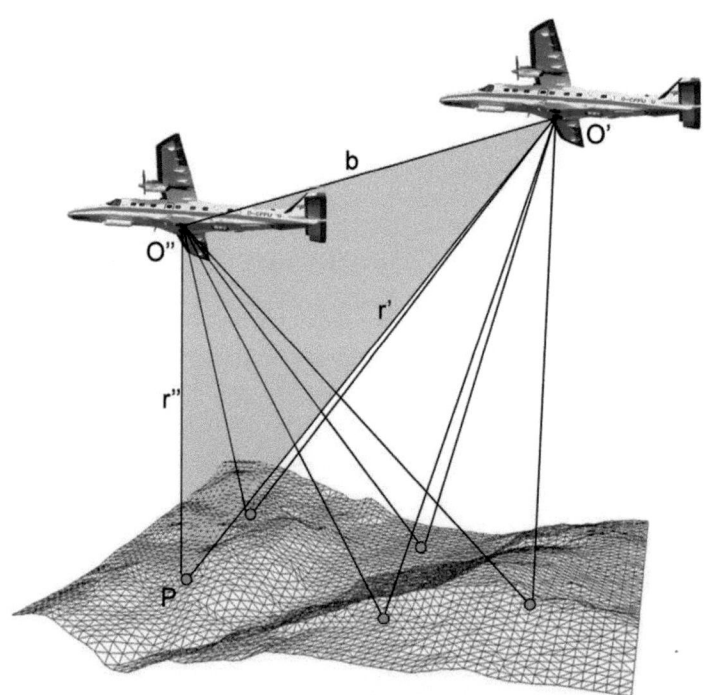

Abbildung 7.18: Epipolarebene zwischen zwei Aufnahmen

Abbildung 7.19: Vektoren der *Interest Points* zwischen zwei Aufnahmen

7.2.2 Ausgleichung

Die Berechnung der relativen Orientierung mit Folgebildanschluss (siehe [68] S. 250 ff.) wird aus der Koplanaritätsbedingung der Epipolargeometrie (Abb. 7.18) hergeleitet. Da die Basis beider Aufnahmen b sowie die Abbildungsstrahlen r' und r'' eines Punktes P durch beide Projektionszentren O' und O'' auf einer Ebene liegen müssen, kann diese Bedingung (Gleichung 7.3) mit mindestens drei Punktepaaren für eine Ausgleichung verwendet werden. Die Orientierung zwischen beiden Aufnahmen wird also solange optimiert, bis das Spatprodukt der drei Vektoren für alle Punktepaare minimal wird.

$$\langle b, r', r'' \rangle = (b \times r') \cdot r'' = 0 \qquad (7.3)$$

Die Verbesserungsgleichungen und Differentialquotienten sind ebenfalls in [68] nachzulesen und sollen hier nicht weiter erörtert werden. Als Ergebnis der Ausgleichung erhält man die drei Rotationswinkel ω, ϕ und κ sowie drei Modellkoordinaten für die Translation, welche beliebig skaliert werden können. Im gegebenen Fall ist der Translationsvektor jedoch keine Unbekannte, da die Position, wie erwähnt, durch das GPS ermittelt wird. Daher geht die Translation als konstant in die Ausgleichung ein, und die Terme für y und z kürzen sich in der Verbesserungsgleichung weg, was die Ausgleichung stabilisiert.

Da der Algorithmus sensibel auf Ausreißer reagiert und deren Auftreten bei hunderten von Passpunktpaaren sehr wahrscheinlich ist, wird er iterativ im *RANSAC-Verfahren* [32] angewandt. Um Ausreißer zu eliminieren, wird aus der Passpunktmenge P eine kleine Menge S von n Passpunkten ausgewählt und die Optimierung darauf angewandt. Alle anderen Punkte aus P, die innerhalb einer bestimmten Fehlertoleranz liegen, werden zur Menge S^* zusammengezählt. Die Menge S^* nennt sich *consensus set* von S.

Wenn die Anzahl der Elemente in S^* einen bestimmten Schwellwert übersteigt, wird die Optimierung erneut mit der neuen Menge S^* durchgeführt. Liegt die Anzahl der Elemente in S^* unter dem Schwellwert, wird zufällig eine neue Startmenge S gewählt. Es wird jeweils die Untermenge S^* mit den meisten Elementen als bestes *consensus set* beibehalten.

Der Algorithmus kann entweder nach einer gegebenen Anzahl von Iteration abbrechen oder, nachdem eine ausreichende Anzahl von Elementen für S^* gefunden wurde. Als letzter Schritt wird die Optimierung nochmals mit der optimalen Untermenge S^* durchgeführt.

7.2.3 Ergebnisse

Als Datengrundlage wurden teilweise dieselben Aufnahmen verwendet wie für die absolute Orientierung. Nur wurden diese in Überflüge von ca. 30-70 Aufnahmen aufgeteilt, da die relative Orientierung nur zwischen sich überlappenden Bildern errechnet werden kann. Zusätzlich wurden Aufnahmen aus einer anderen Flugkampagne verwendet, bei der die Kamera um 90 Grad versetzt eingebaut war. Insgesamt wurden elf Überflüge für den Test verwendet, von denen nur zwei Beispiele hier gezeigt werden. Die gesamten Ergebnisse sind ebenfalls im Anhang zu finden.

Die Abbildungen 7.20 und 7.21 zeigen den ω-Winkel der Kamera (Rollwinkel des Flugzeuges) während der Überflüge A und B. Die relative Orientierung (rot) bezieht sich jeweils auf den ersten IMU-Wert (schwarz). Die absolute optische Orientierung wurde zum Vergleich als blau gestrichelte Linie eingezeichnet. Bei Überflug A hält sich die relative Orientierung sehr genau an die IMU-Orientierung und ist selbst nach 32 Aufnahmen nicht sichtbar abgedriftet. Bei Überflug B hingegen ist zu erkennen, dass sich die relative Orientierung zunehmend vom IMU-Wert wegbewegt, jedoch im Gegensatz zur blauen Linie keine Ausreißer aufweist.

Die Abbildungen 7.22 und 7.23 zeigen für alle drei Winkel die Differenzen der relativen Orientierung zur IMU, wobei bei Überflug B auch wesentlich stärkeres Abdriften erkennbar ist als bei Überflug A, dessen RMS-Werte um die 0,02 Grad

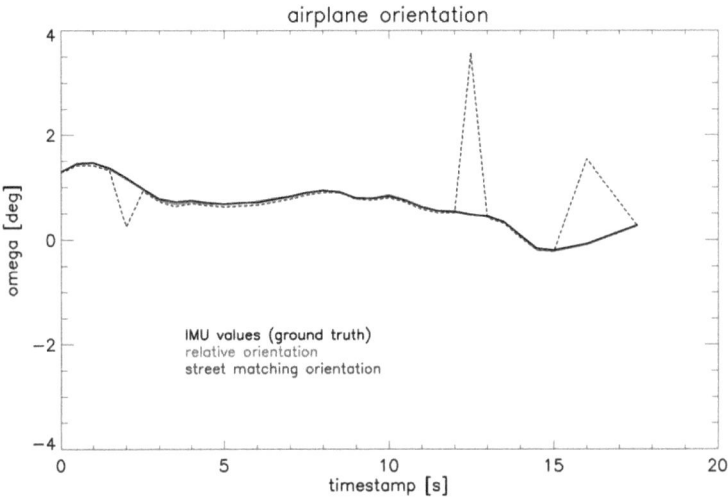

Abbildung 7.20: ω-Winkel der relativen optischen Orientierung (Überflug A)

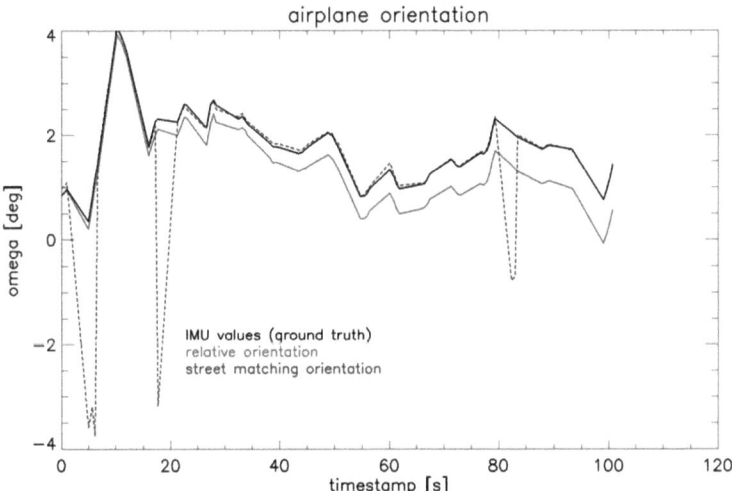

Abbildung 7.21: ω-Winkel der relativen optischen Orientierung (Überflug B)

liegen. Grund dafür ist zum einen, dass Überflug B aus mehr als doppelt so vielen Aufnahmen (71) besteht wie Überflug A. Zum anderen wurde Überflug B im Burst-Modus aufgenommen. Das bedeutet, dass nach zwei bis drei Aufnahmen eine etwa

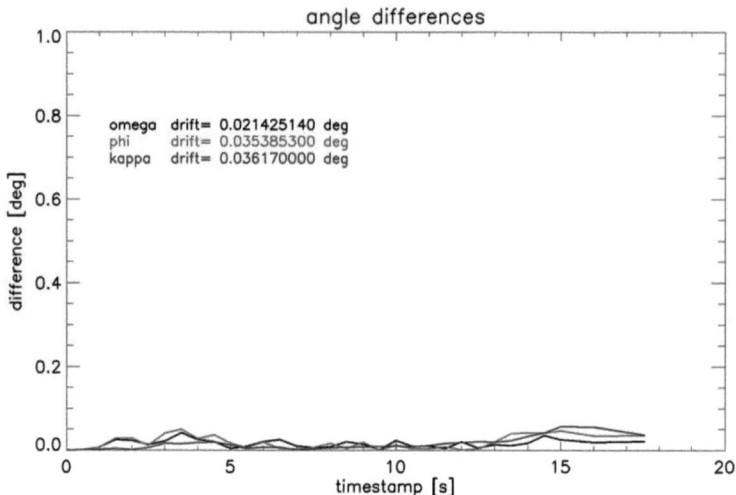

Abbildung 7.22: Winkeldifferenzen der relativen optischen Orientierung (Überflug A)

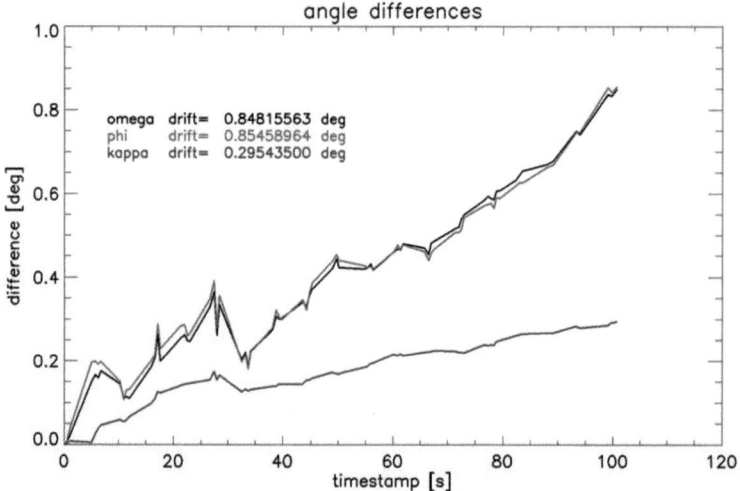

Abbildung 7.23: Winkeldifferenzen der relativen optischen Orientierung (Überflug B)

viersekündige Pause benötigt wird, um die Daten auf die Speicherkarte zu schreiben. Das bedeutet nicht nur, dass der Überflug B mit 100 Sekunden ungefähr sechsmal so lange dauert wie Überflug A, sondern auch, dass der überlappende Bereich wesentlich kleiner wird, was zu weniger *Interest Points* führt. Diese beiden Gründe erklären das stärkere Abdriften der Winkel ω und ϕ auf bis zu 0,85 Grad bei Überflug B.

7.3 Navigationsfilter

Wie in den vorigen Abschnitten dargelegt wurde, haben sowohl die absolute als auch die relative optische Orientierung ihre Vor- und Nachteile. Bei der absoluten treten Ausreißer auf, jedoch bleiben die Abweichungen über die gesamte Zeit konstant. Die relative Orientierung hingegen ist wesentlich genauer zwischen zwei Aufnahmen und gegen Ausreißer immun. Dafür vergrößert sich der Messfehler, je länger der Flug dauert. Die Orientierung driftet ab.

Die beste Lösung an der Stelle ist, die Vorteile beider Verfahren zu nutzen, um einen optimalen Wert zu berechnen. Ein guter Ansatz dafür ist das Kalman-Filter ([12], [15], [48], [49], [52], [54] und [99]).

7.3.1 Kalman-Filter

Bereits 1960 entwickelte Rudolf Emil Kalman einen rekursiven Schätzalgorithmus für zeitdiskrete dynamische Systeme [49]. Das Kalman-Filter dient dazu, die Systemzustände auf Basis fehlerhafter Vorhersagen und Messwerte optimal zu schätzen [15].

Ausgegangen wird von einem zeitdiskreten, stochastischen Prozess in einem dynamischen System. Es wird versucht, den optimalen linearen Schätzwert des unbekannten Zustandsvektors $\mathbf{x}_k$ anhand von gestörten Messungen $\mathbf{y}_0, \mathbf{y}_1, ..., \mathbf{y}_k$ zu bestimmen [48]. Das lineare System ist durch folgende Systemgleichungen definiert:

$$\mathbf{x}_{k+1} = \mathbf{F}_k \mathbf{x}_k + \mathbf{G}_k \mathbf{v}_k \tag{7.4}$$

$$\mathbf{y}_k = \mathbf{H}_k \mathbf{x}_k + \mathbf{w}_k \tag{7.5}$$

Die Systemmatrix $\mathbf{F}$ beschreibt den Übergang des Zustandsvektors $\mathbf{x}$ vom Zeitpunkt k nach $k+1$. Die Messmatrix $\mathbf{H}$ beschreibt die Abbildung des eigentlichen Zustandsvektors $\mathbf{x}$ auf die beobachtbaren Größen des Messvektors $\mathbf{y}$. $\mathbf{G}$ ist die Einflussmatrix des Systemrauschens, und die Vektoren $\mathbf{v}$ und $\mathbf{w}$ enthalten die Störgrößen des Systemrauschens sowie des Messrauschens. Sowohl System- als auch Messrauschen werden als additives, weißes, gaußsches Rauschen mit keinerlei Korrelation untereinander und den Kovarianzmatrizen $\mathbf{Q}$ und $\mathbf{R}$ angenommen.

$$E[\mathbf{v}_i, \mathbf{v}_k^T] = \begin{cases} \mathbf{Q}_k & i = k, \\ 0 & i \neq k \end{cases} \quad (7.6)$$

$$E[\mathbf{w}_i, \mathbf{w}_k^T] = \begin{cases} \mathbf{R}_k & i = k, \\ 0 & i \neq k \end{cases} \quad (7.7)$$

$$E[\mathbf{v}_i, \mathbf{w}_k^T] = E[\mathbf{x}_i, \mathbf{w}_k^T] = E[\mathbf{y}_i, \mathbf{v}_k^T] = 0 \quad (7.8)$$

Der eigentliche Filter-Algorithmus besteht aus zwei Schritten, der Prädiktion und der Innovation bzw. Korrektur.

Prädiktion

Im Prädiktionsschritt wird zunächst mithilfe der Gleichung 7.4 ein A-priori-Schätzwert für den Systemzustand $\hat{\mathbf{x}}_{k+1}^-$ aus dem bekannten A-posteriori-Zustand $\hat{\mathbf{x}}_k$ ermittelt. Da das Systemrauschen als mittelwertfrei angenommen wird, ist der Erwartungswert gleich Null, und die Zustandsübergangsgleichung vereinfacht sich zu

$$\hat{\mathbf{x}}_{k+1}^- = \mathbf{F}_k \mathbf{x}_k. \quad (7.9)$$

Dabei wächst die Unsicherheit an, und die Fehlerkovarianzmatrix $\mathbf{P}$ muss um das Systemrauschen erweitert werden.

$$\begin{aligned} \mathbf{P}_{k+1}^- &= \mathbf{F}_k E[(\hat{\mathbf{x}}_k - \mathbf{x}_k)(\hat{\mathbf{x}}_k - \mathbf{x}_k)^T]\mathbf{F}_k^T + \mathbf{G}_k E[\mathbf{v}_k \mathbf{v}_k^T]\mathbf{G}_k^T & (7.10) \\ &= \mathbf{F}_k \mathbf{P}_k \mathbf{F}_k^T + \mathbf{G}_k \mathbf{Q}_k \mathbf{G}_k^T & (7.11) \end{aligned}$$

Nach der Prädiktion wird der Index erhöht.

$$k := k + 1 \quad (7.12)$$

Innovation / Korrektur

Im Innovationsschritt des Kalman-Filters wird der A-priori-Schätzwert mit dem Residuum korrigiert. Das Residuum ist die Differenz aus dem Messwertvektor $\tilde{\mathbf{y}}_k$ und dem erwarteten Messwertvektor $\hat{\mathbf{y}}_k = \mathbf{H}_k \hat{\mathbf{x}}_k$, welche durch die zunächst unbekannte Matrix $\mathbf{K}_k$ gewichtet wird. Das ergibt folgende A-posteriori-Schätzung:

$$\hat{\mathbf{x}}_k = \hat{\mathbf{x}}_k^- + \mathbf{K}_k(\tilde{\mathbf{y}}_k - \mathbf{H}_k \hat{\mathbf{x}}_k^-) \quad (7.13)$$

Um die Gewichtsmatrix $\mathbf{K}_k$ so zu bestimmen, dass der Schätzfehler minimal wird, muss die Spur der Kovarianzmatrix $\mathbf{P}_k$ des Schätzfehlers minimiert werden, d.h. der quadratische Fehler wird minimiert. Dafür wird die Spur nach $\mathbf{K}_k$ abgeleitet, um nach Nullstellen zu suchen.

$$\frac{dSpur(\mathbf{P}_k)}{d\mathbf{K}_k} = -2(\mathbf{H}_k\mathbf{P}_k^-)^T + 2\mathbf{K}_k(\mathbf{H}_k\mathbf{P}_k^-\mathbf{H}_k^T + \mathbf{R}_k) = 0 \tag{7.14}$$

Nach $\mathbf{K}_k$ umgestellt ergibt das folgende Gewichts- oder Kalman-Verstärkungs-Matrix:

$$\mathbf{K}_k = \mathbf{P}_k^-\mathbf{H}_k^T(\mathbf{H}_k\mathbf{P}_k^-\mathbf{H}_k^T + \mathbf{R}_k)^{-1} \tag{7.15}$$

Damit kann der Innovationsschritt in Gleichung 7.13 mit minimalem Fehler berechnet werden. Als letzter Innovationsschritt wird die Fehlerkovarianz $\mathbf{P}_k^-$ korrigiert.

$$\mathbf{P}_k = (\mathbf{I} - \mathbf{K}_k\mathbf{H}_k)\mathbf{P}_k^- \tag{7.16}$$

Damit ist ein Zyklus des Filters abgeschlossen, und der Algorithmus beginnt wieder bei Gleichung 7.9 mit der Prädiktion des nächsten Zustandsvektors $\hat{\mathbf{x}}_{k+1}^-$.

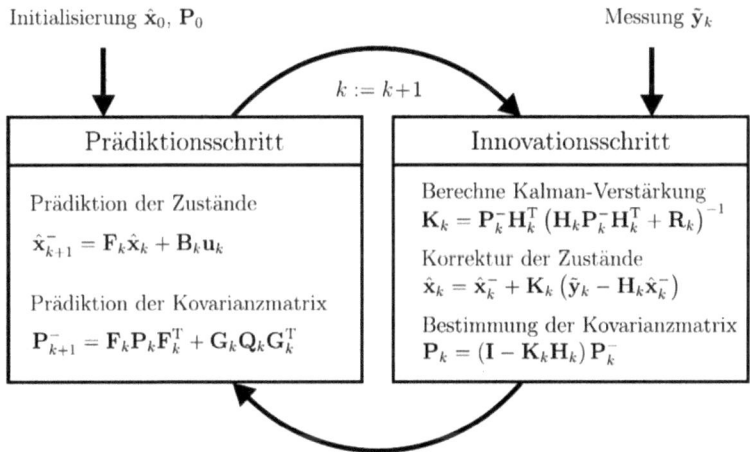

Abbildung 7.24: Ablaufdiagramm des Kalman-Filters (Quelle [99])

In Abbildung 7.24 sind die beiden Schritte des Filters und die wichtigsten Gleichungen nochmals zusammengefasst.

7.3.2 Anpassung des Filters

Wenn man die absolute optische Orientierung als Messvektor y_k verwendet und die relative Folgeorientierung als Prädiktion $\hat{x}_{k+1}^-$, kann ein lineares Kalman-Filter die Gesamtorientierung mit optimaler Wahrscheinlichkeit schätzen. In den Zustandsvektor x_k gehen dabei nur die drei Drehwinkel ein. Die Winkelgeschwindigkeiten, mit welchen üblicherweise der Folgezustand vorausgesagt wird, werden nicht benötigt, wie später noch erläutert wird.

Startzustand

Als initialer Zustand der Schätzung wird die absolute optische Orientierung angenommen.

$$x_0 = \begin{bmatrix} \omega_{aoo} \\ \phi_{aoo} \\ \kappa_{aoo} \end{bmatrix} \qquad (7.17)$$

Die Fehlerkovarianzmatrix P_0 wird mit den anfänglichen Varianzen der Schätzfehler gefüllt, welche zuerst noch recht hoch angenommen werden können, etwa Eins.

$$P_0 = \begin{bmatrix} 1 & 0 & 0 \\ 0 & 1 & 0 \\ 0 & 0 & 1 \end{bmatrix} \qquad (7.18)$$

Prädiktion

Der Folgezustand wird nach der Überführung der Winkel in Rotationsmatrizen (Siehe Kap. 3.3) wie folgt prädiziert und nachfolgend wieder in Eulerwinkel zurückgerechnet:

$$M_{k+1}^- = M_k^{rel} \cdot M_k \qquad (7.19)$$

Als Zustandsübergangsmatrix wird jedoch eine lineare Vorhersage angenommen, welche nur den vorherigen Zustand berücksichtigt, was eine 3x3-Einheitsmatrix ergibt, die sich somit wegkürzt. Beim klassischen linearen Ansatz wäre der Zustandsvektor sechsdimensional und würde auch die Winkelgeschwindigkeiten enthalten, um den nächsten Zustand vorherzusagen. Da die Vorhersage jedoch durch die relative Orientierung getroffen wird und Tests ergaben, dass das Filter in höheren Dimensionen instabiler wird, werden die Winkelgeschwindigkeiten vernachlässigt und durch das Systemrauschen abgedeckt.

$$\mathbf{F}_k = \begin{bmatrix} 1 & 0 & 0 \\ 0 & 1 & 0 \\ 0 & 0 & 1 \end{bmatrix} \tag{7.20}$$

Die Einflussmatrix **M** des Systemrauschens enthält lediglich die jeweilige Zeitdifferenz zwischen den Schritten.

$$\mathbf{G}_k = \begin{bmatrix} \Delta t & 0 & 0 \\ 0 & \Delta t & 0 \\ 0 & 0 & \Delta t \end{bmatrix} \tag{7.21}$$

Die Kovarianzen des Systemrauschens σ_ω^2, σ_ϕ^2 und σ_κ^2 können aus der Ausgleichsrechnung abgeleitet werden. Als Gütemaß für die Ausgleichung werden die Determinanten (oder Spatvolumen) für sämtliche Vektortupel errechnet. Da dieses Volumen nicht aus Kubik-Modelleinheiten besteht, sondern aufgrund des gegebenen GPS-Vektors eindeutig skaliert ist, kann damit auch die Güte zweier Ausgleichungen untereinander verglichen werden. Je kleiner das Volumen ist, desto genauer ist die relative Orientierung und desto kleiner sind auch die Werte für die Kovarianzen.

$$\mathbf{Q}_k = \begin{bmatrix} \sigma_\omega^2 & 0 & 0 \\ 0 & \sigma_\phi^2 & 0 \\ 0 & 0 & \sigma_\kappa^2 \end{bmatrix} \tag{7.22}$$

Innovation / Korrektur

Als Messwert $\tilde{\mathbf{y}}_k$ im Innovationsschritt wird wiederum die aktuelle absolute Orientierung angenommen, deren Varianzen auf etwa 0,5 gesetzt werden. Da genau die Größen auch gemessen werden, welche den Zustandsvektor ausmachen, also Zustands- und Beobachtungsvektor identisch sind, ist die Abbildungsmatrix **H** ebenfalls eine Einheitsmatrix und kann vernachlässigt werden. Das Kalman-Gain kürzt sich somit auf:

$$\mathbf{K}_k = \mathbf{P}_k^- (\mathbf{P}_k^- + \mathbf{R}_k)^{-1} \tag{7.23}$$

Dann errechnet sich die Innovation des Zustandsvektors wie folgt:

$$\hat{\mathbf{x}}_k = \hat{\mathbf{x}}_k^- + \mathbf{K}_k (\tilde{\mathbf{y}}_k - \hat{\mathbf{x}}_k^-) \tag{7.24}$$

Auch die Innovation der Fehlerkovarianzmatrix $\mathbf{P}_k$ wird dadurch vereinfacht.

$$\mathbf{P}_k = (\mathbf{I} - \mathbf{K}_k)\mathbf{P}_k^- \qquad (7.25)$$

Messfehler

Wie weiter oben (Kap. 7.1) zu lesen ist, weist die absolute Orientierung gelegentlich Ausreißer auf. Obwohl die relative Orientierung (Prädiktion) durch geringere Kovarianzen stärker gewichtet wird, kann die absolute (Innovation) das Ergebnis stark verzerren. Um solche Ausreißer zu erkennen und zu verwerfen, wird zusätzlich ein Fehlergrenzwert verwendet, welcher nicht überschritten werden darf. Aus dem Residuum $\mathbf{v}_k$ und den Kovarianzen der Messwertvorhersage $\mathbf{S}_k$ wird ein quadratischer Fehlerwert errechnet [52].

$$\mathbf{v}_k = \tilde{\mathbf{y}}_k - \mathbf{H}_k \hat{\mathbf{x}}_k^- = \tilde{\mathbf{y}}_k - \hat{\mathbf{x}}_k^- \qquad (7.26)$$

$$\mathbf{S}_k = \mathbf{H}_k \mathbf{P}_k \mathbf{H}_k^T + \mathbf{R}_k = \mathbf{P}_k + \mathbf{R}_k \qquad (7.27)$$

$$e^2 = \mathbf{v}_k \mathbf{S}_k^{-1} \mathbf{v}_k^T \qquad (7.28)$$

Je vertrauenswürdiger der Messwert ist, also je kleiner die Kovarianz, desto stärker wird das Residuum im Fehlerwert e^2 gewichtet. Dieser beschreibt dabei eine Chi-Quadrat-Verteilung [39] mit dem Parameter $n = 3$ als Anzahl der Freiheitsgrade. Die Grenzen der Verteilung können aus einer zugehörigen Tabelle gelesen werden. Wenn der Fehler eine gegebene Grenze überschreitet, wird der Messwert als Ausreißer deklariert und verworfen. Die Innovation findet nicht statt, und der Folgezustand beruht einzig auf dem prädizierten Wert.

7.3.3 Ergebnisse

Für den Test des Filters wurden dieselben Datensätze verwendet wie in Kapitel 7.1.3 und 7.2.3. Der Vergleich soll zeigen, wie sehr sich die Anwendung des Filters auf die Genauigkeit auswirkt. Wie zu den vorigen Algorithmen finden sich weitere Ergebnisse im Anhang ab Seite 181 .

Wie die Abbildung 7.25 zeigt und auch schon in Kapitel 7.2.3 zu erkennen war, liegt bei Überflug A die relative Orientierung (rot) erstaunlich genau auf der wirklichen (schwarz). Bei Überflug B jedoch driftet die relative Orientierung aufgrund der geringeren Überlappung und der längeren Flugdauer stärker ab, wird jedoch, wie in Abbildung 7.26 zu sehen, durch die absolute Orientierung (blau) gestützt und

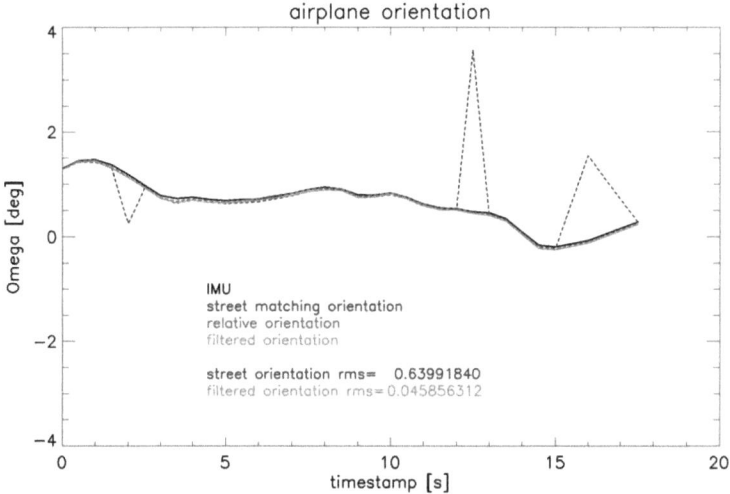

Abbildung 7.25: ω-Winkel des Navigationsfilters (Überflug A)

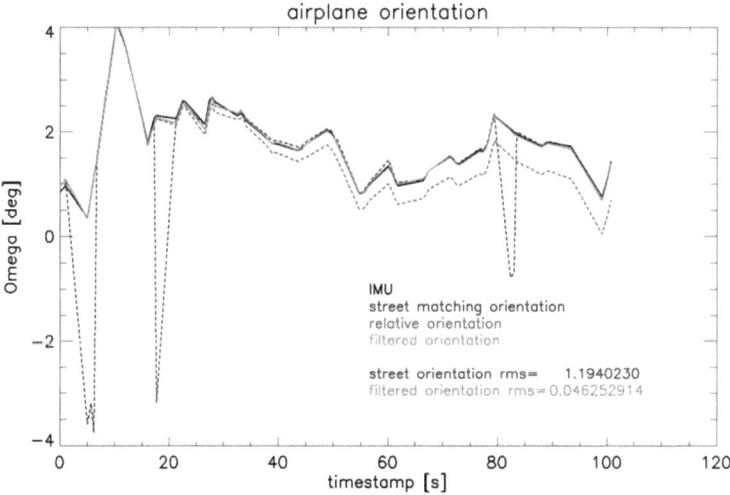

Abbildung 7.26: ω-Winkel des Navigationsfilters (Überflug B)

ergibt durch das Navigationsfilter eine optimale Schätzung (grün). Die Fehler der verwendeten Beispiele sind im Vergleich zur alleinigen absoluten Orientierung sehr gering (Abb. 7.27 u. 7.28) und ergeben RMS-Werte von durchschnittlich 0,08 Grad

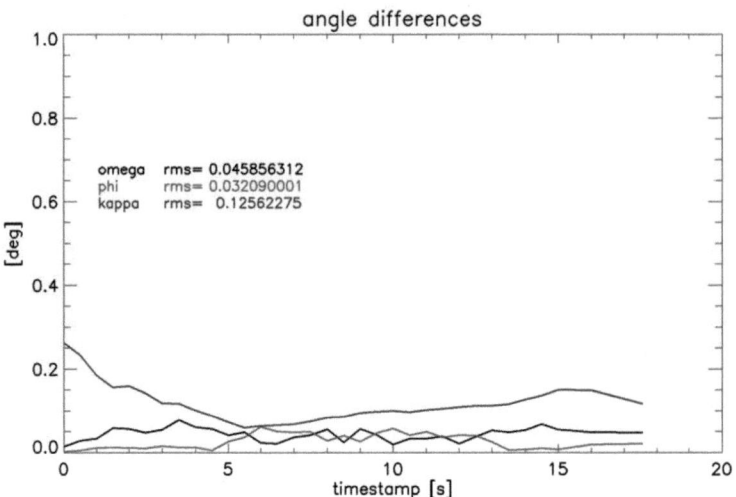

Abbildung 7.27: Winkeldifferenzen des Navigationsfilters (Überflug A)

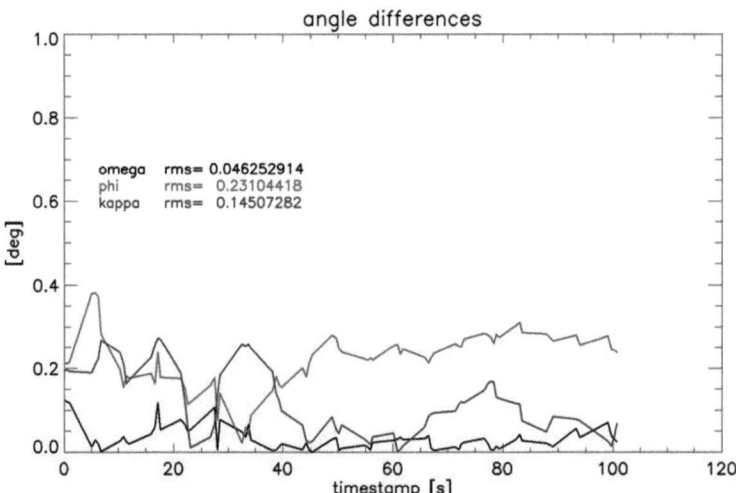

Abbildung 7.28: Winkeldifferenzen des Navigationsfilters (Überflug B)

(vorher 1,2 Grad), eine Verbesserung um das Fünfzehnfache.

7.3.4 Schwachstellen und Postprocessing

Auch wenn die meisten Ergebnisse des Navigationsfilters sehr genau sind, ist der Algorithmus in gewissen Situationen fehleranfällig. Wie schon Abschnitt 7.1.4 erwähnt, ist das Straßenmatching anfällig auf schlecht extrahierte Flächen oder andere lokale Maxima in der Optimierung. Auch wenn das Filter in der Lage ist, solche Ausreißer zu erkennen und zu verwerfen, muss es zunächst initialisiert werden.

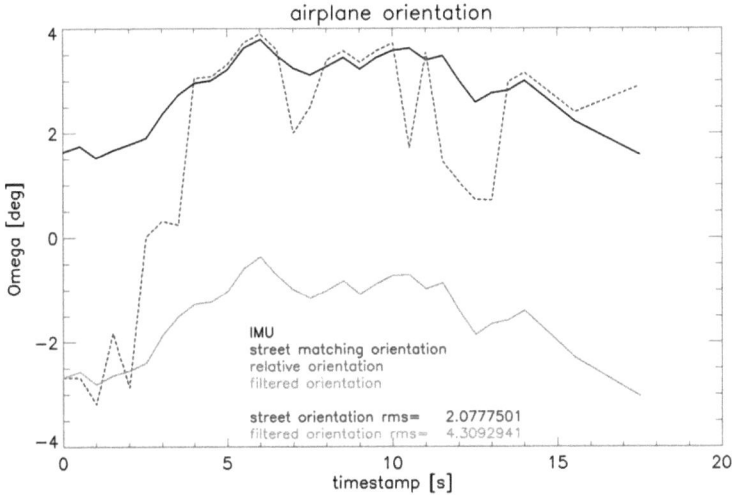

Abbildung 7.29: ω-Winkel des Navigationsfilters (Überflug 9)

Wenn die absolute Orientierung (nachfolgend AO) der ersten Aufnahmen falsch errechnet wird (Abb. 7.29), werden sämtliche korrekten Folgeorientierungen als Ausreißer angesehen, und das Filter hat keine Möglichkeit, sich dem wahren Wert anzunähern, da das Residuum zu groß ist. Die gefilterte Orientierung berechnet sich nur aus dem ersten Wert der absoluten Orientierung und den relativen Folgewerten, was im gezeigten Fall einen größeren RMS-Fehler ergibt als ohne Filter. Wie im Anhang ab Seite 196 zu sehen ist, wurden drei der elf getesteten Überflüge falsch initialisiert.

Auch wenn nur wenige Werte der absoluten Orientierung richtig konvergiert sind, kann der gesamte Flugstreifen in Hinblick auf die relative Orientierung (nachfolgend RO) korrigiert werden. Da die Ausreißer der AO, auch wenn es sehr viele sind, zufällig verteilte Werte annehmen, korrelieren diese nicht mit den Werten der RO. Durch eine erneute Implementierung eines *RANSAC*-Algorithmus kann der Offset der RO ausgeglichen werden. Das Verfahren wählt zunächst eine zufällig Teilmenge (*consensus set*) aus den RO-Werten aus und optimiert für diese die Winkeloffsets für den minimalen Abstand zur AO. Danach wird die Menge der RO nach weiteren Werten durchsucht, die mit den ermittelten Offsets einen bestimmten Fehlerwert zu den AO-Werten unterschreiten. All diese werden dem *consensus set* hinzugefügt. Danach beginnt der Algorithmus erneut, einen zufälligen *consensus set* auszuwählen. Nach einer gegebenen Anzahl von Iterationen wird das *consensus set* mit der maximalen Anzahl an Werten als Optimum akzeptiert. Mit diesem werden ein weiteres Mal die Offsets optimiert.

Das Postprocessing dauert je nach Anzahl der *RANSAC*-Iterationen und der Ausgleichsgenauigkeit nur Sekundenbruchteile und kann ohne weiteres während des Fluges durchgeführt werden. Es wurde auf drei falsch initialisierte Datensätze angewandt (Datensatz 8, 9 und 10) und konnte die Fehler in allen drei Fällen korrigieren (siehe Abb. 7.30). Die roten Kreuze zeigen an, welche Werte das maximale *consensus set* für die Optimierung bilden. Die ermittelten Fehlerwerte liegen durchschnittlich bei 0,17 Grad, sind also ähnlich genau wie die korrekt gefilterten Datensätze.

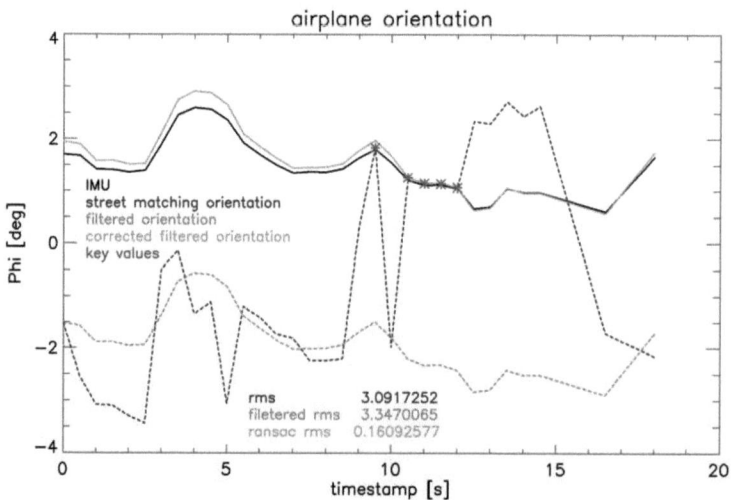

Abbildung 7.30: *RANSAC*-korrigierter ϕ-Winkel des Navigationsfilters (Überflug 8)

	ungefiltert			gefiltert		
Überflug	ω	ϕ	κ	ω	ϕ	κ
1	0,134	0,022	0,114	0,151	0,027	0,098
2	0,390	0,640	1,012	0,189	0,118	0,264
3	0,101	0,189	0,279	0,180	0,144	0,111
4	1,186	0,823	1,292	0,046	0,231	0,145
5	0,145	0,884	0,372	0,083	0,208	0,169
6	0,089	0,194	0,188	0,139	0,190	0,149
7	0,630	0,913	2,227	0,046	0,032	0,126
8	*2,473*	*3,117*	*6,596*	*0,981*	*3,278*	*8,698*
9	*2,058*	*2,566*	*1,946*	*4,309*	*4,970*	*7,566*
10	*2,848*	*1,233*	*3,076*	*3,513*	*0,727*	*3,776*
11	4,435	4,936	2,069	0,254	0,310	0,135

Tabelle 7.1: RMS-Werte der elf Überflüge. (links ungefiltert, rechts Kalman-gefiltert, falsch initialisierte Überflüge sind kursiv dargestellt)

	ungefiltert			gefiltert + RANSAC		
Überflug	ω	ϕ	κ	ω	ϕ	κ
1	0,134	0,022	0,114	0,151	0,027	0,098
2	0,390	0,640	1,012	0,189	0,118	0,264
3	0,101	0,189	0,279	0,180	0,144	0,111
4	1,186	0,823	1,292	0,046	0,231	0,145
5	0,145	0,884	0,372	0,083	0,208	0,169
6	0,089	0,194	0,188	0,139	0,190	0,149
7	0,630	0,913	2,227	0,046	0,032	0,126
8	*2,473*	*3,117*	*6,596*	*0,174*	*0,133*	*0,138*
9	*2,058*	*2,566*	*1,946*	*0,147*	*0,223*	*0,145*
10	*2,848*	*1,233*	*3,076*	*0,136*	*0,188*	*0,215*
11	4,435	4,936	2,069	0,254	0,310	0,135
gesamt	1,910	2,022	2,486	0,153	0,183	0,161

Tabelle 7.2: RMS-Werte der elf Überflüge (links ungefiltert, rechts Kalman- und RANSAC-gefiltert)

7.4 Zusammenfassung

Die Fusion der absoluten und relativen optischen Orientierung zeigt in den meisten Fällen eine deutliche Verringerung der Winkelfehler. In Tabelle 7.2 sind die RMS-Werte der gefilterten Daten im Vergleich zu den ungefilterten Datensätzen (siehe Tab. 7.1) dargestellt, doch sind diese nicht immer besser. Wie schon erwähnt, konnte sich das Navigationsfilter bei drei der elf Überflüge nicht richtig initialisieren, was in den beiden Fällen zu noch größeren Fehlern führte als vorher. Daher sind auch die Gesamt-RMS-Werte der ersten Tabelle nicht aussagekräftig. In Tabelle 7.2 die

Überflüge 8 bis 10 *RANSAC*-gefiltert. Man kann eine Verringerung der Winkelfehler (RMS) auf weniger als ein Zehntel (von insgesamt 2,15 auf 0,166 Grad) beobachten. Dieser Fehler entspricht bei der Aufnahmehöhe von 1400 Metern einem Versatz von etwa 3,5 Metern am Boden. Nach [92] weisen allein schon die zugrundeliegenden *NAVTEQ*-Daten einen RMS von 1,7 Metern auf.

Kapitel 8

Zusammenfassung und Ausblick

Die vorliegende Arbeit sollte sowohl einen umfangreichen Überblick über die luftgestützte Verkehrserfassung aus Sicht der Photogrammetrie und Bildverarbeitung geben (Kap. 1-4), als auch einen eigenen Beitrag zu dieser leisten (Kap. 5-7). Natürlich konnten dabei nicht alle Aspekte bis ins Detail berücksichtigt werden. Für sämtliche Verarbeitungsebenen wurden existierende Algorithmen vorgestellt, auf Schwachstellen untersucht und wo notwendig weiter- oder auch neu entwickelt. Nach kurzer Einleitung und Vorstellung der Hardware beginnt die eigentliche Arbeit in Kapitel 3 mit der Kalibrierung der inneren Orientierung und der Einbauwinkel der Kamera, wofür seit langem etablierte Verfahren implementiert und auf deren Genauigkeit bezüglich der Systeme *ANTAR* und *ARGOS* untersucht wurden. Dabei stellte sich heraus, dass das von *ANTAR* verwendete Inertialsystem nicht die angegebene Genauigkeit aufwies, was vermutlich auf die Vibrationen des Flugzeuges zurückzuführen ist. An dieser Stelle könnten weitere Untersuchungen Aufschluss geben.

In Kapitel 4 wurde beschrieben, wie die Luftaufnahmen in Kartenbilder transformiert werden, um auf ihnen Straßenkarten abzubilden, welche den Suchraum für die Fahrzeugerfassung eingrenzen. Dabei zeigten sich erneut Fehler, welche jedoch auf die ungenauen Koordinaten der Straßenelemente zurückzuführen sind. Es wurde ein Korrekturalgorithmus implementiert, welcher die Positionen der Straßenelemente in den meisten Fällen verbessert. Doch ist dieser, da er auf der Basis von Farbbereichen arbeitet, teilweise von den Beleuchtungsbedingungen abhängig. Eine Erweiterung um die Erkennung von Fahrbahnmarkierungen könnte die Zuverlässigkeit noch weiter erhöhen.

Kapitel 5 zeigt einen zweistufigen Erkennungsalgorithmus, welcher entwickelt wurde, um auf den sehr großen Aufnahmen die Vorteile eines schnellen und eines genauen Algorithmus zu vereinen. Das speziell geformte Kantenfilter erkennt im ersten Schritt je nach Bildqualität zwischen 60 und 90 Prozent der Fahrzeuge mit hoher Anzahl von *False Positives*, braucht jedoch im günstigsten Fall nur eine Sekunde pro Aufnahme. Im zweiten Schritt werden die Hypothesen durch eine *Support Vector Machine* überprüft, und ein Großteil der Fehlerkennungen wird verworfen. Im ungünstigsten Fall braucht die Vorselektion jedoch sieben Sekunden pro Aufnahme und ist somit nur bei geringer Aufnahmefrequenz und ausreichender Flugzeit echtzeitfähig. Großen Anteil an der Berechnungsgeschwindigkeit hat auch die Anzahl der Straßenelemente, was besonders bei Stadtaufnahmen ins Gewicht fällt.

In Kapitel 6 wurde ein Algorithmus implementiert, welcher auf Basis von räumlicher Distanz und Ähnlichkeit erkannte Objekte in benachbarten Bildern assoziiert. Tracking ist eigentlich nicht der treffende Begriff, da die Objekte aufgrund des Abbruchs der Bildaufnahme nicht weiter verfolgt werden können. Die Assoziation erfolgt mittels Singulärwertzerlegung nach einer Erweiterung des von Scott und Longuet-Higgins vorgestellten Matchingverfahrens für Stereobilder. Wenn man nach dem Matching die Paare nochmals auf glaubwürdige Distanzen und Ähnlichkeiten überprüft, ergeben sich Geschwindigkeitsabweichungen von höchstens zehn km/h zur *Ground Truth*, oft aber erheblich weniger. Eine weiterer Forschungsanreiz wäre, die Ähnlichkeit nicht aufgrund einfacher Kreuzkorrelation zu bestimmen, sondern, wie in Kapitel 5 beschrieben, komplexere Deskriptoren zu verwenden und zu vergleichen. Dieser Schritt könnte noch bessere Ergebnisse liefern. Wenn die Bildaufnahme in naher Zukunft kontinuierlich geschieht, könnten die Fahrzeuge mit einem Multi-Kalman-Filter oder einem Partikel-Filter über mehrere Aufnahmen getrackt werden.

Die Arbeit schließt mit Kapitel 7, in welchem ein alternativer Ansatz zur Orientierungsbestimmung vorgestellt wird. Es wird schrittweise gezeigt, welche Algorithmen und Verbesserungen sich wie auf die Winkelbestimmung auswirken. Um das Inertialsystem zu kompensieren, werden Straßen extrahiert und mit den ins Bild projizierten Straßenelementen gematcht. Ein Ausgleichsalgorithmus optimiert die Rotationswinkel des Systems mit einer Genauigkeit von 0,1 bis 0,2 Grad. Durch Passpunktverfolgung wird eine zusätzliche relative Orientierung bestimmt, welche in einem Kalman-Filter mit der Straßenorientierung fusioniert wird, um Ausreißer zu erkennen. Dabei treten in manchen Fällen Probleme bei der Initialisierung des Filters auf, wenn die Anfangsorientierung falsch ermittelt wurde. Eine Verbesserung wäre einerseits wie in Kapitel 4 durch eine aufwändigere Straßenextraktion möglich. Im gezeigten Ansatz wird für falsch initialisierte Datensätze nach dem Filtern per *RANSAC* ein optimales Offset ermittelt, welches die Rotationsfehler auch in diesen Fällen korrekt bestimmt. Somit konnte die Orientierung des Flugzeuges für alle elf vorhandenen Datensätze bestimmt werden.

Interessant wäre beispielsweise zu untersuchen, inwiefern andere Objekte mit bekannten Koordinaten zur automatischen Orientierungsbestimmung herangezogen werden können, wie es z.B. in [29] auf Gebäudemodelle angewandt wurde. Ist die Orientierungsbestimmung in Gebieten ohne Straßen in ähnlicher Weise durch das Matching von Orthofotos und Höhenmodellen möglich? Würde eine zuverlässigere Straßenextraktion die Bestimmung der relativen optischen Orientierung oder die Anwendung eines *RANSAC* überflüssig machen? Kann die Genauigkeit der Orientierung durch andere Datenquellen (Atkis, Tele Atlas, OpenStreetMap) noch verbessert werden? Wie genau lässt sich die Flugzeugposition in der Ausgleichsrechnung bestimmen, wenn keine GPS-Daten verwendet werden?

Zur Innovation dieser Arbeit zählt der zweistufige Fahrzeugerkennungsalgorithmus, der im Vergleich zu anderen Ansätzen wie [96] oder [41] sich dadurch abgrenzt, dass er nicht nur Zuverlässigkeit sondern auch Geschwindigkeit optimiert, was bei den gegebenen Datenmengen von großer Bedeutung ist. Interessant wäre eine Untersuchung der Zuverlässigkeit und Geschwindigkeit sämtlicher genannter Erkennungsalgorithmen auf ein und demselben Datensatz.

Die zweite Innovation dieser Arbeit ist die Entwicklung einer vollautomatischen optischen Orientierungsbestimmung, welche zwar ähnlich wie in [29] Modelle in die Aufnahmen projiziert, jedoch durch die Verwendung von Straßen anstatt von Gebäuden in weit mehr Gegenden, insbesondere zur Verkehrserfassung, anwendbar ist.

Wenn auch zum Ende dieser Arbeit einige Fragen offen bleiben, wurden doch die wichtigsten Werkzeuge und Algorithmen zur luftgestützten Verkehrslageerfassung aufgezeigt, weiterentwickelt und ausgewertet. Insbesondere das optische Navigationsfilter im Kapitel 7 ein neuartiger Ansatz zur automatischen Orientierungsbestimmung und sollte als Grundlage für weitere Forschungen in dieser Richtung genutzt werden. Die Datenfusion aus absoluter Orientierung an bekannten Landmarken und relativer Orientierung durch Passpunktverfolgung scheint ein vielversprechender Ansatz zu sein.

Literaturverzeichnis

[1] *RAS-Q - Richtlinie für die Anlage von Strassen, Teil: Querschnitte.* Verlag der Forschungsgesellschaft für Straßen- und Verkehrswesen, 1996

[2] *UTM - Abbildung und Koordinaten.* Bayerisches Landesvermessungsamt, 2002

[3] *Beliebteste Autofarbe.* http://www.autosieger.de/article3948.html. Version: 10 2004

[4] *Neue beliebteste Autofarben: Silber ist nicht mehr der Champion.* http://www.rp-online.de/auto/news/Silber-ist-nicht-mehr-der-Champion_aid_521371.html. Version: 01 2008

[5] *arc tangent function of two variables.* http://linux.die.net/man/3/atan2. Version: 09 2009

[6] *NAVTEQ Maps and Traffic.* www.navteq.com. Version: 10 2009

[7] *Shuttle Radar Topography Mission.* http://www2.jpl.nasa.gov/srtm/. Version: 06 2009

[8] *AEROcontrol & AEROoffice - Ingenieur-Gesellschaft für Interfaces mbH.* http://www.igi.eu/aerocontrol.html. Version: 06 2010

[9] *Color Conversion Algorithms.* http://www.cs.rit.edu/~ncs/color/t_convert.html. Version: 04 2010

[10] *GeoEye Products Imagery Source.* http://www.geoeye.com/CorpSite/products/imagery-sources/Default.aspx#ikonos. Version: 08 2010

[11] *ATKIS - Amtliches Topographisch-Kartographisches Informationssystem.* www.atkis.de. Version: 02 2011

[12] BAR-SHALOM, Yaakov ; LI, Xiao-Rong ; KIRUBARAJAN, Thiagalingam: *Estimation with Applications to Tracking and Navigation.* Artech House, Norwood, MA, 2001

[13] BAY, Herbert ; ANDREAS, Ess ; TUYTELAARS, Tinne ; VAN GOOL, Luc: SURF: Speeded Up Robust Features. In: *Computer Vision and Image Understanding* 110 (2008), S. 346–359

[14] BHASKARAN, S. ; RIEDEL, J. E. ; SYNNOTT, S. P.: Autonomous Optical Navigation for Interplanetary Missions / Navigation and Flight Mechanics Section, Jet Propulsion Laboratory, California Institute of Technology. 1996. – Forschungsbericht

[15] BÖHRINGER, Frank: *Gleisselektive Ortung von Schienenfahrzeugen mit bordautonomer Sensorik*, Universität Karlsruhe, Diss., 2008

[16] BORGEFORS, Gunilla: Hierachical Chamfer Matching: A Parametric Edge Matching Algorithm. In: *IEEE Transactions on Pattern Analysis and Intelligence* 10 (1988), S. 849–865

[17] BROWN, Duane C.: Close-Range Camera Calibration. In: *Photogrammetric Engineering* 8 (1971), S. 855–866

[18] BÄUMKER, Manfred: Kalibration und Umrechnung von INS- und photogrammetrischen Winkeln für beliebige gegenseitige Anordnungen. In: *Proceedings 14. Internationale Geodätische Woche 2007, Obergurgl, Ötztal*, 2007

[19] BURGES, Chistopher J.: A Tutorial on Support Vector Machines for Pattern Recognition. In: *Data Mining and Knowledge Discovery* 2 (1998), S. 121–167

[20] CLODE, S. P. ; ROTTENSTEINER, F. ; KOOTSOOKOS, P.: Improving City Model Determination by Using Road Detection from LIDAR Data. In: *International Archives of Photogrammetry and Remote Sensing* XXXVI (2005), S. 159–164

[21] CRAMER, Michael: Performance of GPS/Inertial Solutions in Photogrammetry. In: *Photogrammetrische Woche 2001* (2001), S. 49–62

[22] CRISTIANINI, Nello ; SHAWE-TAYLOR, John: *An Introduction to Support Vector Machines and Other Kernel-based Learning Methods*. Cambridge University Press, 2000

[23] D., Lenhart ; S., Hinz: Refining Correctness of Vehicle Detection and Tracking in Aerial Image Sequences by Means of Velocity and Tajectory Evaluation. In: *International Archives of Photogrammetry and Remote Sensing* XXXVIII (2009), S. 181–186

[24] DALAL, Navnet ; TRIGGS, Bill: Histograms of Oriented Gradients for Human Detection. In: *IEEE Computer Society Conference on Computer Vision and Pattern Recognition*, 2005

[25] ERNST, I. ; HETSCHER, M. ; THIESSENHUSEN, K. ; RUHÉ, M. ; BÖRNER, A. ; ZUEV, S.: New approaches for real time traffic data acquisition with airborne systems. In: *International Archives of Photogrammetry and Remote Sensing* XXXVI (2005), S. 69–73

[26] ERNST, Ines ; HETSCHER, Matthias ; ZUEV, Sergey ; RUHÉ, Martin: Lumos - ein neuartiges System zur luftgestützten Verkehrsdatenerfassung. In: *IMA 2004 Informationssysteme für mobile Anwendungen*, 2004

[27] ERNST, Ines ; SUJEW, Sergey ; THIESSENHUSEN, Kai-Uwe ; HETSCHER, Matthias ; RASSMANN, Stefan ; RUHÉ, Martin: LUMOS - Airborne Traffic Monitoring System. In: *IEEE 6th International Conference On Intelligent Transportation Systems*, 2003

[28] EUGSTER, Hannes: Georegistrierung von mit Mini- und Mikrodrohnen erfassten Videosequnzen mit Hilfe von digitalen 3D-Landschaftsmodellen. In: *3D-NordOst 2008 Berlin Tagungsband* (2008), S. 111–120

[29] EUGSTER, Hannes: *Echtzeit-Georegistrierung von Videodaten mit Hilfe von Navigationssensoren geringer Qualität und digitalen 3D-Landschaftsmodellen*, Humboldt-Universität zu Berlin, Diss., 2011

[30] EUGSTER, Hannes ; NEBIKER, Stephan: Real-Time Georegistration of Video Streams from Mini or Micro UAS Using Digital 3D City Models. In: *6th International Symposium on Mobile Mapping Technology*, 2009

[31] FISCHLER, M. A. ; TENENBAUM, J. M. ; WOLF, H. C.: Detection of Roads and Linear Structures in Low-Resolution Aerial Imagery Using a Multisource Knowledge Integration Technique. In: *Computer Graphics and Image Processing* 15 (1981), S. 201–223

[32] FISCHLER, Martin A. ; BOLLES, Robert C.: Random Sample Consensus: A Paradigm for Model Fitting with Apphcatlons to Image Analysis and Automated Cartography. In: *Communications of ACM* 24 (1981), S. 381–395

[33] FREUD, Y. ; SCHAPIRE, R. E.: A Short Introduction to Boosting. In: *Journal of Japanese Society for Artificial Intelligenz* 14 (5) (1999), S. 771–780

[34] GRABNER, Helmut ; NGUYEN, Thuy T. ; GRUBER, Barbara ; BISCHOF, Horst: On-line boosting-based car detection from aerial images. In: *ISPRS Journal of Photogrammetry and Remote Sensing* 63 (2008), S. 382–396

[35] GREINER, Thomas: *RFID in der Verkehrstelematik.* Grin Verlag, 2009

[36] GRENZDÖRFFER, Görres ; ZUEV, Sergey: Bestimmung des photogrammetrischen Genauigkeitspotentials des Online-Systems ANTAR zur luftgestützten Verkehrsdatenerfassung / Universitiät Rostock, Institut für Management ländlicher Räume Deutsches Zentrum für Luft- und Raumfahrt (DLR), Optische Informationssysteme. 2007. – Forschungsbericht

[37] GRIESSBACH, Denis ; BAUMBACH, Dirk ; ZUEV, Sergey: Vision aided inertial navigation. In: *EuroCOW*, 2010

[38] HAAG, Michael ; NAGEL, Hans-Hellmut: Combination of Edge Element and Optical Flow Estimates for 3D-Model-Based Vehicle Tracking in Traffic Image Sequences. In: *International Journal of Computer Vision* 35 (1999), S. 295–319

[39] HARTUNG, Joachim ; ELPELT, Bärbel ; KLÖSENER, Karl-Heinz ; OLDENBOURG (Hrsg.): *Statistik.* Oldenbourg, 1999

[40] HAUSBURG, Matthias: *Validierung von Objekthypothesen in ARGOS-Luftbildern*, Technische Universität Berlin, Diplomarbeit, 2010

[41] HINZ, Stefan: Automatische Fahrzeugerkennung in optischen Bilddaten: Ein Überblick mit Konzeption eines neuen Verfahrens / Chair for Photogrammetry and Remote Sensing Technische Universität München. 2002. – Forschungsbericht

[42] HINZ, Stefan: *Automatische Extraktion urbaner Straßennetze aus Luftbildern*, Technische Universität München, Diss., 2003

[43] HINZ, Stefan ; KURZ, Franz ; WEIHING, Diana ; SUCHAND, Steffen ; MEYER, Franz ; BAMLER, Richard: Evaluation of Traffic Monitoring based on Spatio-Temporal Co-Registration of SAR Data and Optical Image Sequences. In: *Photogrammetrie Fernerkundung Geoinformation* 5 (2007), S. 309–325

[44] HUANG, Jingang ; KONG, Bin ; LI, Bichun ; ZHENG, Fei: A New Method of Unstructured Road Detection Based on HSV Color Space and Road Features. In: *Proceedings of the 2007 International Conference on Information Acquisition* (2007), S. 596–601

[45] HUANG, M. ; AINE, C.J. ; SUPEK, S. ; BEST, E. ; RANKEN, D. ; FLYNN, E.R.: Multi-start downhill simplex method for spatio-temporal source localization in magnetoencephalography. In: *Electroencephalography and clinical Neurophysiology* 108 (1998), S. 32–44

[46] HUTTON, Joe: Computation of Phi Omage Kappa from Roll Pitch Heading / Applanix - Applied Analytics Corporation. 1997. – Forschungsbericht

[47] JACOBSEN, K.: Calibration aspects in direct georeferencing of frame imagery. In: *ISPRS Commission I / Pecora 15 conference proceedings* 34 (2002), S. 82–89

[48] JUNGHANS, M.: Diskretes Kalman-Filter (KF) / TU Dresden. 2007. – Forschungsbericht

[49] KALMAN, Rudolph E.: A New Approach to Linear Filtering and Prediction Problems. In: *Transactions of the ASME - Journal of Basic Engineering* 86 (1960), S. 35–45

[50] KANNALA, J. ; S., Brandt: A Generic Camera Model and Calibration Method for Conventional, Wide-Angle, and Fish-Eye Lenses. In: *IEEE Transactions on Pattern Analysis and Machine Intelligence* 28 (2006), S. 1335–1340

[51] KÜHNE, Reinhart ; RUHÉ, Martin ; BONERT, Michael: Anwendung der luftgestützten Verkehrsdatenerfassung bei Großveranstaltungen. In: *Verkehrswissenschaftliche Tage*, 2005

[52] KLEEMAN, Lindsay: Understanding and Applying Kalman Filtering / Department of Electrical and Computer Systems Engineering. 2002. – Forschungsbericht

[53] KLEIN, Lawrence A.: *Sensor technologies and data requirements for ITS*. Artech House, 2001

[54] KOCH, Andreas: *Konzept und Implementierung eines Kalman-Filters zur Navigation eines VTOL-UAVs mit Hilfe optischer Sensoren*, Technical University Braunschweig, Diplomarbeit, 2005

[55] KOZEMPEL, Karsten: *Untersuchung verschiedener Matchingverfahren und Weiterentwicklung eines dieser Verfahren unter Berücksichtigung der spezifischen Struktur der zu untersuchenden Objekte*, Brandenburgische Technische Universität Cottbus, Diplomarbeit, 2007

[56] KOZEMPEL, Karsten ; REULKE, Ralf: Camera Orientation Based on Matching Road Networks. In: *Image and Vision Computing New Zealand*, 2009

[57] KOZEMPEL, Karsten ; REULKE, Ralf: Fast Vehicle Detection and Tracking in Aarial Image Bursts. In: *International Archives of Photogrammetry and Remote Sensing* XXXVIII (2009), S. 175–180

[58] KRAETZSCHMAR, Gerhard K. ; ENDERLE, Stefan: Self-localization using sporadic features. In: *Robotics and Autonomous Systems* 40 (2002), Nr. 2-3, 111 - 119. http://dx.doi.org/DOI:10.1016/S0921-8890(02)00236-1. – DOI DOI: 10.1016/S0921–8890(02)00236–1. – ISSN 0921–8890

[59] KRAUSS, Karl ; KG, Huber & Co. GmbH & C. (Hrsg.): *Photogrammetrie Band 1, Geometrische Informationen aus Photographien und Laserscanneraufnahmen*. De Gruyter Lehrbuch, 2004

[60] KRUCK, E.: Rotations of space and coordinate transformations. In: *Proceedings ISPRS WG I/5 workshop on theory, technology and realities of inertial/GPS sensor orientation*, 2003

[61] KURZ, F. ; MÜLLER, R. ; STEPHANI, M. ; REINARTZ, P. ; SCHROEDER, M.: Calibration of a Wide-Angle Digital Camera System for Near Real Time Scenarios. In: *ISPRS Hannover Workshop 2007, High Resolution Earth Imaging for Geospatial Information*, 2007

[62] LEI, Zhen ; LI, Deren ; FANG, Tao: Vehicle Detection in High-Resolution Satellite Imagery using SIFT Features and Support Vector Machine. In: *ISPRS Journal of Photogrammetry and Remote Sensing* (2008)

[63] LEICH, Andreas: *Ein Beitrag zur Realisierung der videobasierten weiträumigen Verkehrsbeobachtung*, Technische Universität Dresden, Diss., 2006

[64] LEITLOFF, Jens ; HINZ, Stefan ; STILLA, Uwe: Vehicle Detection in Very High Resolution Satellite Images of City Areas. In: *IEEE Transactions on Geoscience and Remote Sensing* 48 (2010), S. 2795–2806

[65] LENHART, D. ; HINZ, S.: Automatic Vehicle Tracking in Low Frame Rate Aerial Image Sequences. (2008). http://citeseerx.ist.psu.edu/viewdoc/summary?doi=?doi=10.1.1.109.2412

[66] LOWE, David G.: Distinctive Image Features from Scale-Invariant Keypoints. In: *International Journal of Computer Vision* 60 (2004), S. 91–110

[67] LUBER, Andreas ; REULKE, Ralf: A unified calibration approach for generic cameras. In: *International Archives of Photogrammetry and Remote Sensing and Spatial Information Sciences*, 2010

[68] LUHMANN, Thomas ; KG, J. P. Himmer GmbH & C. (Hrsg.): *Nahbereichsphotogrammetrie*. 2. Herbert Wichmann Verlag, 2003

[69] MARKOWETZ, Florian: Klassifikation mit Support Vector Machines / Max-Planck-Institut für Molekulare Genetik, Berlin Center for Genome Based Bioinformatics. 2003. – Forschungsbericht

[70] MIKOLAJCZYK, Krystian ; SCHMID, Cordelia: A performance evaluation of local descriptors / Department of Engineering Science, University of Oxford, UK. 2005. – Forschungsbericht

[71] MÜLLER, Rupert ; LEHNER, M. ; MÜLLER, Rainer ; REINARTZ, Peter ; SCHROEDER, M. ; B.VOLLMER: A Program for Direct Georeferencing of Airborne and Spaceborne Line Scanner Images. In: *Integrating Remote Sensing at the Global, Regional and Local Scale*, 2002

[72] MOIK, Johannes G.: *Digital Processing of Remotely Sensed Images*. NASA, 1980

[73] MOON, H. ; CHELLAPPA, R. ; ROSENFELD, A.: Perfomance analysis of a simple vehicle detection algorithm. In: *Image and Vision Computing* 20 (2002), S. 1–13

[74] MOSTAFA, Dr. M. ; HUTTON, Joseph ; LITHOPOULOS, Erik: Ground Accuracy from Directly Georeferenced Imagery / Applanix Corporation. 2000. – Forschungsbericht

[75] MOSTAFA, Mohamed ; HUTON, Joe ; REID, Blake ; HILL, Richmond: GPS/IMU Products - the Applanix approach. In: *Photogrammetric Week*, 2001

[76] NEJADASL, Fateme K. ; GORTE, Ben G. ; HOGENDOORN, Serge P.: Optical flow based vehicle tracking strengthened by statistical decisions. In: *ISPRS Journal of Photogrammetry and Remote Sensing* 61 (2006), S. 159–169

[77] NELDER, J. A. ; MEAD, R.: A Simplex Method for Function Minimization. In: *Computer Journal* 7 (1965), S. 308–313

[78] NEUBECK, Alexander ; VAN GOOL, Luc: Efficient Non-Maximum Suppression. In: *ICPR '06: Proceedings of the 18th International Conference on Pattern Recognition*. Washington, DC, USA : IEEE Computer Society, 2006. – ISBN 0-7695-2521-0, S. 850–855

[79] PILU, Maurizio: Uncalibrated Stereo Correspondence by Singular Value Decomposition. In: *Computer Vision and Pattern Recognition*, 1997

[80] PRECHTEL, Nikolas ; BRINGMANN, Oliver: Near-Real-Time Road Extraction from Satellite Images Using Vector Reference Data. In: *International Archives of Photogrammetry and Remote Sensing* XXXII (1998), S. 229–234

[81] RAJAGOPALAN, A.N. ; BURLINA, Philippe ; CHELLAPPA, Rama: Higher Order Statistical Learning for Vehicle Detection in Images. In: *International Conference on Computer Vision* (1999)

[82] REINARTZ, P. ; KRAUSS, T. ; PÖTZSCH, M. ; RUNGE, H. ; ZUEV, S.: Traffic Monitoring with Serial Image from Airborne Cameras. In: *ISPRS Journal of Photogrammetry and Remote Sensing* 61 (2006), S. 149–158

[83] ROSENBAUM, Dominik ; KURZ, Franz ; THOMAS, Ulrike ; SURI, Sahil ; REINARTZ, Peter: Towards automatic near real-time traffic monitoring with an airborne wide angle camera system. In: *European Conference of Transport Research Institutes*, 2008

[84] SANDAU, Rainer: *Digital Airborne Camera: Introduction and Technology*. Springer, 2009

[85] SAVII, G. G.: Camera Calibration Using Compound Genetic-Simplex Algorithm. In: *Journal of Optoelectronics and Advanced Materials* 6 (2004), S. 1255–1261

[86] SCHNABEL, W. ; LOHSE, D.: Grundlagen der Straßenverkehrstechnik und der Verkehrsplanung / Forschungsgesellschaft für Straßen- und Verkehrswesen e.V. 1997. – Forschungsbericht

[87] SCHWARZ, Klaus-Peter: Aircraft Position and Attitude Determination by GPS and INS. In: *International Archives of Photogrammetry and Remote Sensing* XXXI (1996), S. 67–73

[88] SCOTT, Guy L. ; LONGUET-HIGGINS, H. C.: An algorithm for associating the features of two images. In: *Proceedings of the Royal society of London. Series B. Biological sciences*, 1991

[89] SHAWE-TAYLOR, John ; CRISTIANINI, Nello: *Kernel Methods for Pattern Analysis*. Cambridge University Press, 2004

[90] SKALOUD, Jan: Problems in Direct-Georeferencing by INS/DGPS in the Airborne Environment. In: *ISPRS Workshop on 'Direct versus Indirect Methods of Sensor Orientation'*, 1999

[91] SPANGENBERG, Robert: *Objektverfolgung mit Partikelfiltern*, Humboldt-Universität zu Berlin, Diplomarbeit, 2007

[92] STANKUTE, Silvija: *Entwicklung und Implementierung von Algorithmen für ein automatisiertes Verfahren zur Zusammenführung von Parametern aus Geodatenbanken unter besonderer Beachtung von Unschärfen in der Georeferenzierung*, Universität Potsdam, Mathematisch-Naturwissenschaftliche Fakultät, Institut für Geographie, Abteilung Geoinformatik, Diplomarbeit, 2007

[93] STRELOW, Dennis ; SINGH, Sanjiv: Optimal motion estimation from visual and inertial measurements. In: *Sixth IEEE Workshop on Applications of Computer Vision*, 2002

[94] THOMAS, U. ; KURZ, F. ; ROSENBAUM, D. ; MUELLER, R. ; REINARTZ, P.: GPU-Based Orthorectification of Digital Airborne Camera Images in Real Time. In: *ISPRS Congress Beijing 2008*, 2008

[95] TITTERTON, David H. ; WESTON, John L. ; NEWGEN IMAGING SYSTEMS (P) LTD., India Chennai (Hrsg.): *Strapdown inertial navigation technology*. 2. The Institution of Electrical Engineers, 2004

[96] TUERMER, S. ; LEITLOFF, J. ; REINARTZ, P. ; STILLA, U.: Automatic Vehicle Detection in Aerial Image Sequences of Urban Areas Using 3D HOG Features. In: *Photogrammetric Computer Vision and Image Analysis*, 2010

[97] VALGREN, Christoffer ; LILIENTHAL, Achim: SIFT, SURF and Seasons: Long-term Outdoor Localization Using Local Features. In: *3rd European Conference on Mobile Robots*, 2007

[98] VIOLA, Paul ; JONES, Michael: Rapid Object Detection using a Boosted Cascade of Simple Features. In: *Accepted Conference on Computer Vision and Pattern Recognition*, 2001

[99] WELCH, Greg ; BISHOP, Gary: An Introduction to the Kalman Filter. Chapel Hill, NC, USA : University of North Carolina at Chapel Hill, 1995. – Forschungsbericht

[100] WU, Allen D. ; JOHNSON, Eric N. ; PROCTOR, Alison A.: Vision-Aided Inertial Navigation for Flight Control. In: *AIAA Guidance, Navigation, and Control Conference and Exhibit*, 2005

[101] ZHAO, Tao ; NEVATIA, Ram: Car detection in low resolution aerial images. In: *Image and Vision Computing* 21 (2003), S. 693–703

Anhang A

Ergebnisse der absoluten optischen Orientierung

Überflug 1

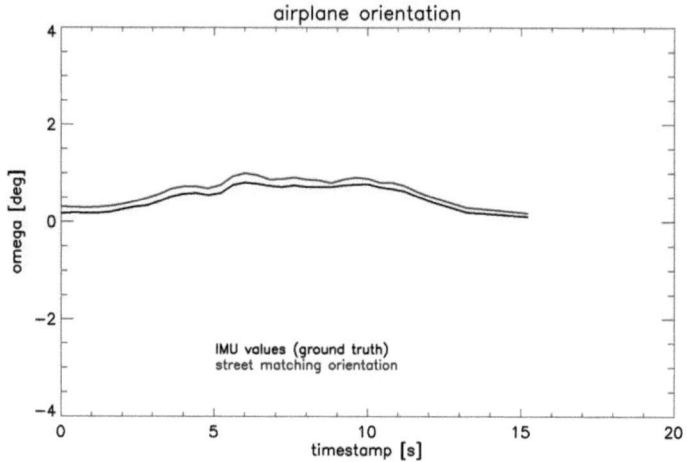

Abbildung 1: ω-Winkel der absoluten Orientierung (Überflug 1)

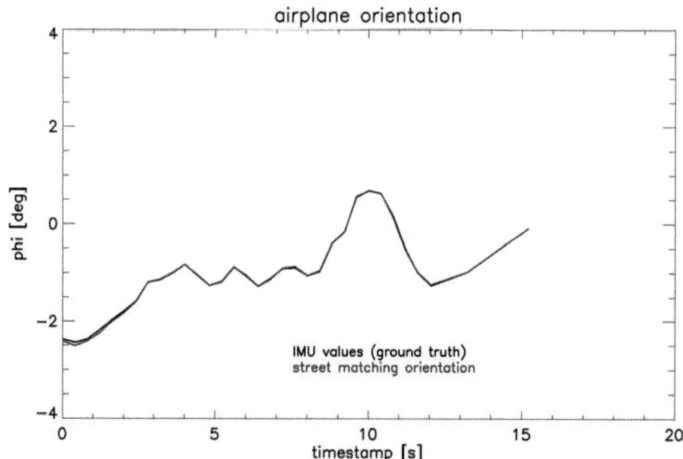

Abbildung 2: ϕ-Winkel der absoluten Orientierung (Überflug 1)

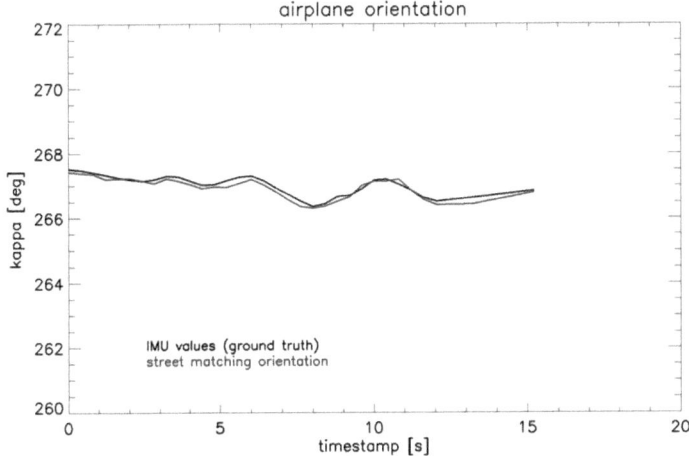

Abbildung 3: κ-Winkel der absoluten Orientierung (Überflug 1)

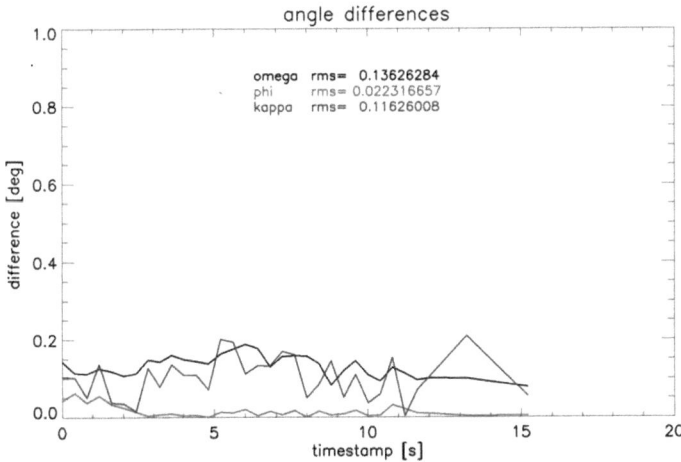

Abbildung 4: Winkelfehler der absoluten Orientierung (Überflug 1)

Überflug 2

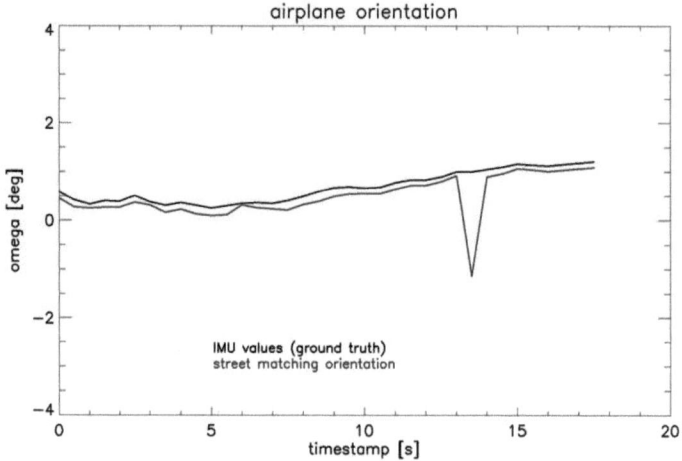

Abbildung 5: ω-Winkel der absoluten Orientierung (Überflug 2)

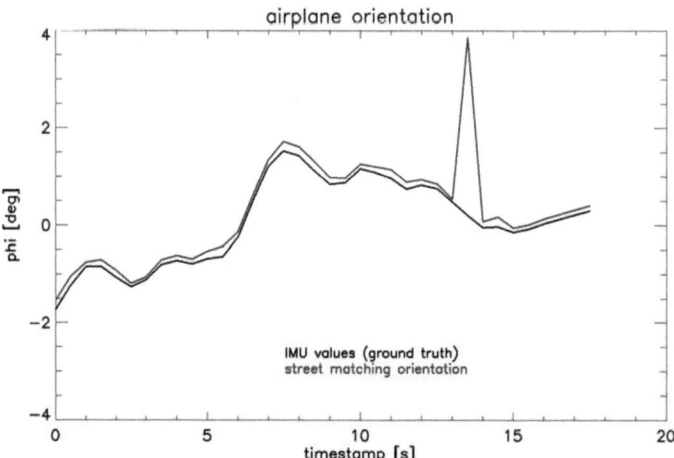

Abbildung 6: ϕ-Winkel der absoluten Orientierung (Überflug 2)

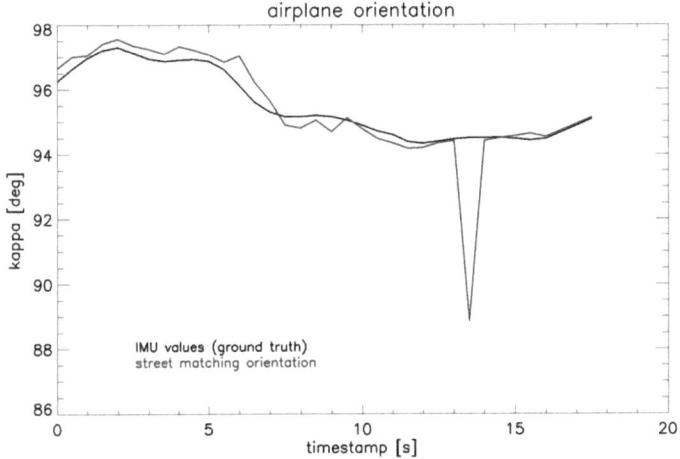

Abbildung 7: κ-Winkel der absoluten Orientierung (Überflug 2)

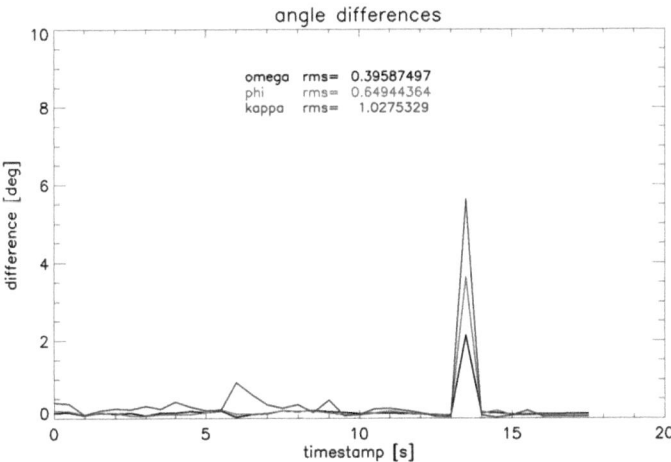

Abbildung 8: Winkelfehler der absoluten Orientierung (Überflug 2)

Überflug 3

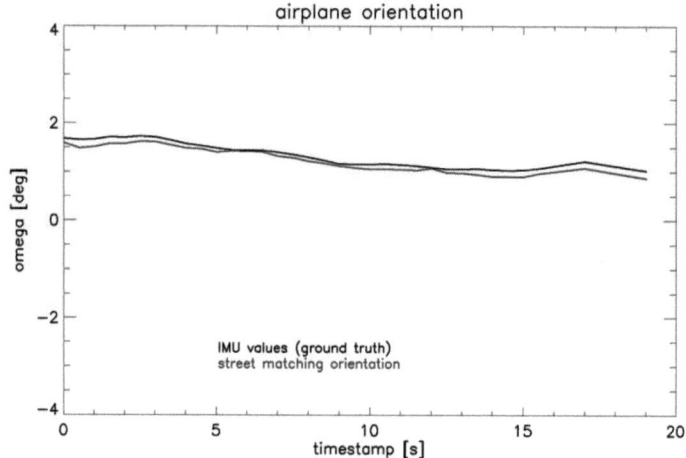

Abbildung 9: ω-Winkel der absoluten Orientierung (Überflug 3)

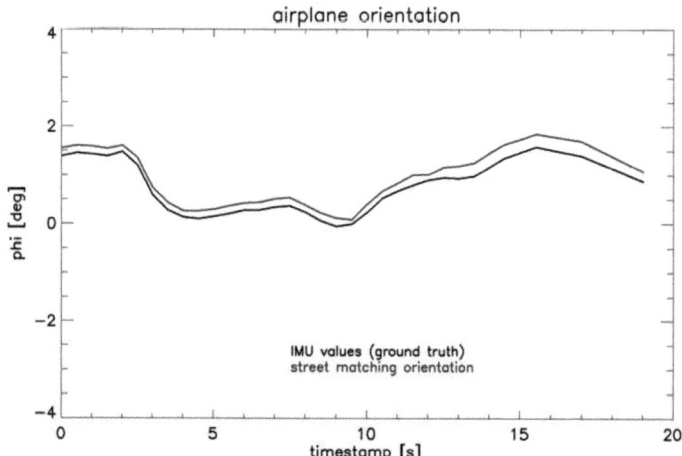

Abbildung 10: ϕ-Winkel der absoluten Orientierung (Überflug 3)

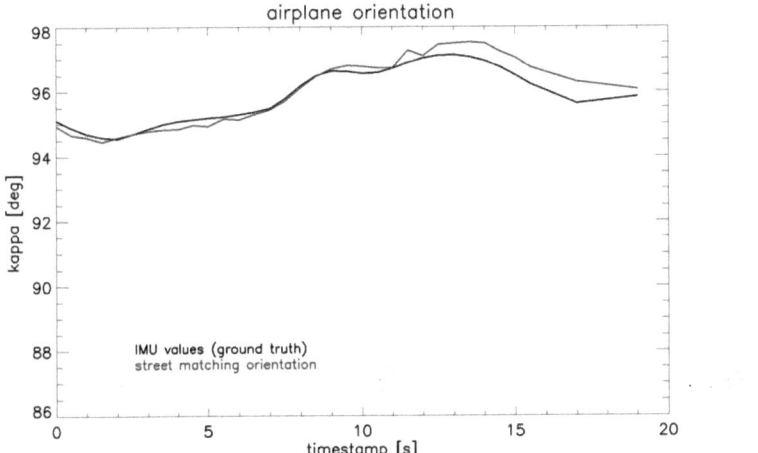

Abbildung 11: κ-Winkel der absoluten Orientierung (Überflug 3)

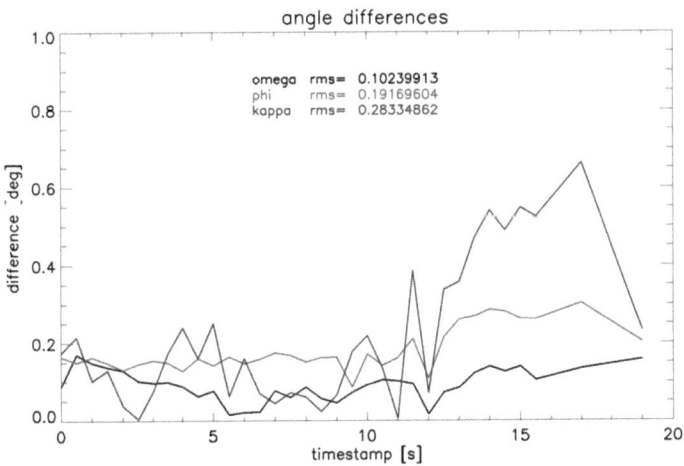

Abbildung 12: Winkelfehler der absoluten Orientierung (Überflug 3)

Überflug 4

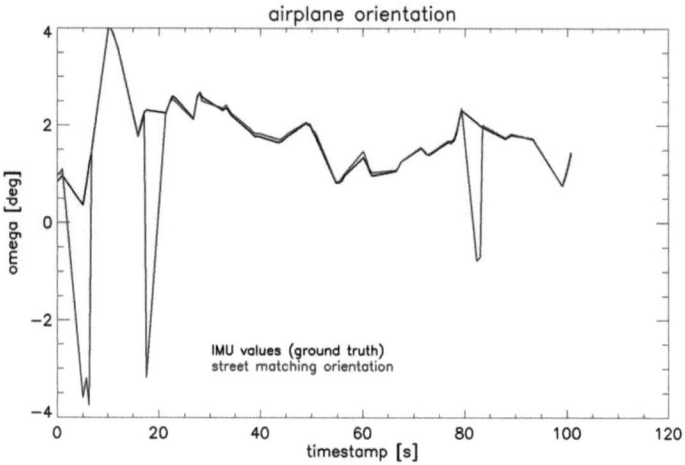

Abbildung 13: ω-Winkel der absoluten Orientierung (Überflug 4)

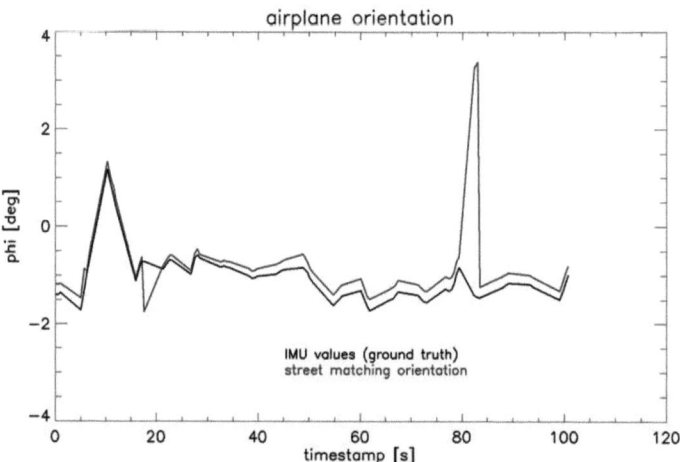

Abbildung 14: ϕ-Winkel der absoluten Orientierung (Überflug 4)

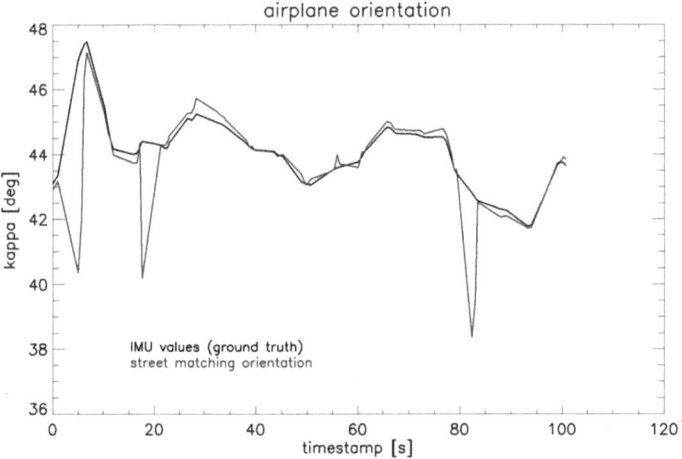

Abbildung 15: κ-Winkel der absoluten Orientierung (Überflug 4)

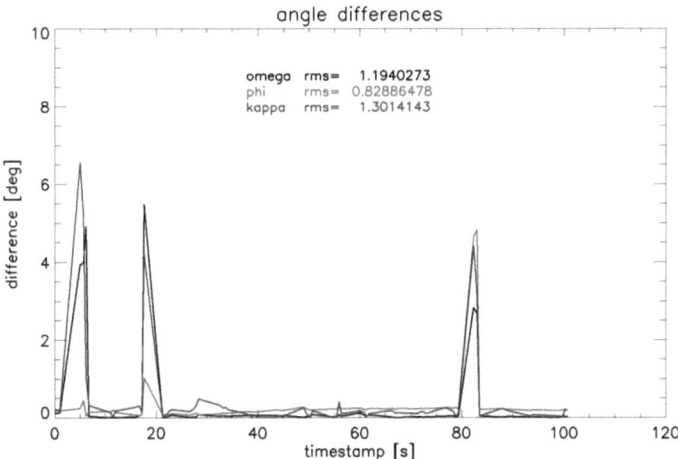

Abbildung 16: Winkelfehler der absoluten Orientierung (Überflug 4)

Überflug 5

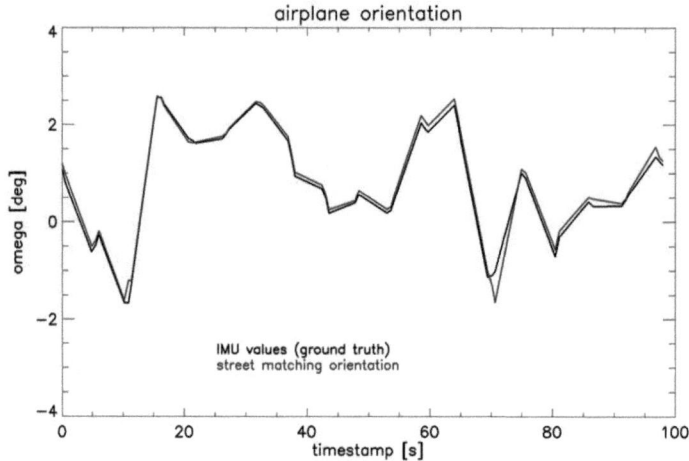

Abbildung 17: ω-Winkel der absoluten Orientierung (Überflug 5)

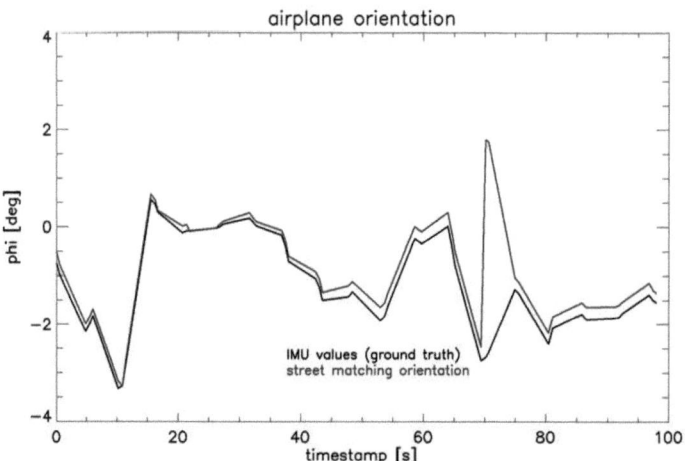

Abbildung 18: ϕ-Winkel der absoluten Orientierung (Überflug 5)

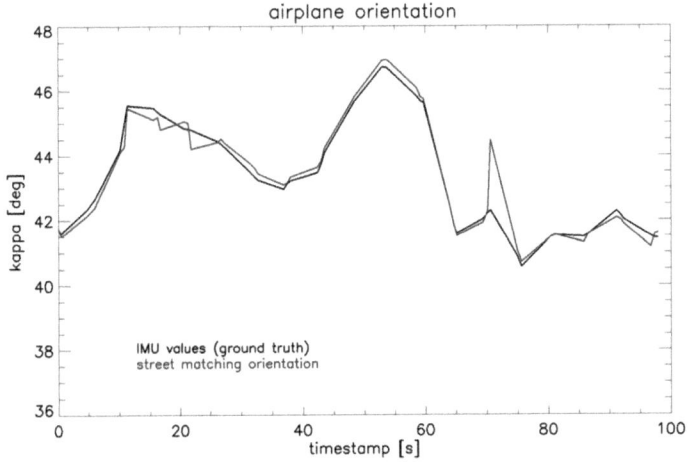

Abbildung 19: κ-Winkel der absoluten Orientierung (Überflug 5)

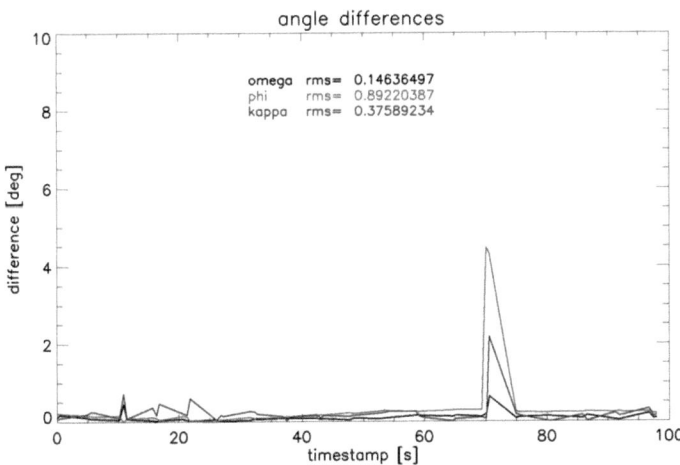

Abbildung 20: Winkelfehler der absoluten Orientierung (Überflug 5)

Überflug 6

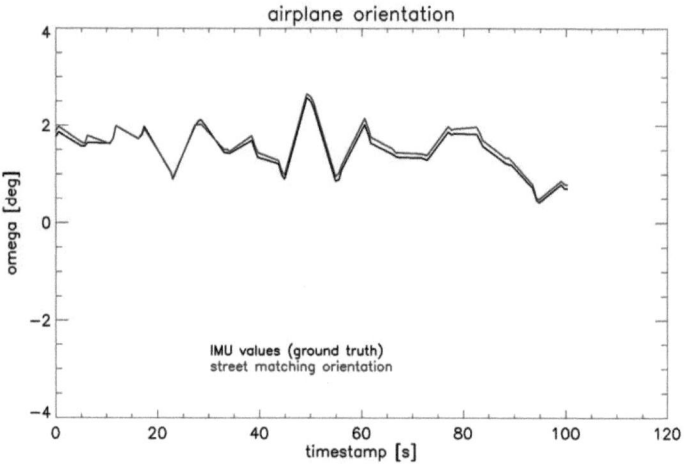

Abbildung 21: ω-Winkel der absoluten Orientierung (Überflug 6)

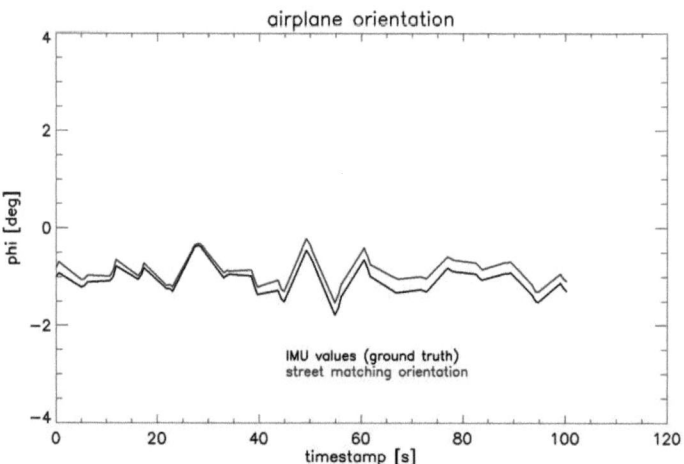

Abbildung 22: ϕ-Winkel der absoluten Orientierung (Überflug 6)

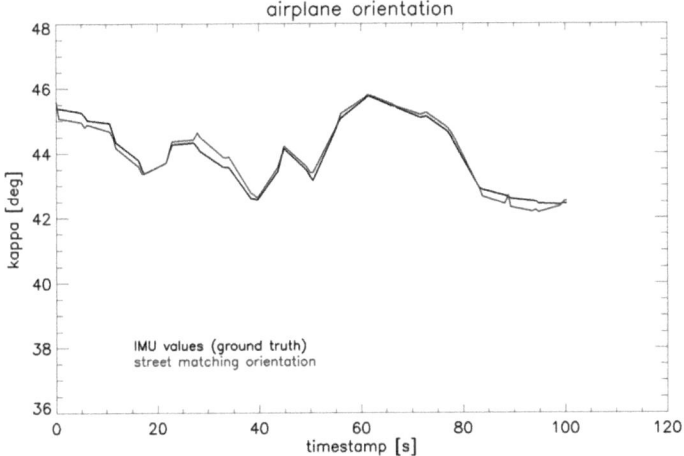

Abbildung 23: κ-Winkel der absoluten Orientierung (Überflug 6)

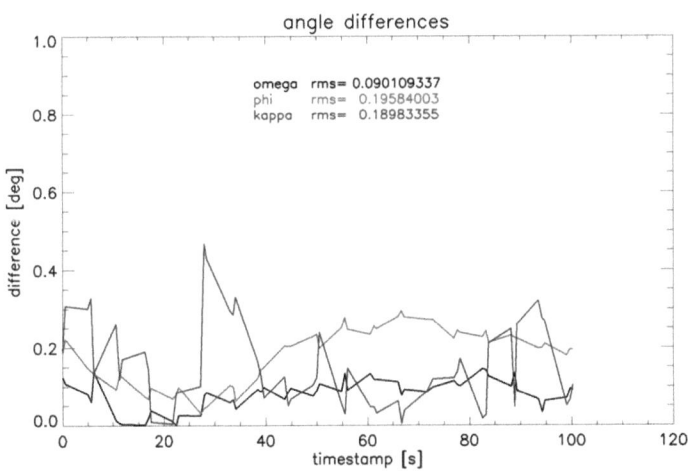

Abbildung 24: Winkelfehler der absoluten Orientierung (Überflug 6)

Überflug 7

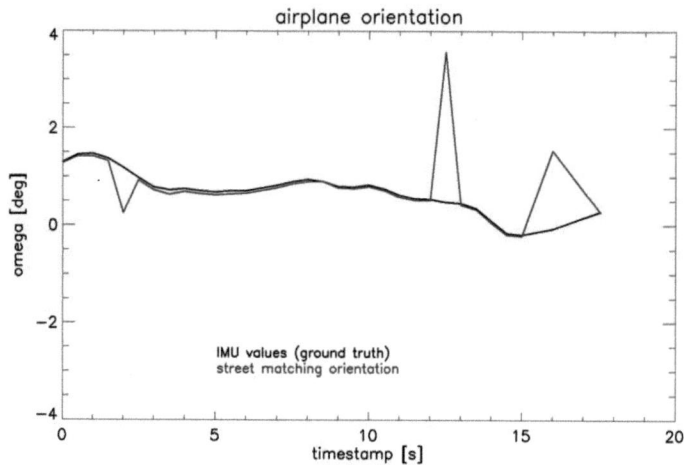

Abbildung 25: ω-Winkel der absoluten Orientierung (Überflug 7)

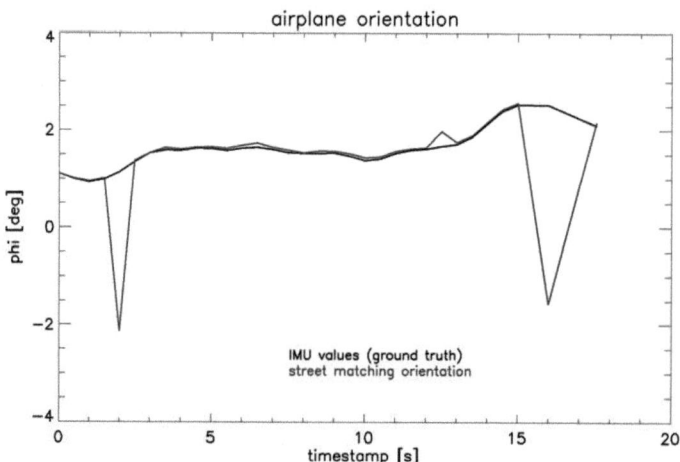

Abbildung 26: ϕ-Winkel der absoluten Orientierung (Überflug 7)

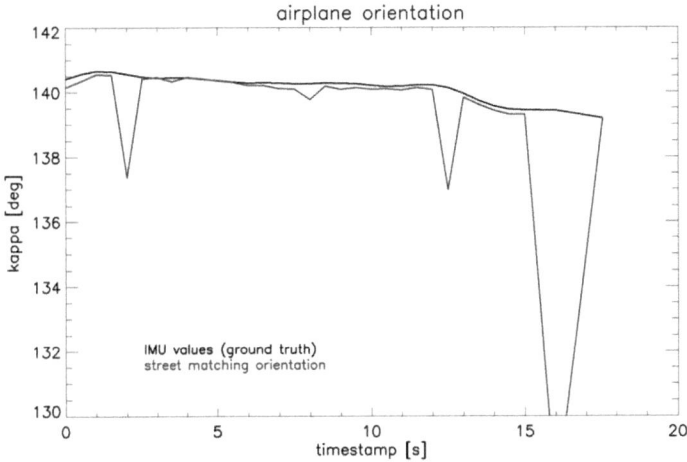

Abbildung 27: κ-Winkel der absoluten Orientierung (Überflug 7)

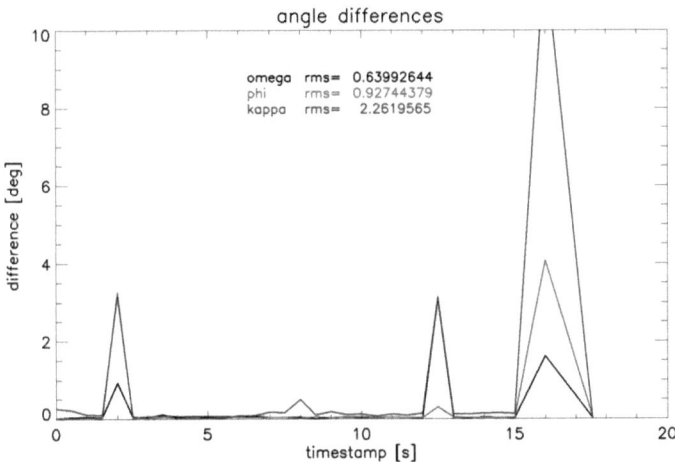

Abbildung 28: Winkelfehler der absoluten Orientierung (Überflug 7)

Überflug 8

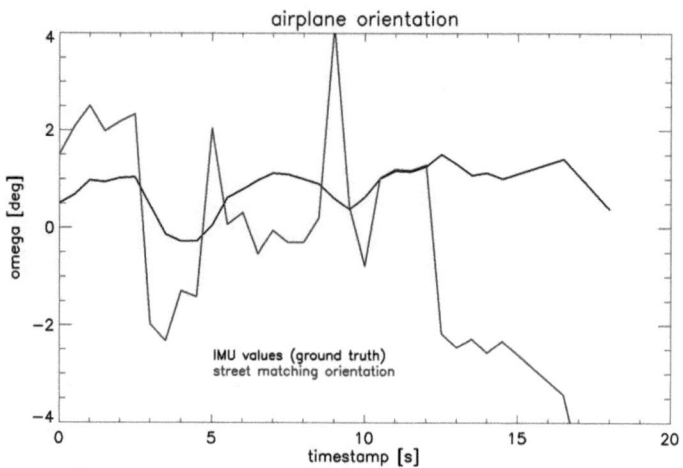

Abbildung 29: ω-Winkel der absoluten Orientierung (Überflug 8)

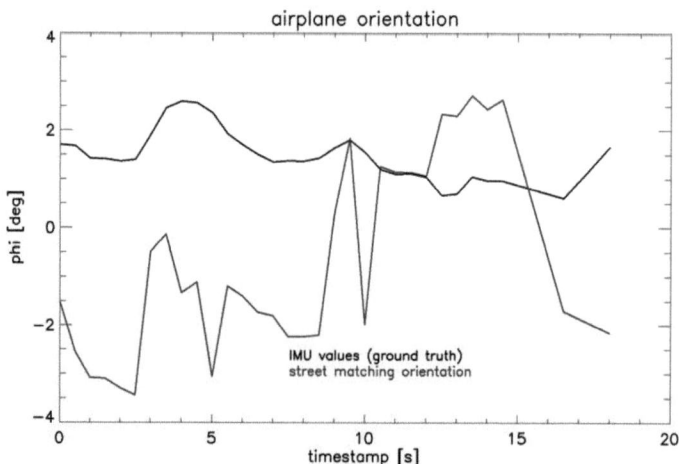

Abbildung 30: ϕ-Winkel der absoluten Orientierung (Überflug 8)

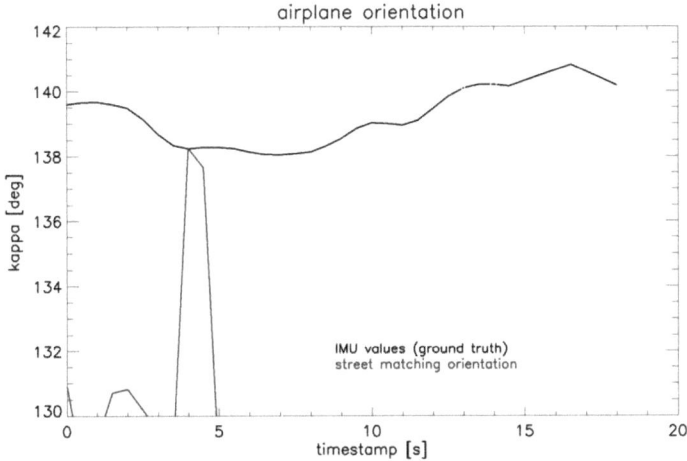

Abbildung 31: κ-Winkel der absoluten Orientierung (Überflug 8)

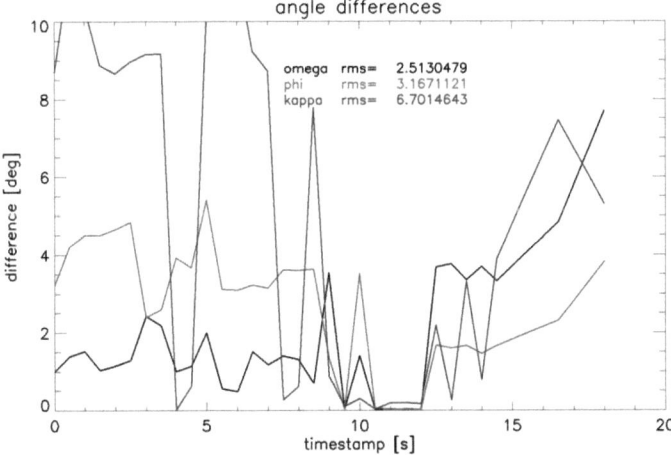

Abbildung 32: Winkelfehler der absoluten Orientierung (Überflug 8)

Überflug 9

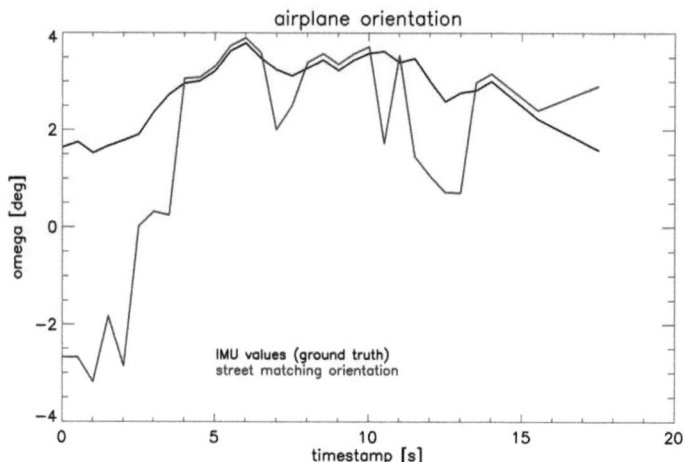

Abbildung 33: ω-Winkel der absoluten Orientierung (Überflug 9)

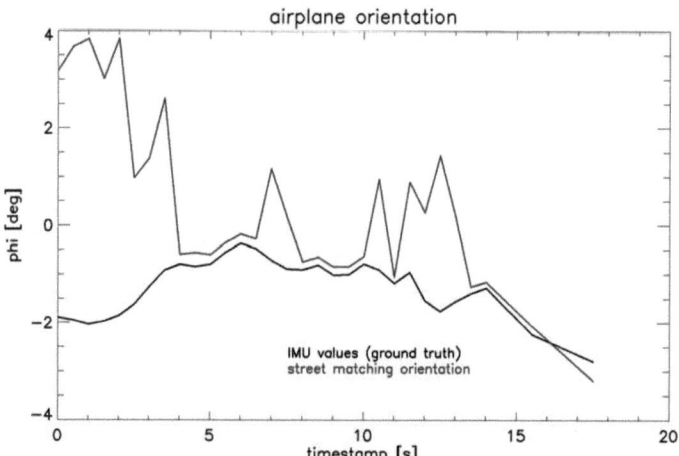

Abbildung 34: ϕ-Winkel der absoluten Orientierung (Überflug 9)

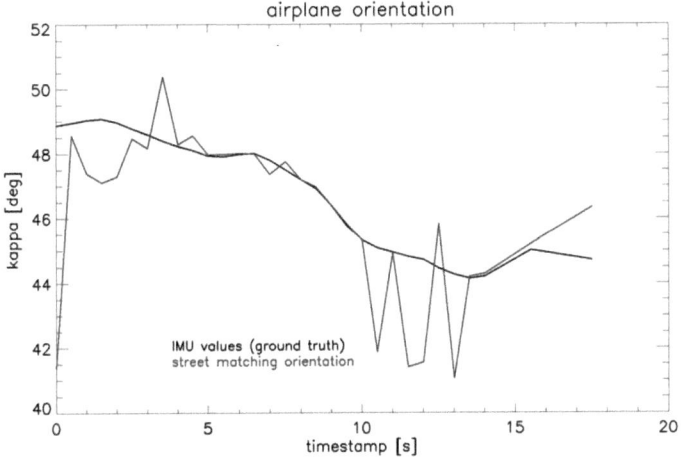

Abbildung 35: κ-Winkel der absoluten Orientierung (Überflug 9)

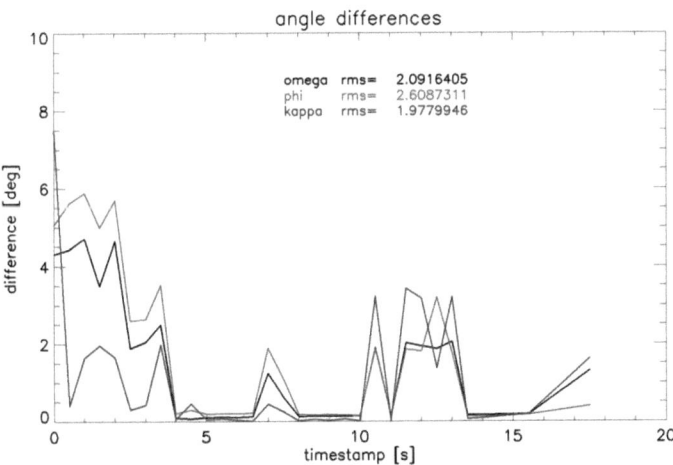

Abbildung 36: Winkelfehler der absoluten Orientierung (Überflug 9)

Überflug 10

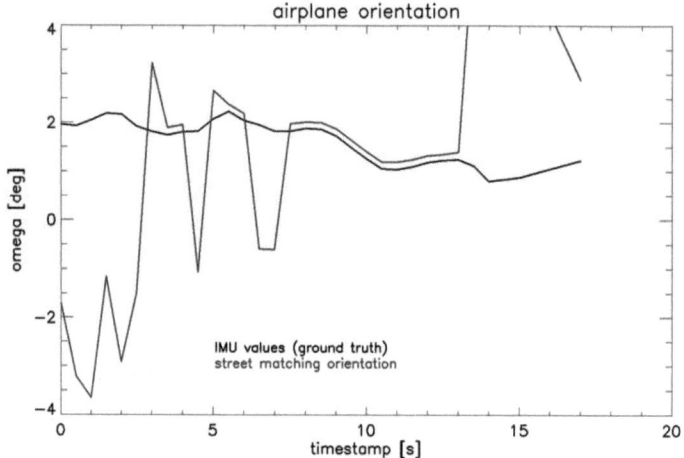

Abbildung 37: ω-Winkel der absoluten Orientierung (Überflug 10)

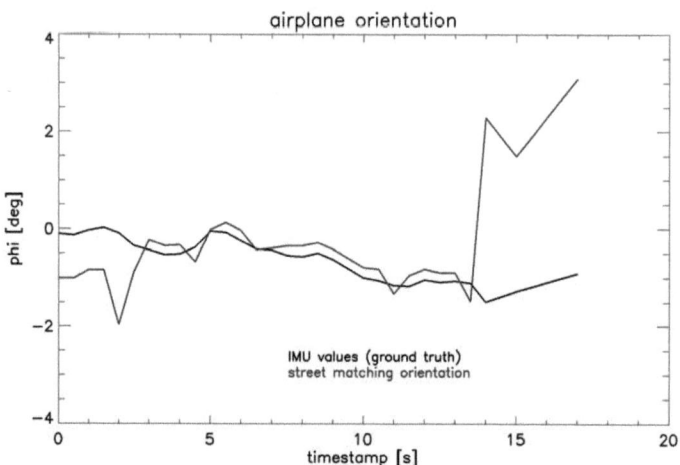

Abbildung 38: ϕ-Winkel der absoluten Orientierung (Überflug 10)

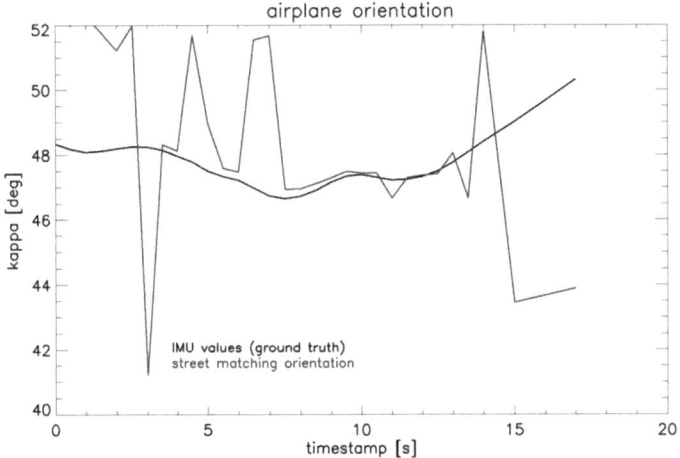

Abbildung 39: κ-Winkel der absoluten Orientierung (Überflug 10)

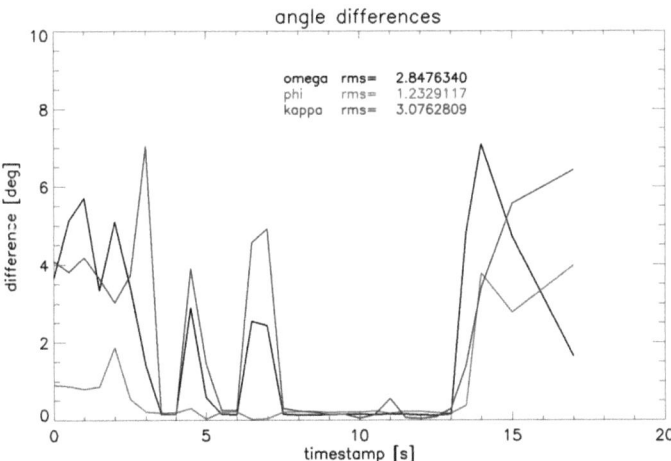

Abbildung 40: Winkelfehler der absoluten Orientierung (Überflug 10)

Überflug 11

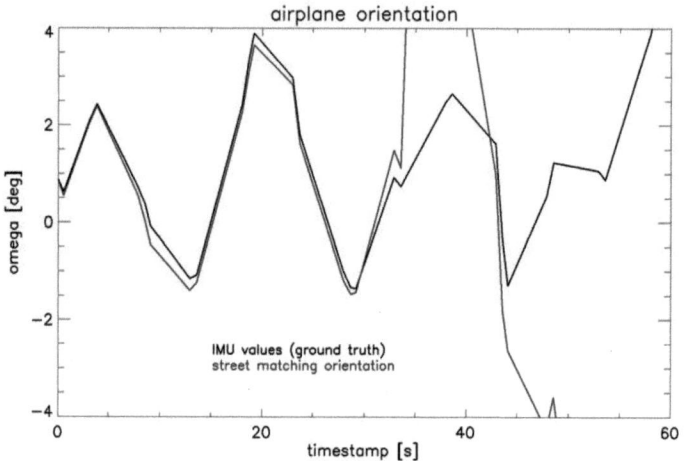

Abbildung 41: ω-Winkel der absoluten Orientierung (Überflug 11)

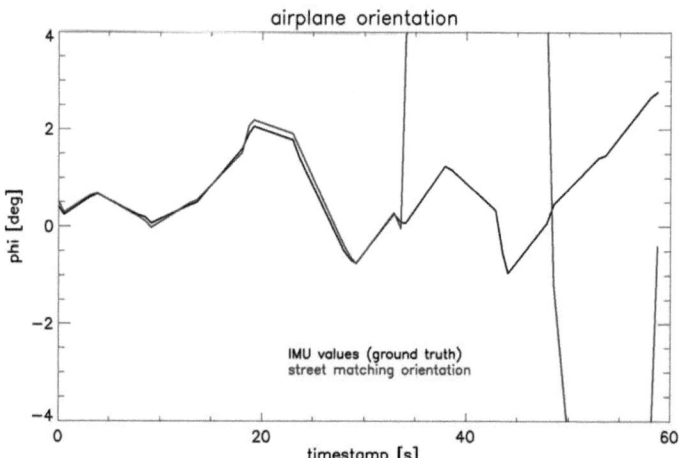

Abbildung 42: ϕ-Winkel der absoluten Orientierung (Überflug 11)

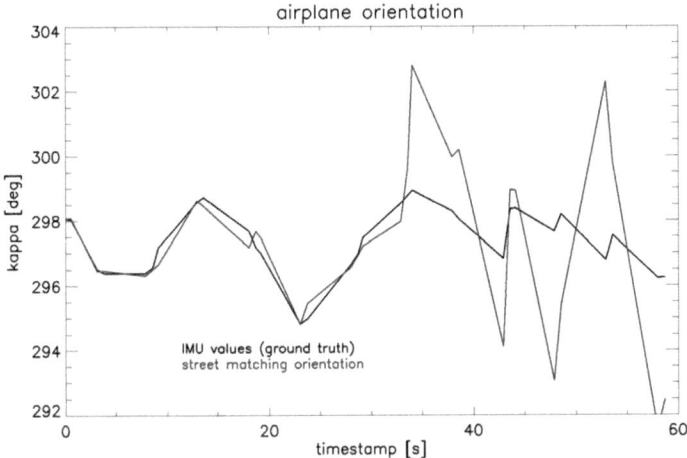

Abbildung 43: κ-Winkel der absoluten Orientierung (Überflug 11)

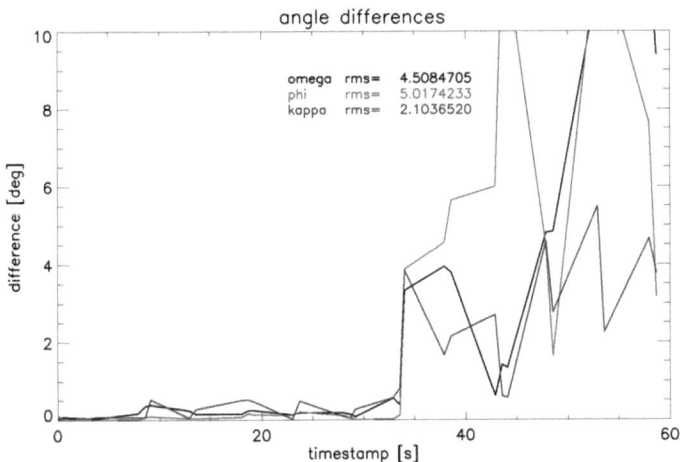

Abbildung 44: Winkelfehler der absoluten Orientierung (Überflug 11)

Ergebnisse der relativen optischen Orientierung

Überflug 1

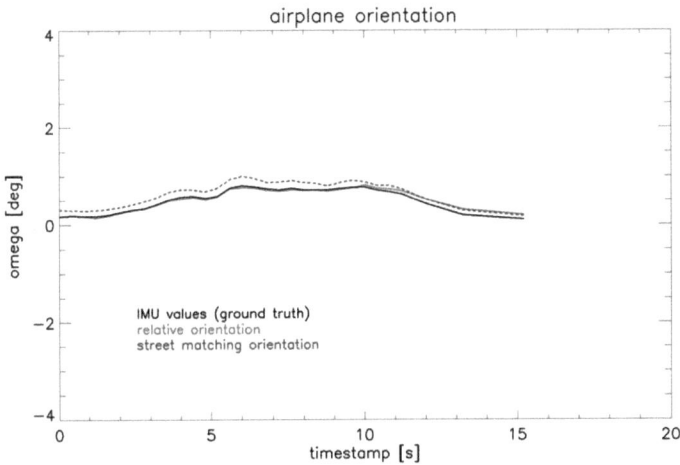

Abbildung 45: ω-Winkel der relativen Orientierung (Überflug 1)

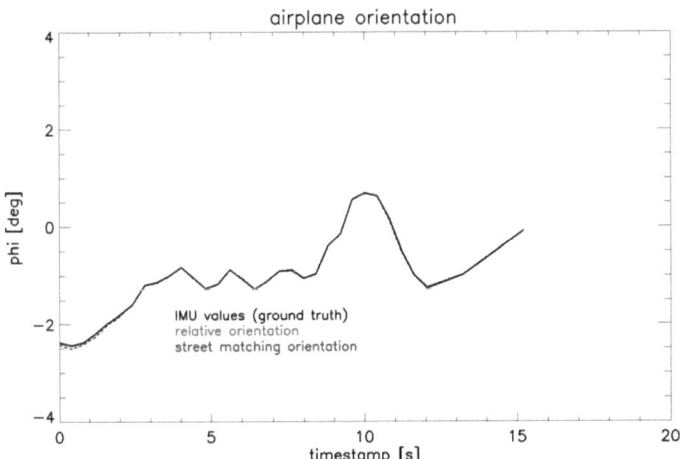

Abbildung 46: ϕ-Winkel der relativen Orientierung (Überflug 1)

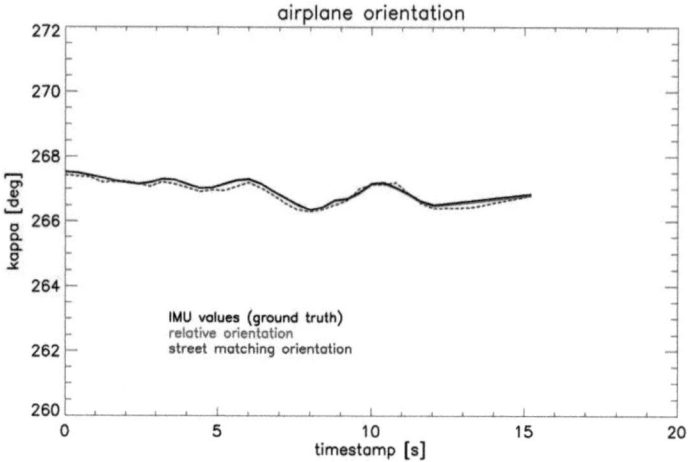

Abbildung 47: κ-Winkel der relativen Orientierung (Überflug 1)

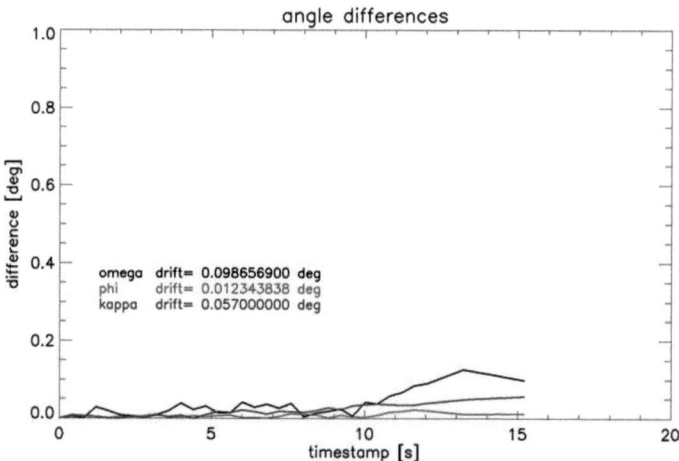

Abbildung 48: Winkelfehler der relativen Orientierung (Überflug 1)

Überflug 2

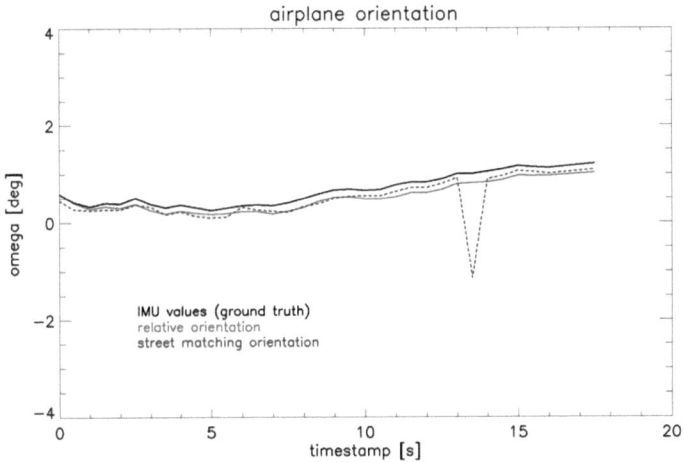

Abbildung 49: ω-Winkel der relativen Orientierung (Überflug 2)

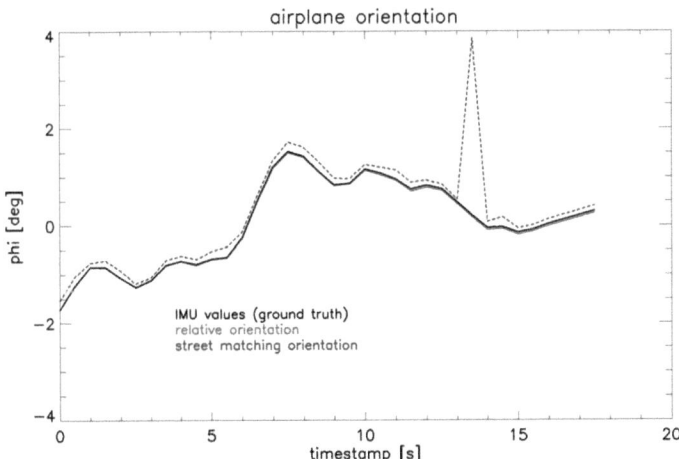

Abbildung 50: ϕ-Winkel der relativen Orientierung (Überflug 2)

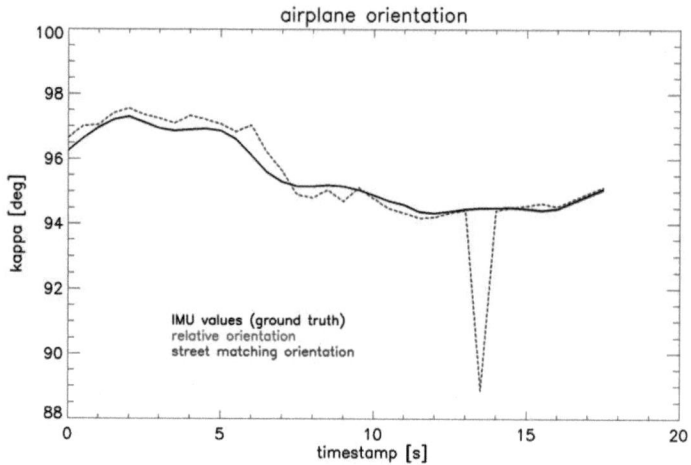

Abbildung 51: κ-Winkel der relativen Orientierung (Überflug 2)

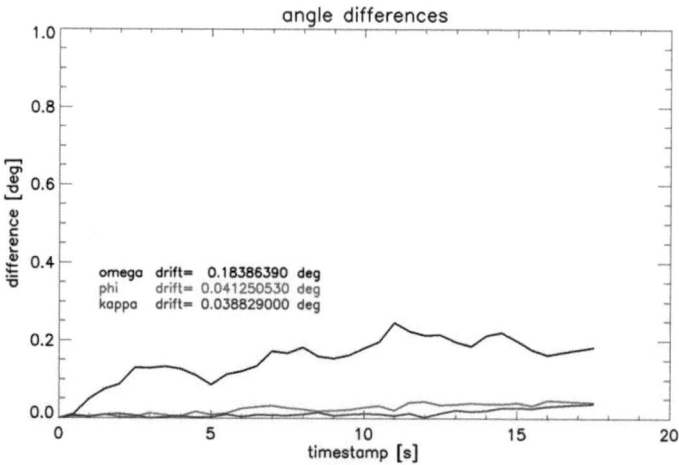

Abbildung 52: Winkelfehler der relativen Orientierung (Überflug 2)

Überflug 3

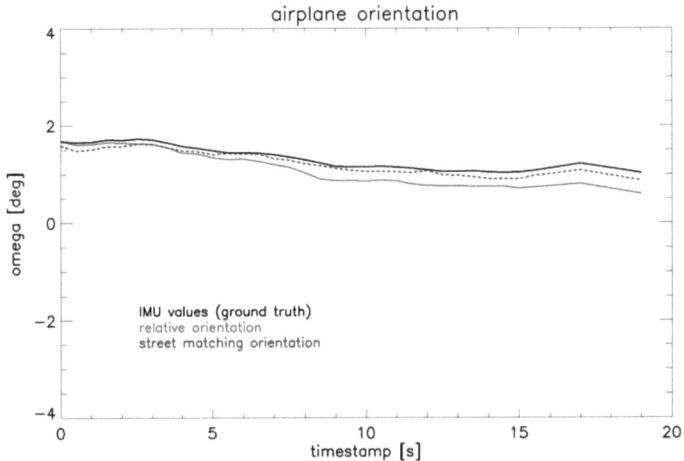

Abbildung 53: ω-Winkel der relativen Orientierung (Überflug 3)

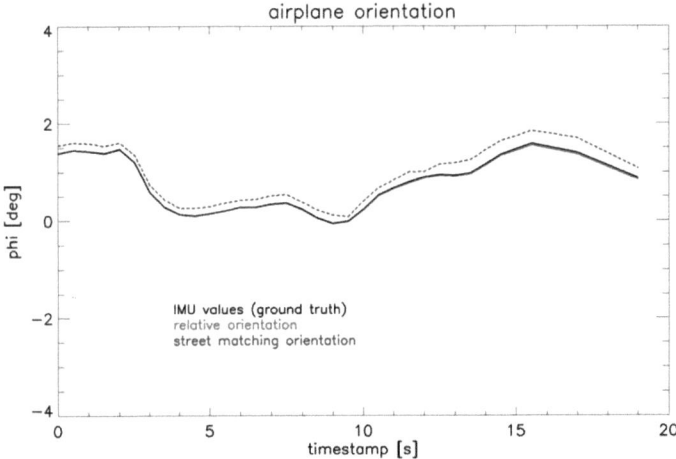

Abbildung 54: ϕ-Winkel der relativen Orientierung (Überflug 3)

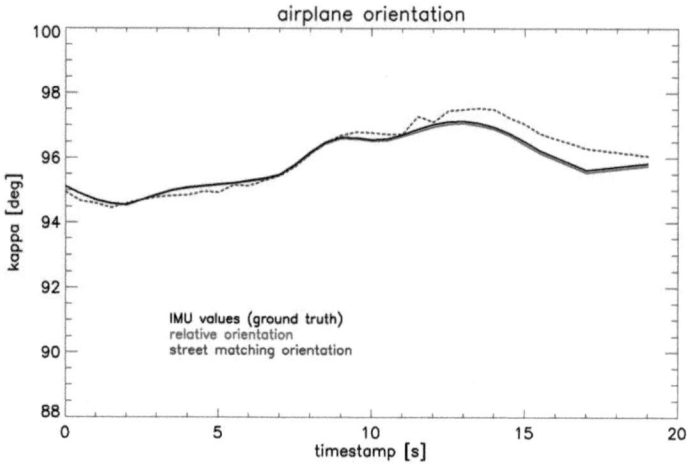

Abbildung 55: κ-Winkel der relativen Orientierung (Überflug 3)

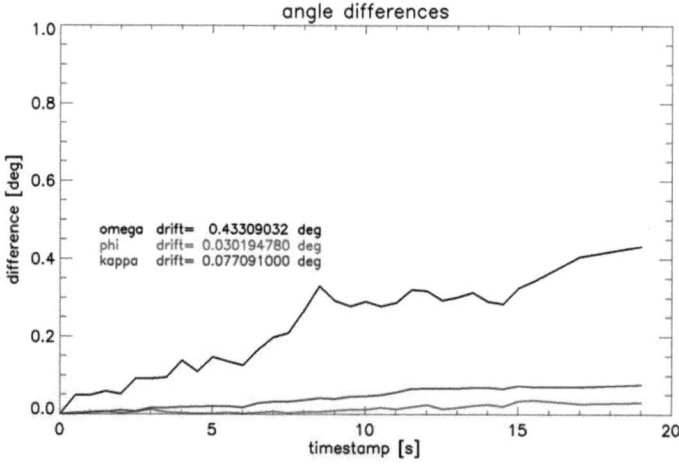

Abbildung 56: Winkelfehler der relativen Orientierung (Überflug 3)

Überflug 4

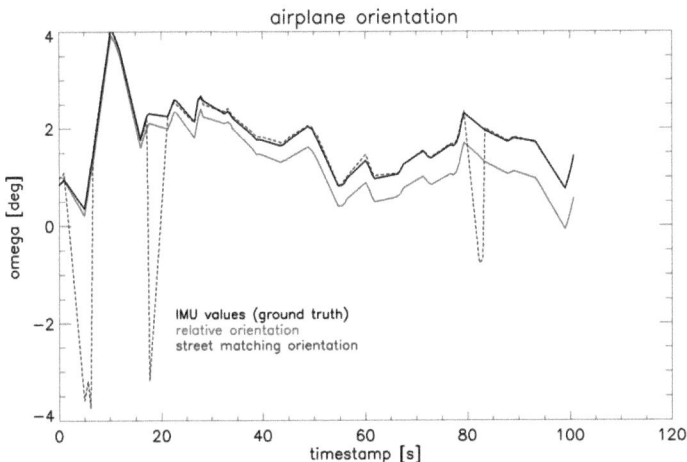

Abbildung 57: ω-Winkel der relativen Orientierung (Überflug 4)

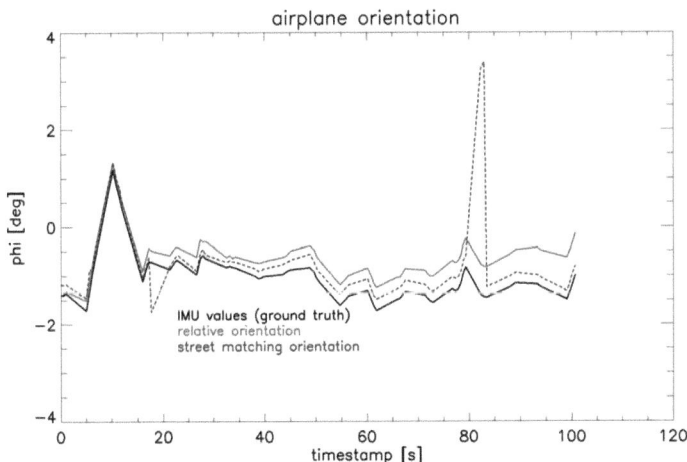

Abbildung 58: ϕ-Winkel der relativen Orientierung (Überflug 4)

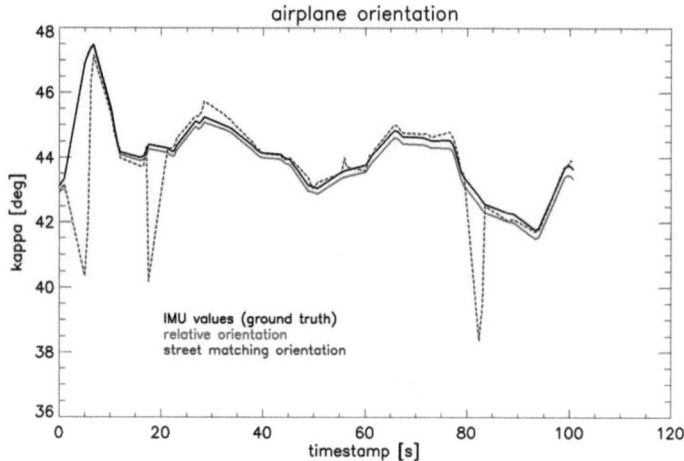

Abbildung 59: κ-Winkel der relativen Orientierung (Überflug 4)

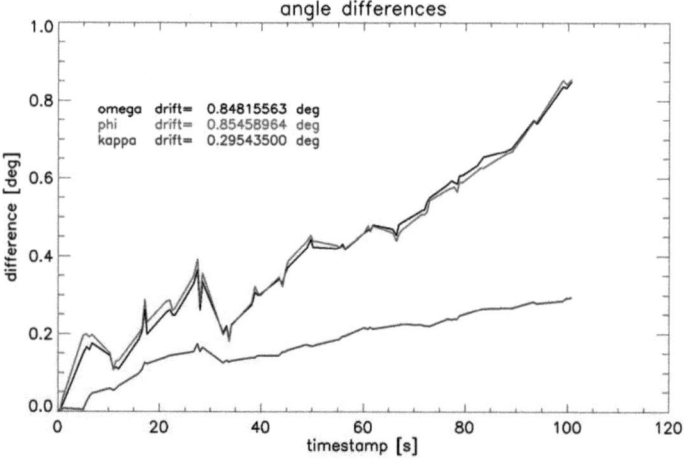

Abbildung 60: Winkelfehler der relativen Orientierung (Überflug 4)

Überflug 5

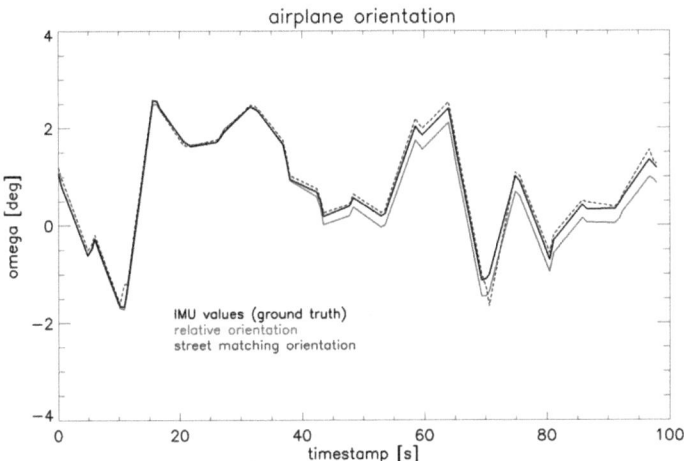

Abbildung 61: ω-Winkel der relativen Orientierung (Überflug 5)

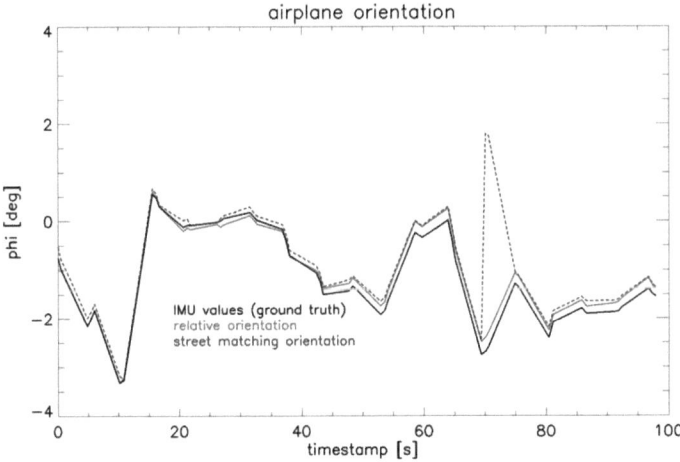

Abbildung 62: ϕ-Winkel der relativen Orientierung (Überflug 5)

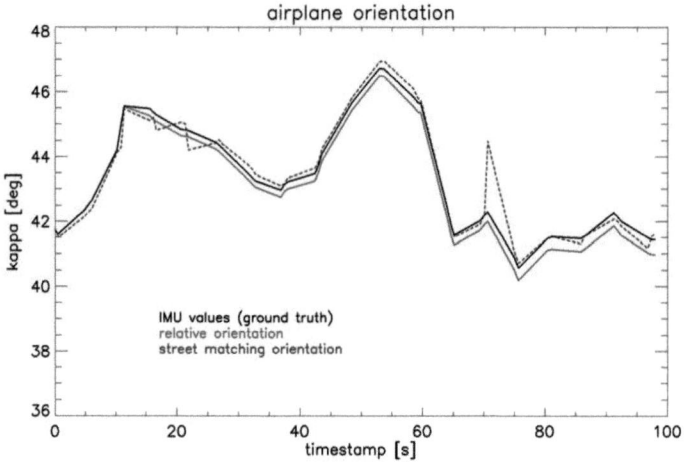

Abbildung 63: κ-Winkel der relativen Orientierung (Überflug 5)

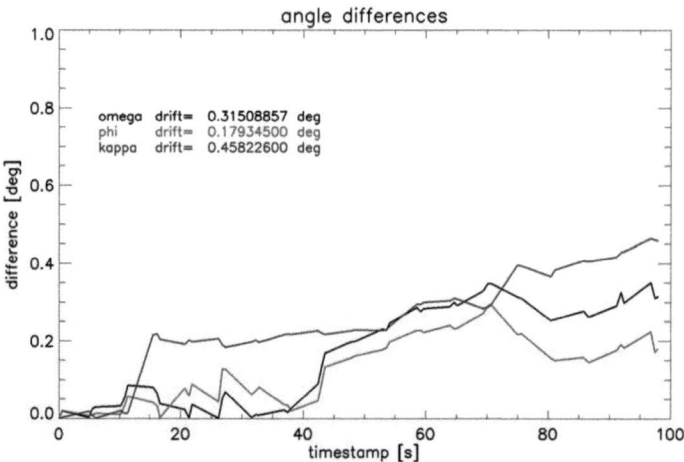

Abbildung 64: Winkelfehler der relativen Orientierung (Überflug 5)

Überflug 6

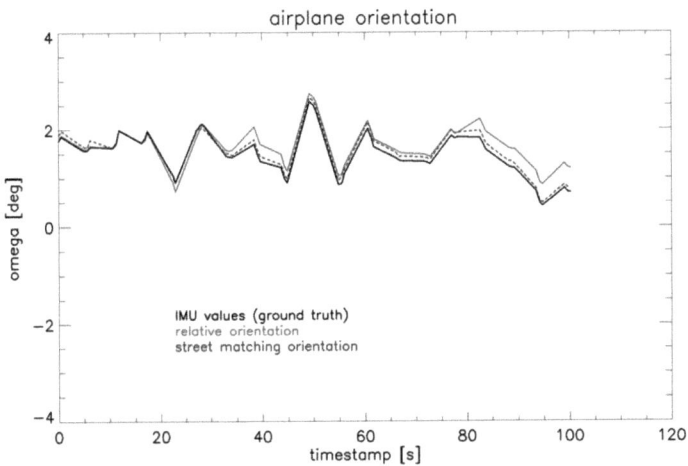

Abbildung 65: ω-Winkel der relativen Orientierung (Überflug 6)

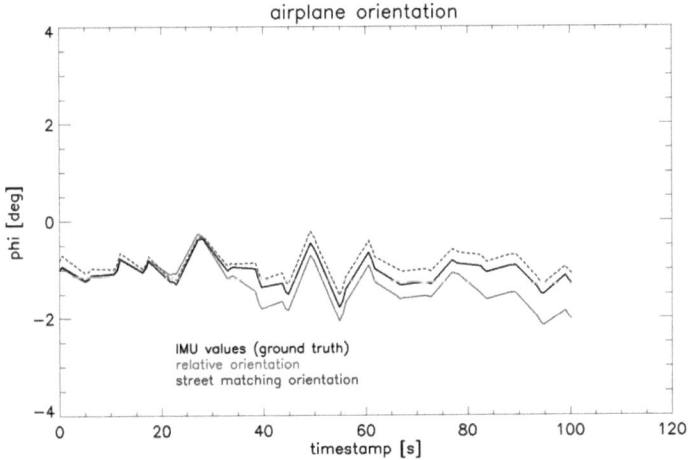

Abbildung 66: ϕ-Winkel der relativen Orientierung (Überflug 6)

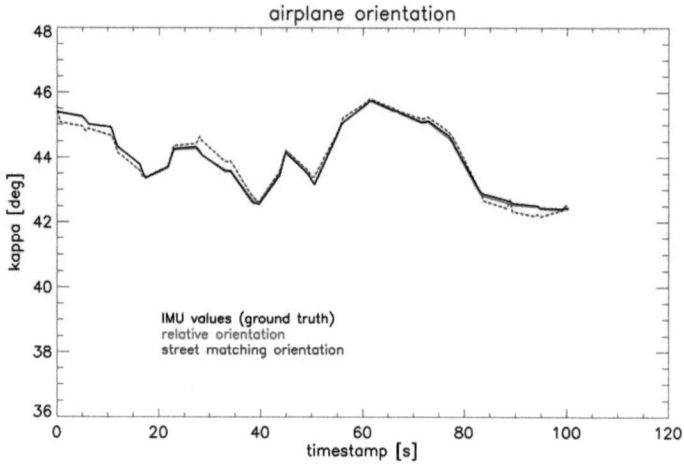

Abbildung 67: κ-Winkel der relativen Orientierung (Überflug 6)

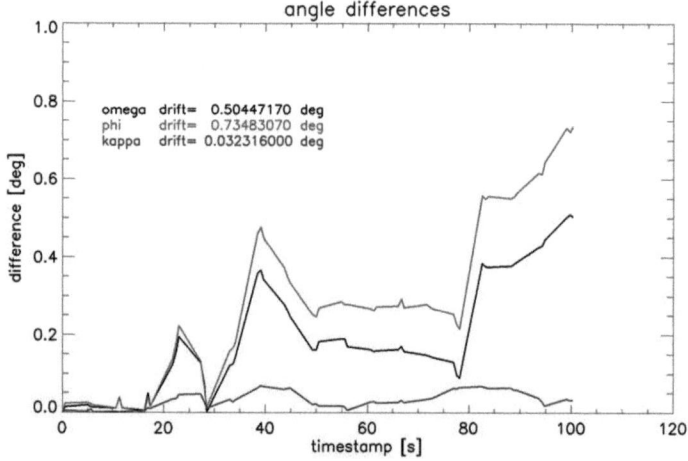

Abbildung 68: Winkelfehler der relativen Orientierung (Überflug 6)

Überflug 7

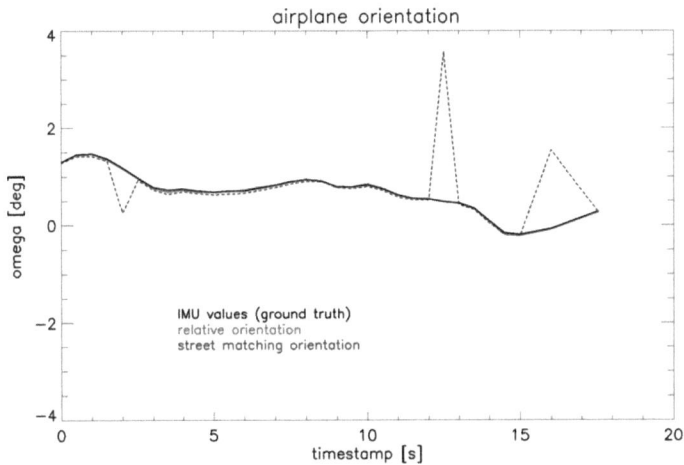

Abbildung 69: ω-Winkel der relativen Orientierung (Überflug 7)

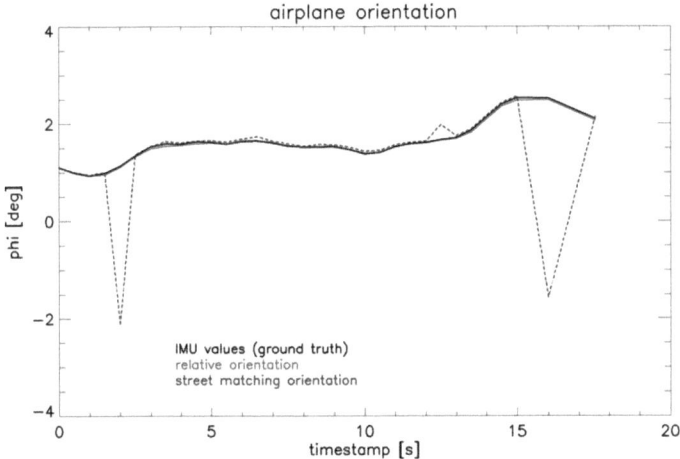

Abbildung 70: ϕ-Winkel der relativen Orientierung (Überflug 7)

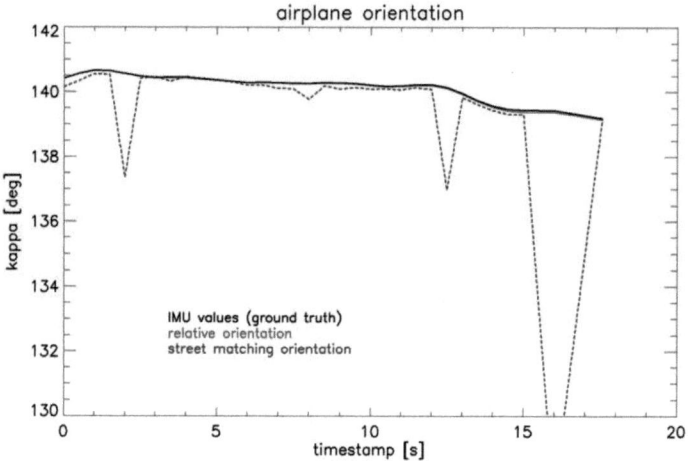

Abbildung 71: κ-Winkel der relativen Orientierung (Überflug 7)

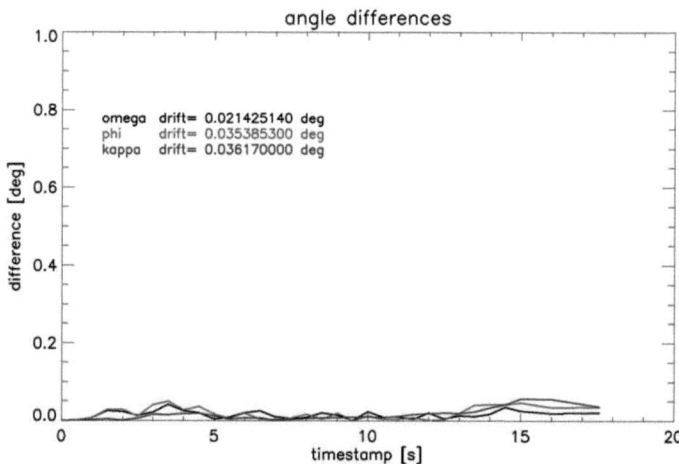

Abbildung 72: Winkelfehler der relativen Orientierung (Überflug 7)

Überflug 8

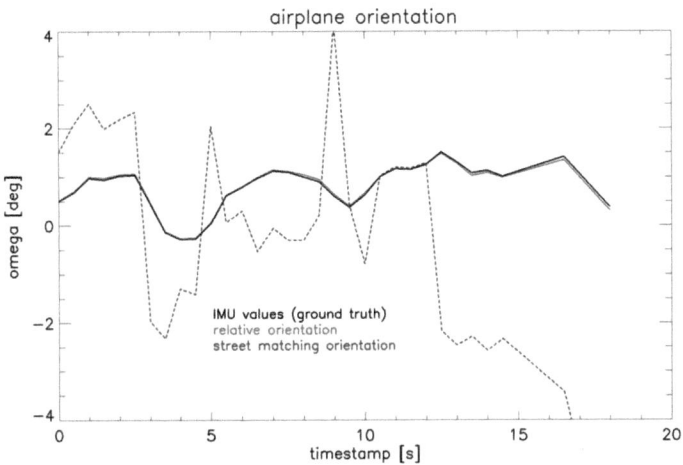

Abbildung 73: ω-Winkel der relativen Orientierung (Überflug 8)

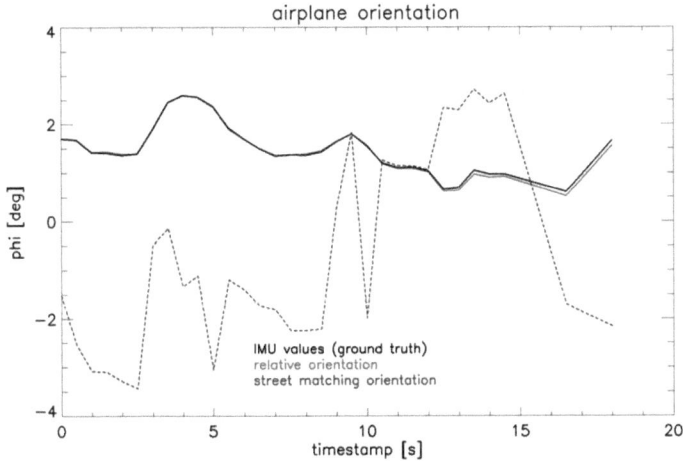

Abbildung 74: ϕ-Winkel der relativen Orientierung (Überflug 8)

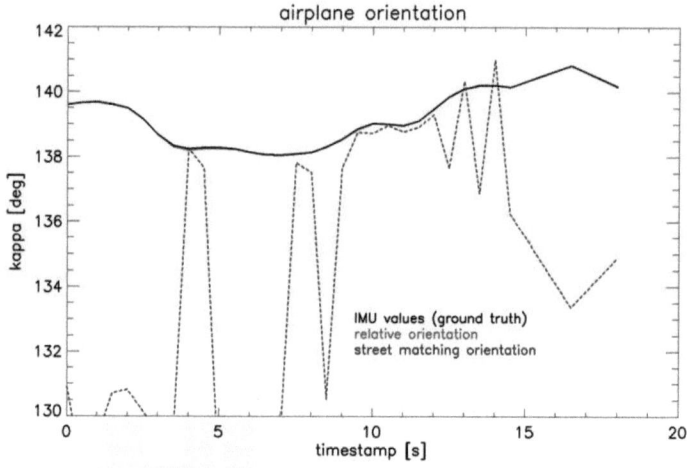

Abbildung 75: κ-Winkel der relativen Orientierung (Überflug 8)

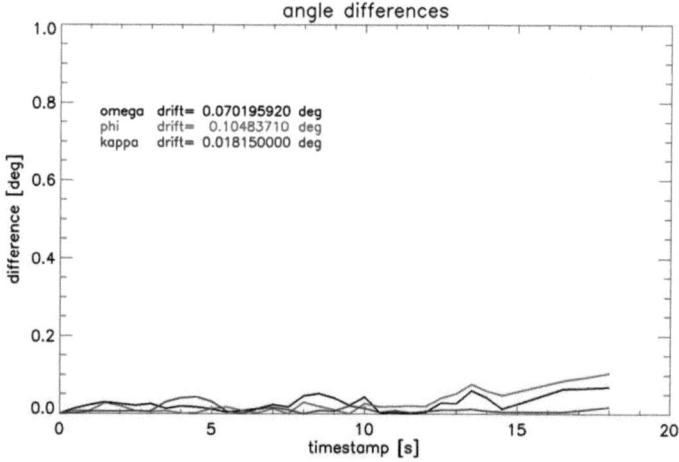

Abbildung 76: Winkelfehler der relativen Orientierung (Überflug 8)

Überflug 9

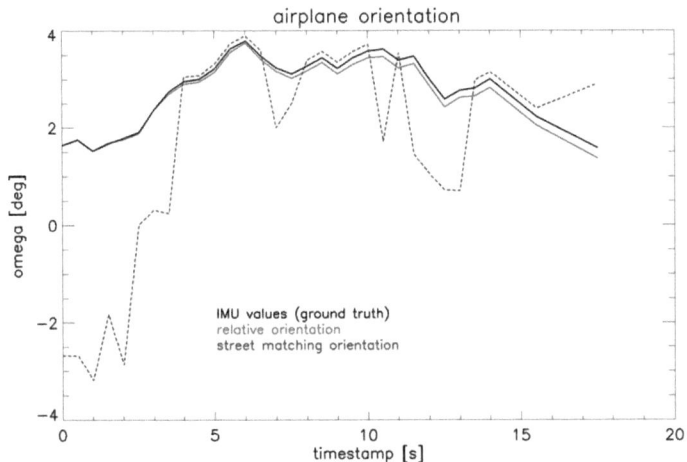

Abbildung 77: ω-Winkel der relativen Orientierung (Überflug 9)

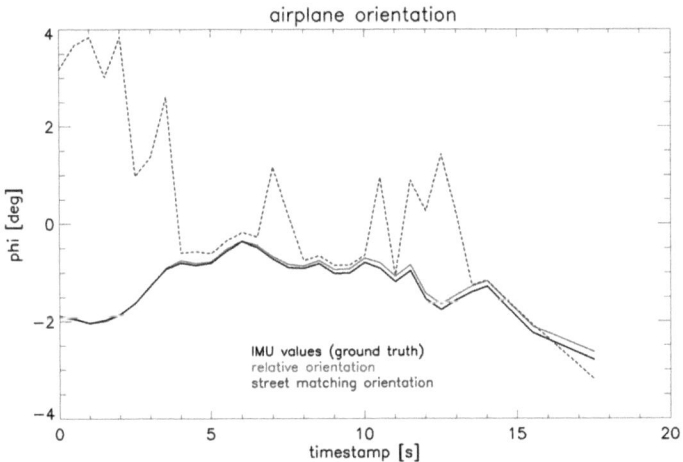

Abbildung 78: ϕ-Winkel der relativen Orientierung (Überflug 9)

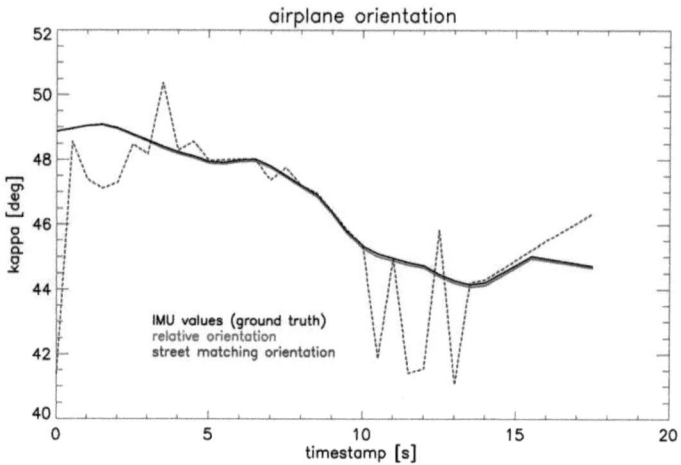

Abbildung 79: κ-Winkel der relativen Orientierung (Überflug 9)

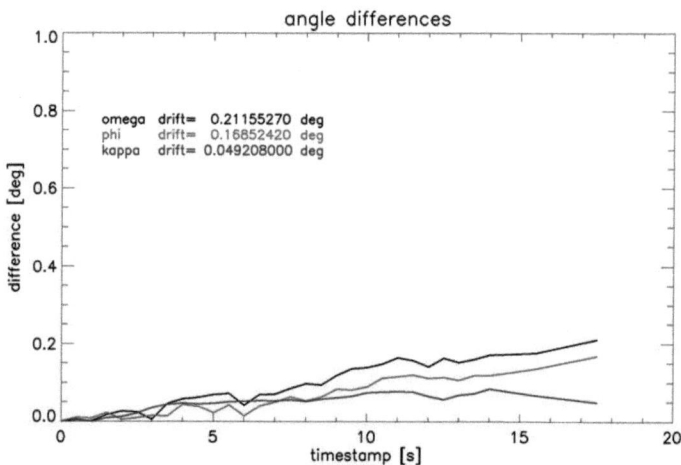

Abbildung 80: Winkelfehler der relativen Orientierung (Überflug 9)

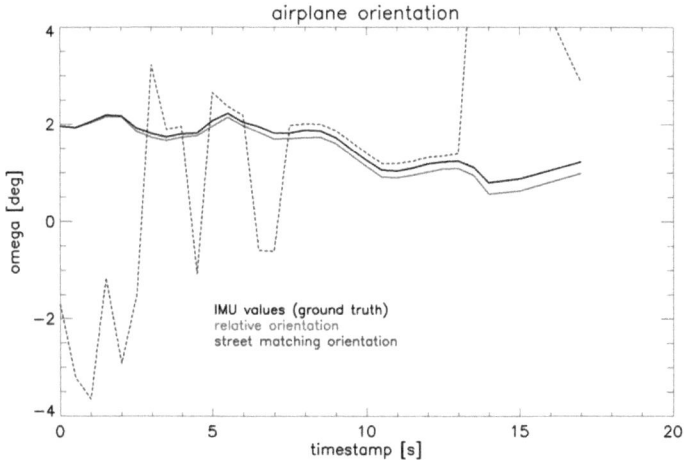

Abbildung 81: ω-Winkel der relativen Orientierung (Überflug 10)

Überflug 10

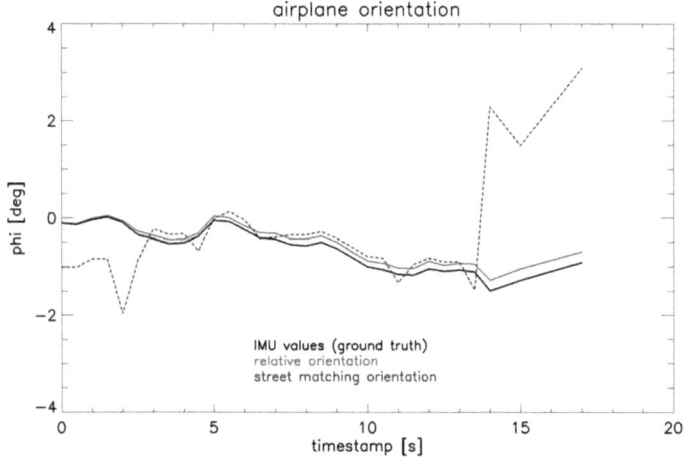

Abbildung 82: ϕ-Winkel der relativen Orientierung (Überflug 10)

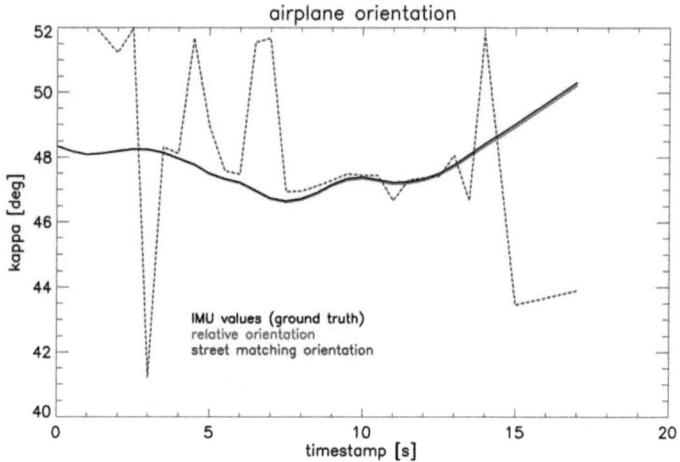

Abbildung 83: κ-Winkel der relativen Orientierung (Überflug 10)

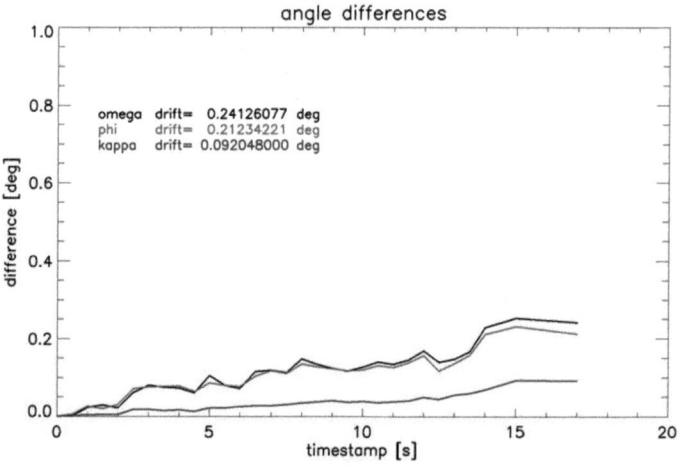

Abbildung 84: Winkelfehler der relativen Orientierung (Überflug 10)

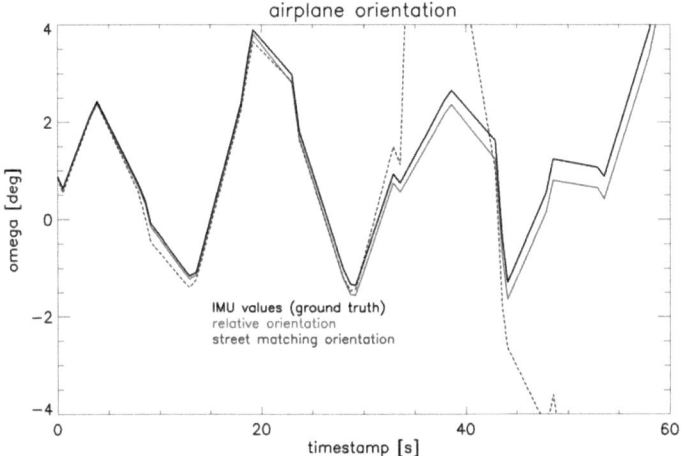

Abbildung 85: ω-Winkel der relativen Orientierung (Überflug 11)

Überflug 11

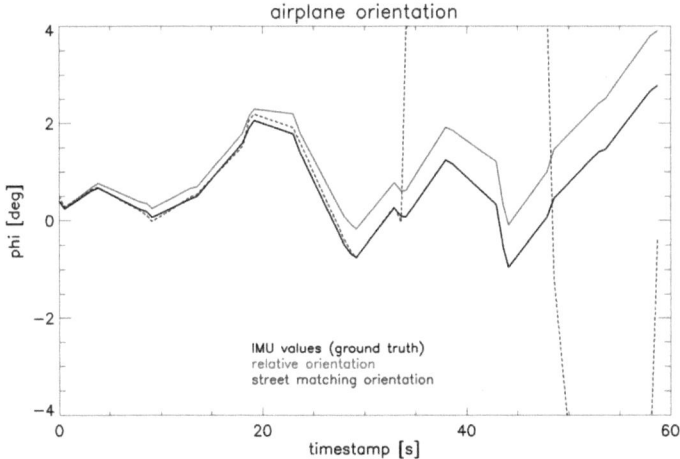

Abbildung 86: ϕ-Winkel der relativen Orientierung (Überflug 11)

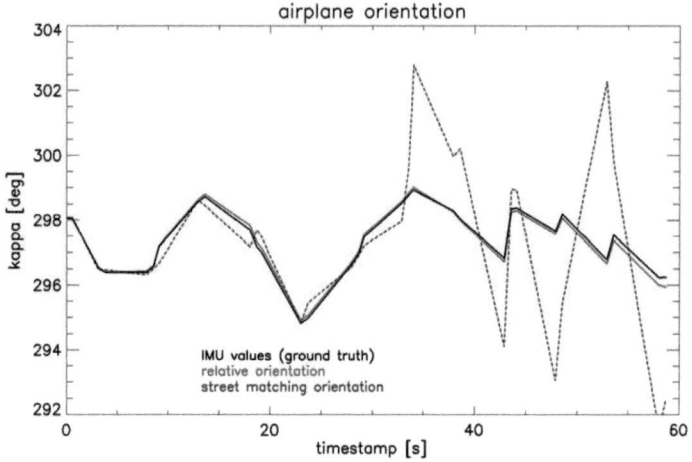

Abbildung 87: κ-Winkel der relativen Orientierung (Überflug 11)

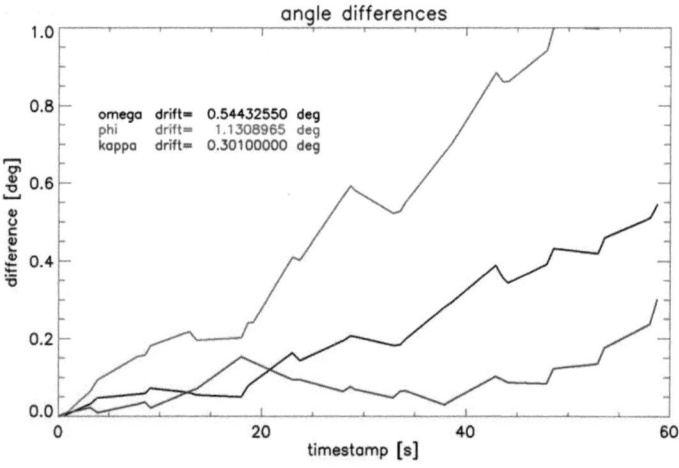

Abbildung 88: Winkelfehler der relativen Orientierung (Überflug 11)

Ergebnisse des Navigationsfilters

Überflug 1

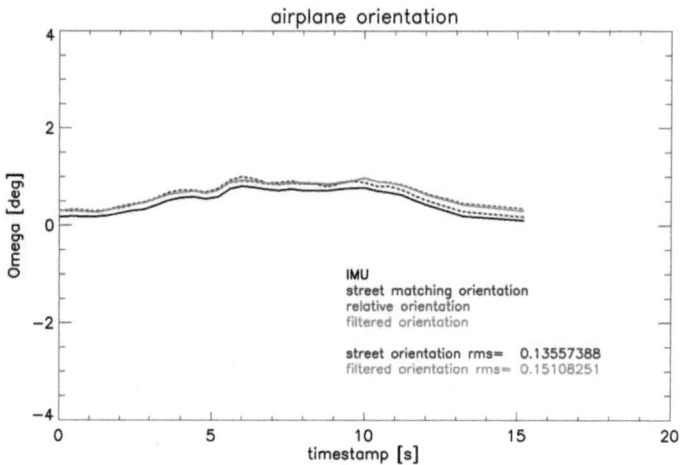

Abbildung 89: ω-Winkel des Navigationsfilters (Überflug 1)

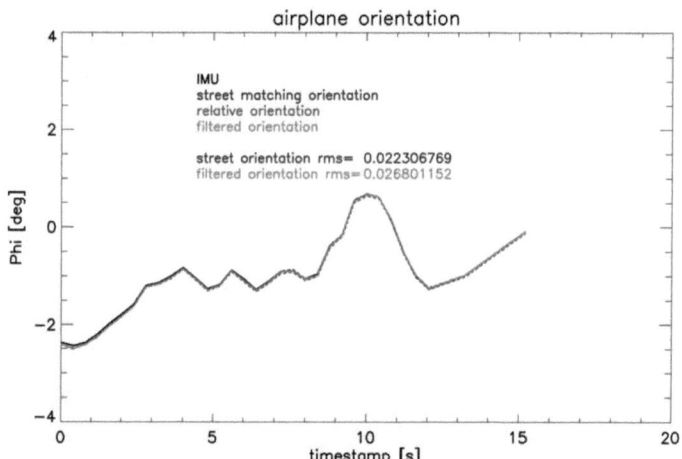

Abbildung 90: ϕ-Winkel des Navigationsfilters (Überflug 1)

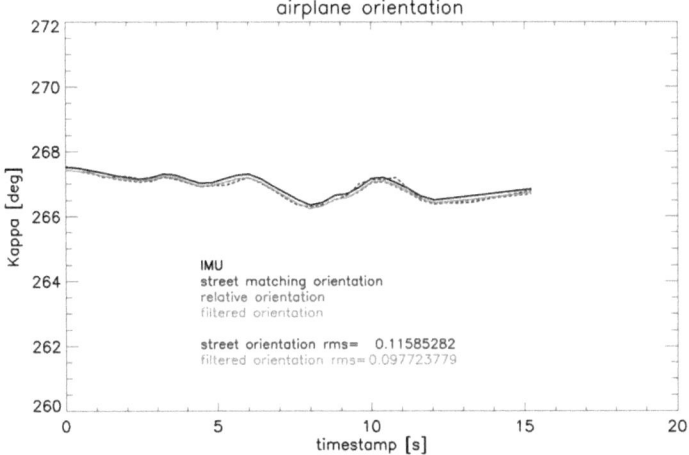

Abbildung 91: κ-Winkel des Navigationsfilters (Überflug 1)

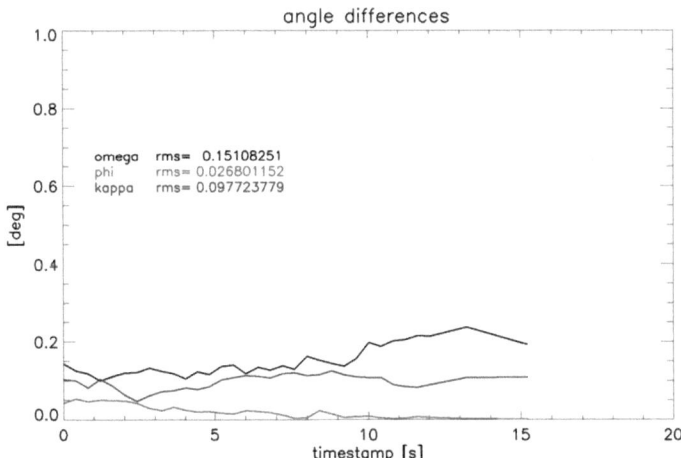

Abbildung 92: Winkelfehler des Navigationsfilters (Überflug 1)

Überflug 2

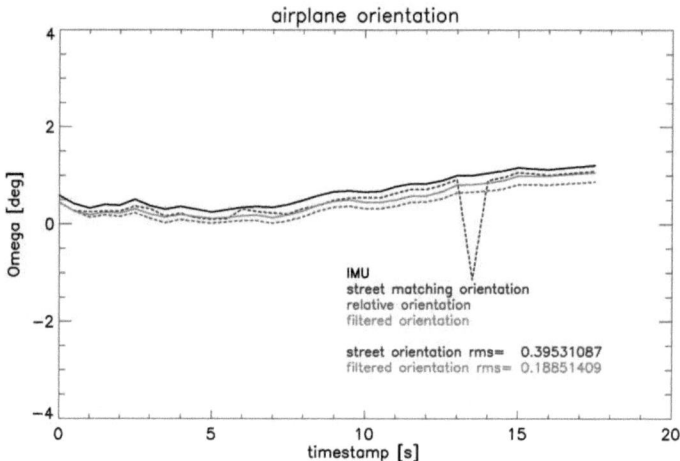

Abbildung 93: ω-Winkel des Navigationsfilters (Überflug 2)

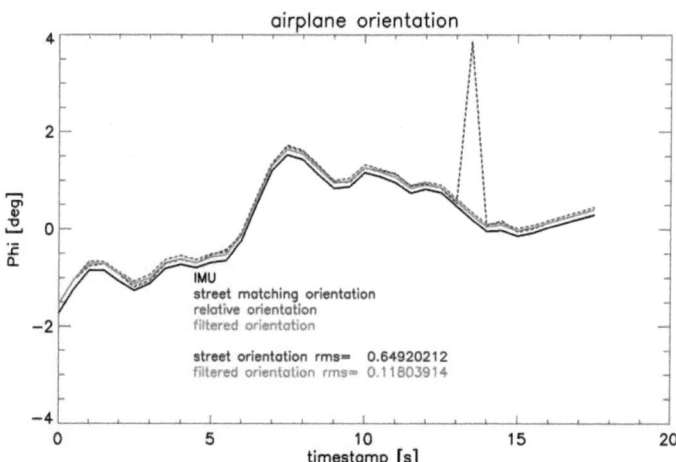

Abbildung 94: ϕ-Winkel des Navigationsfilters (Überflug 2)

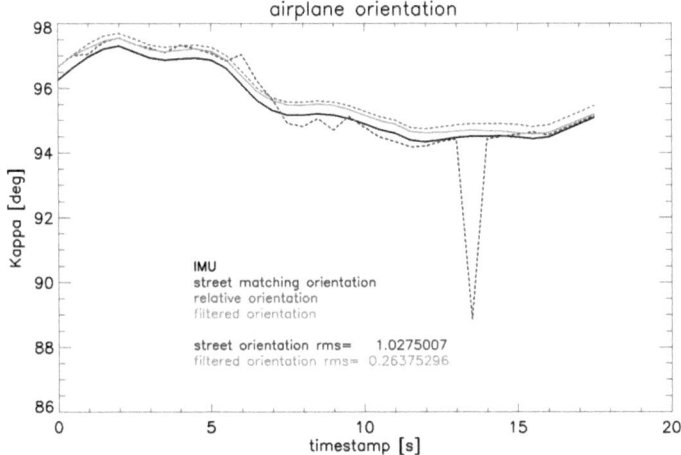

Abbildung 95: κ-Winkel des Navigationsfilters (Überflug 2)

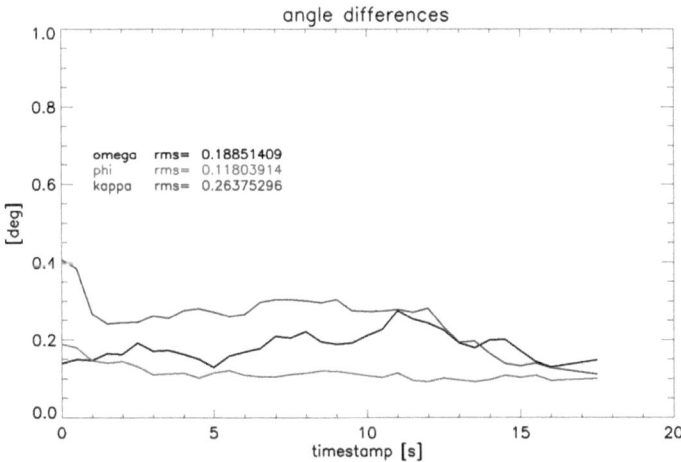

Abbildung 96: Winkelfehler des Navigationsfilters (Überflug 2)

Überflug 3

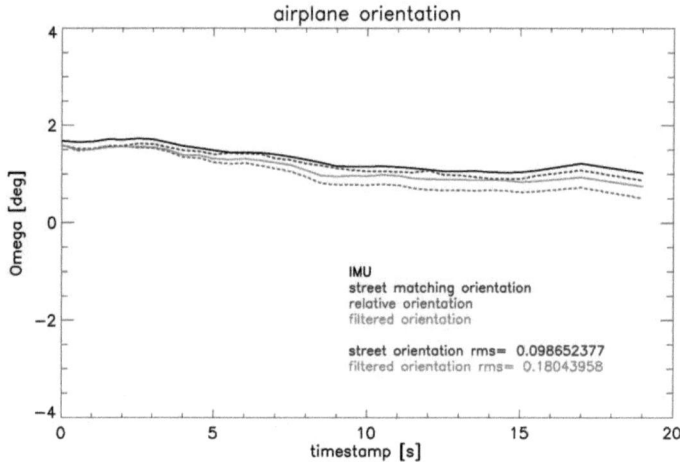

Abbildung 97: ω-Winkel des Navigationsfilters (Überflug 3)

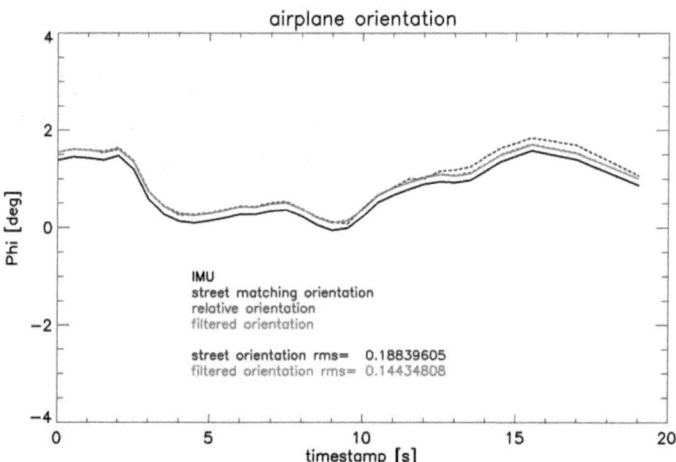

Abbildung 98: ϕ-Winkel des Navigationsfilters (Überflug 3)

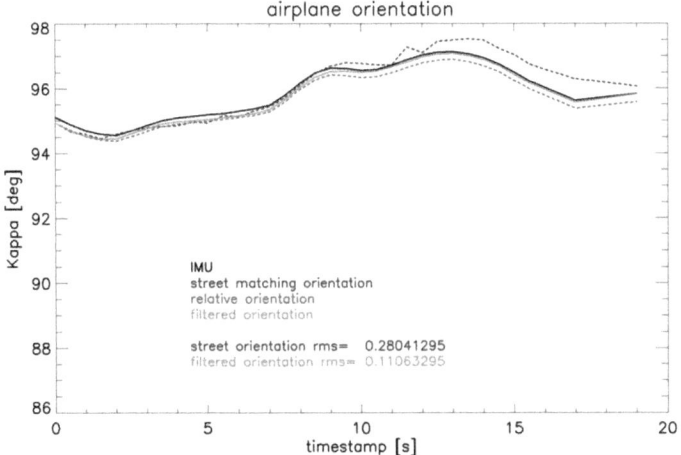

Abbildung 99: κ-Winkel des Navigationsfilters (Überflug 3)

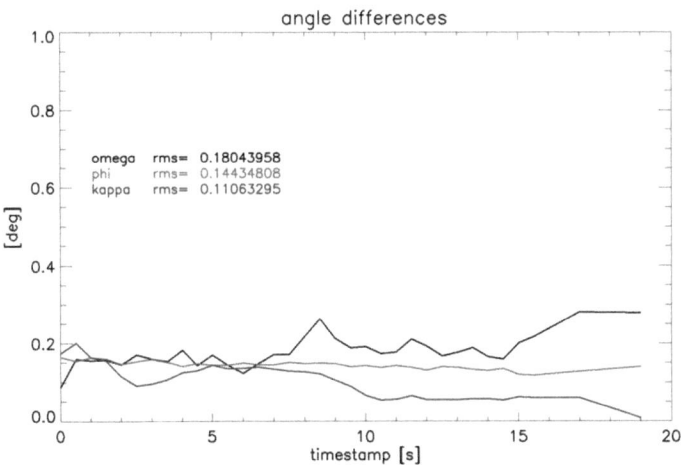

Abbildung 100: Winkelfehler des Navigationsfilters (Überflug 3)

Überflug 4

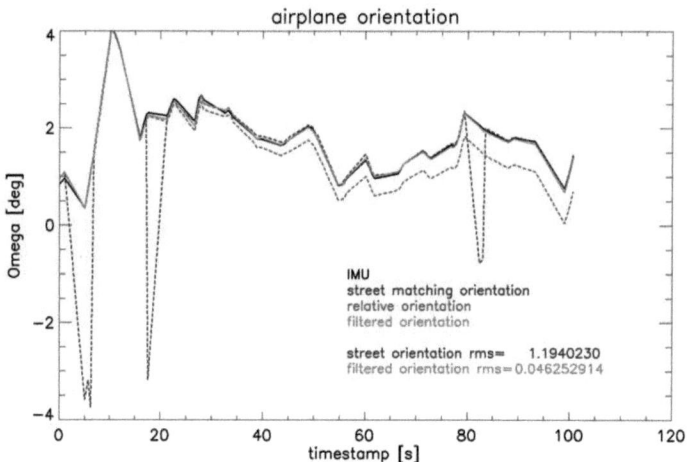

Abbildung 101: ω-Winkel des Navigationsfilters (Überflug 4)

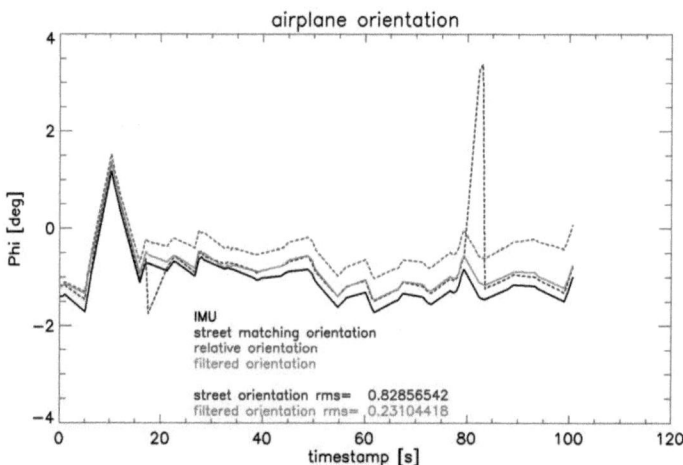

Abbildung 102: ϕ-Winkel des Navigationsfilters (Überflug 4)

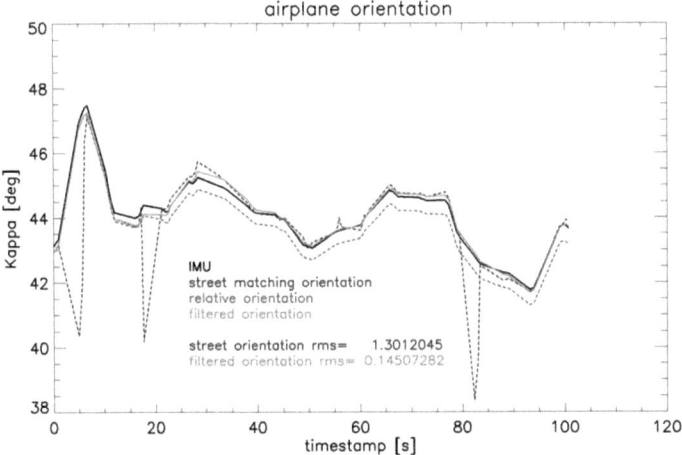

Abbildung 103: κ-Winkel des Navigationsfilters (Überflug 4)

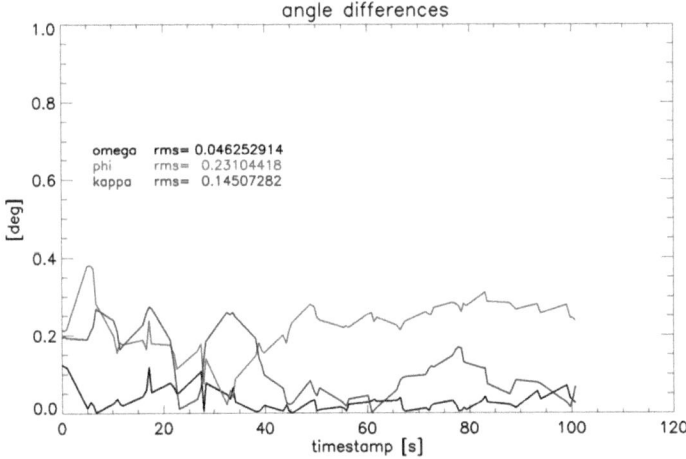

Abbildung 104: Winkelfehler des Navigationsfilters (Überflug 4)

Überflug 5

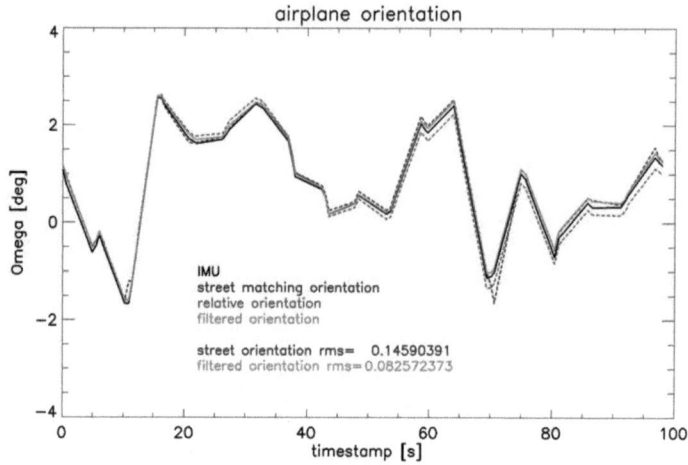

Abbildung 105: ω-Winkel des Navigationsfilters (Überflug 5)

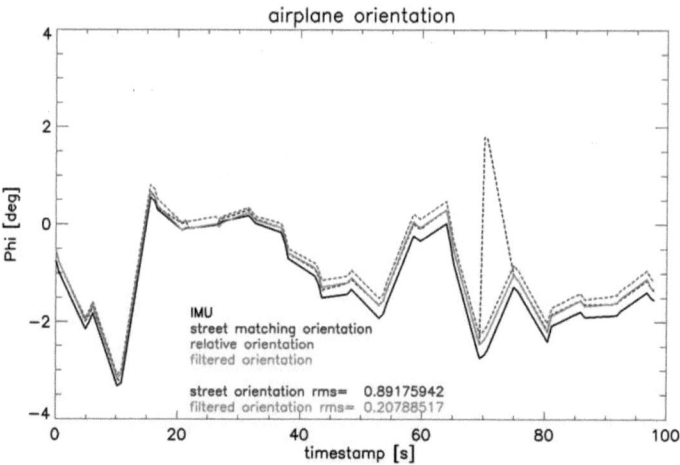

Abbildung 106: ϕ-Winkel des Navigationsfilters (Überflug 5)

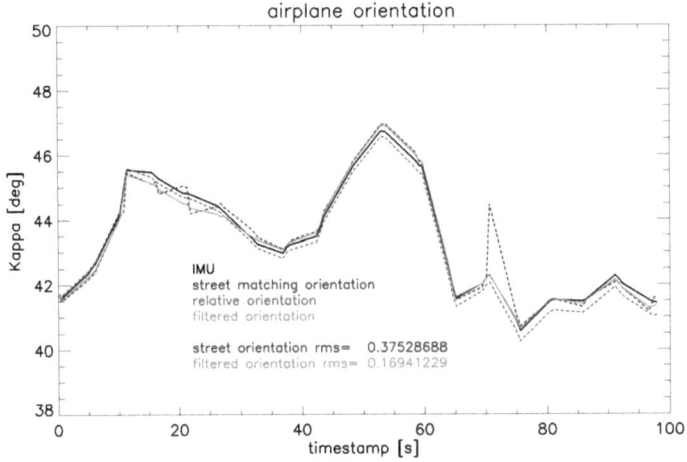

Abbildung 107: κ-Winkel des Navigationsfilters (Überflug 5)

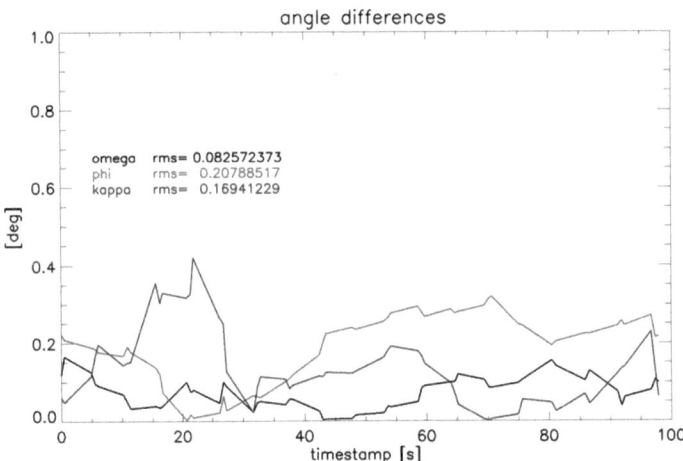

Abbildung 108: Winkelfehler des Navigationsfilters (Überflug 5)

Überflug 6

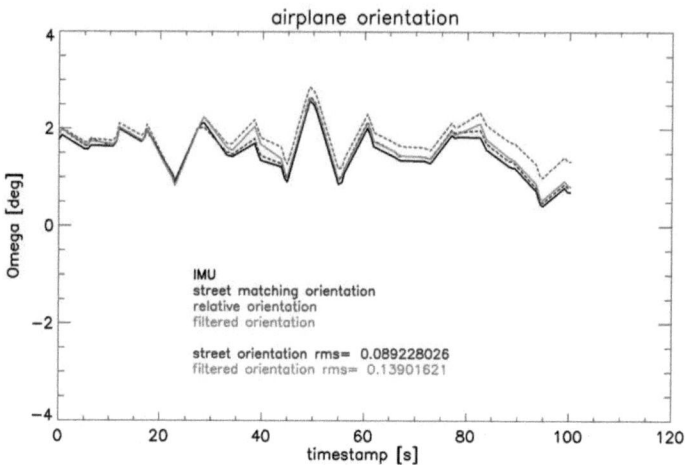

Abbildung 109: ω-Winkel des Navigationsfilters (Überflug 6)

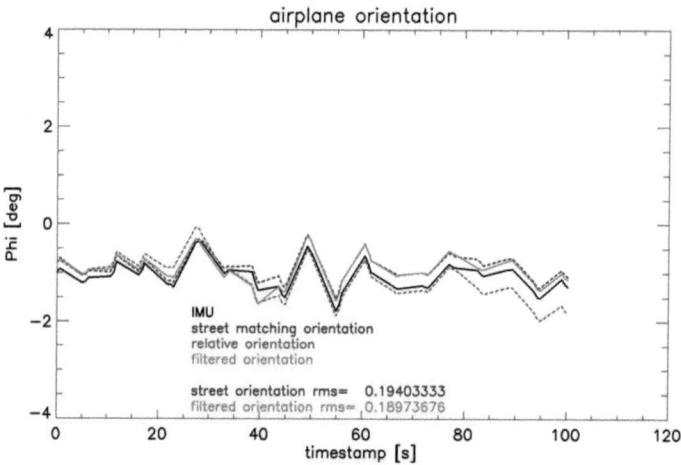

Abbildung 110: ϕ-Winkel des Navigationsfilters (Überflug 6)

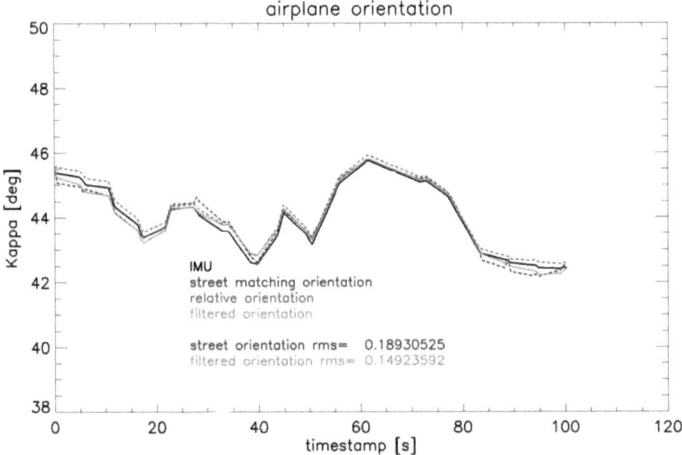

Abbildung 111: κ-Winkel des Navigationsfilters (Überflug 6)

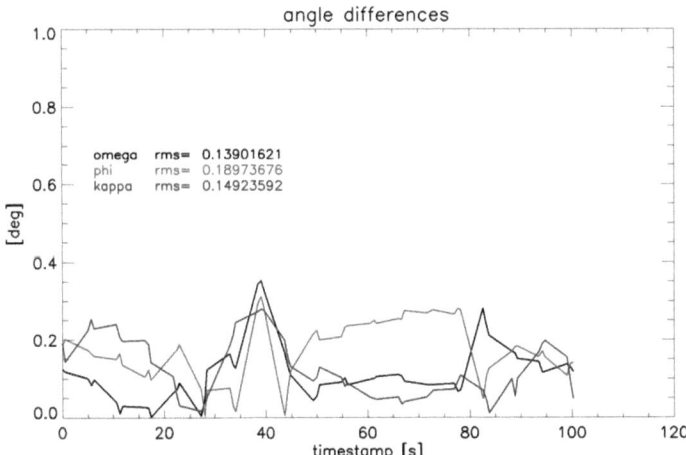

Abbildung 112: Winkelfehler des Navigationsfilters (Überflug 6)

Überflug 7

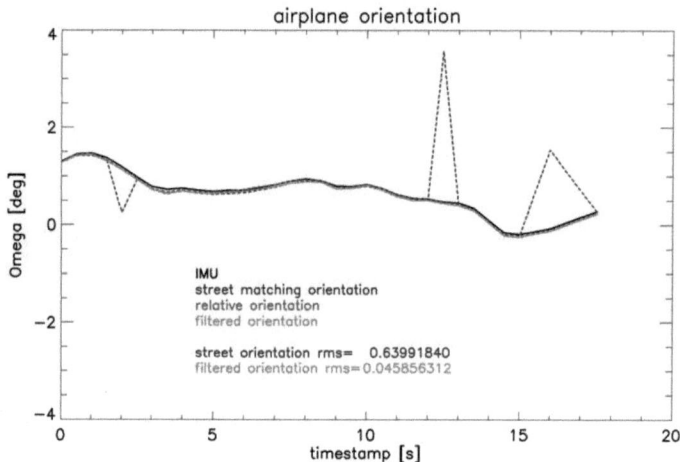

Abbildung 113: ω-Winkel des Navigationsfilters (Überflug 7)

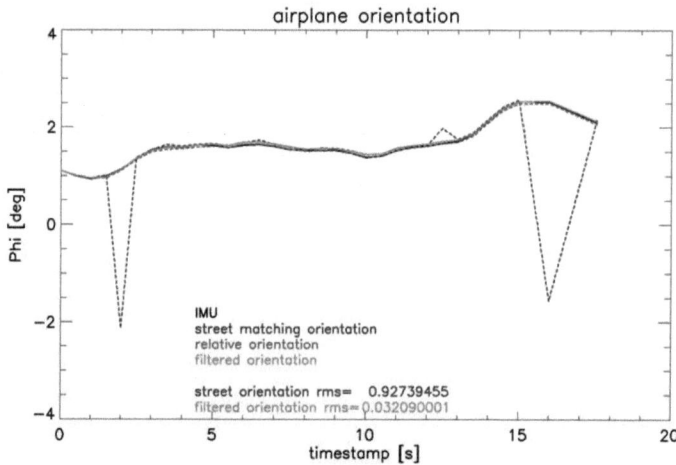

Abbildung 114: ϕ-Winkel des Navigationsfilters (Überflug 7)

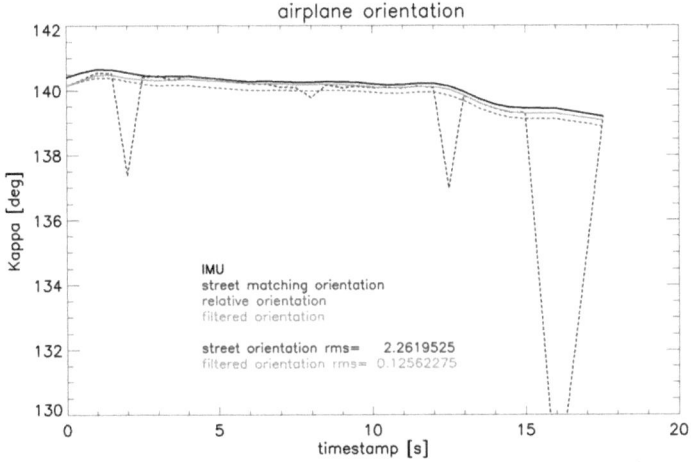

Abbildung 115: κ-Winkel des Navigationsfilters (Überflug 7)

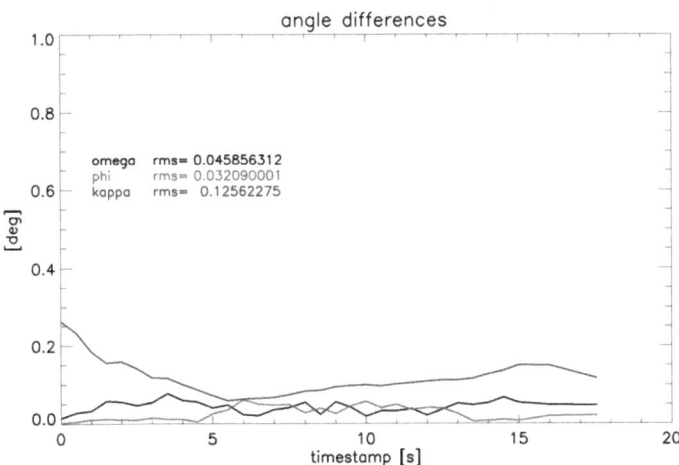

Abbildung 116: Winkelfehler des Navigationsfilters (Überflug 7)

Überflug 8

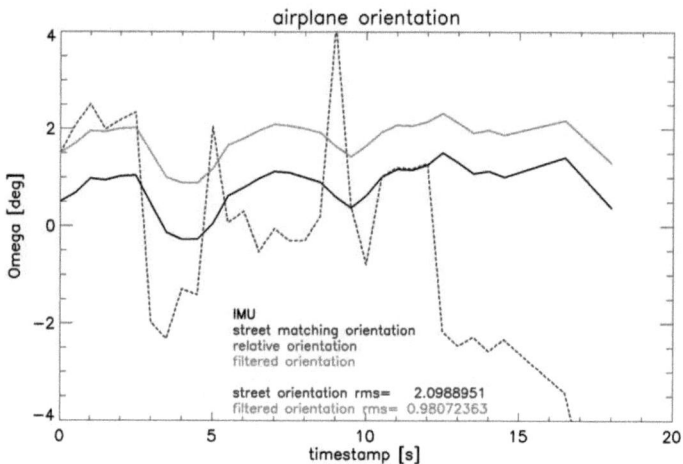

Abbildung 117: ω-Winkel des Navigationsfilters (Überflug 8)

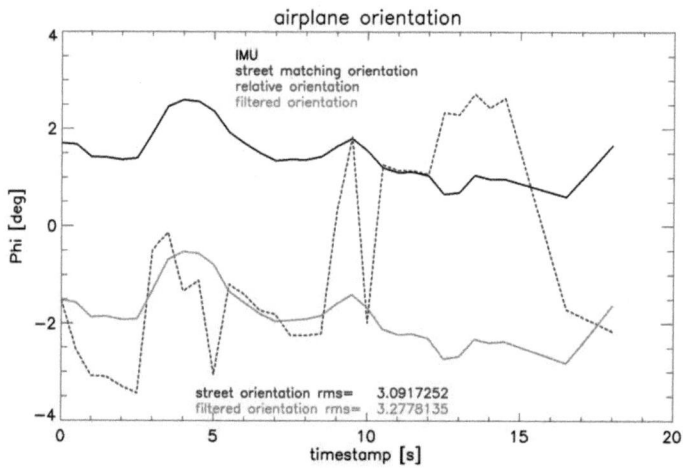

Abbildung 118: φ-Winkel des Navigationsfilters (Überflug 8)

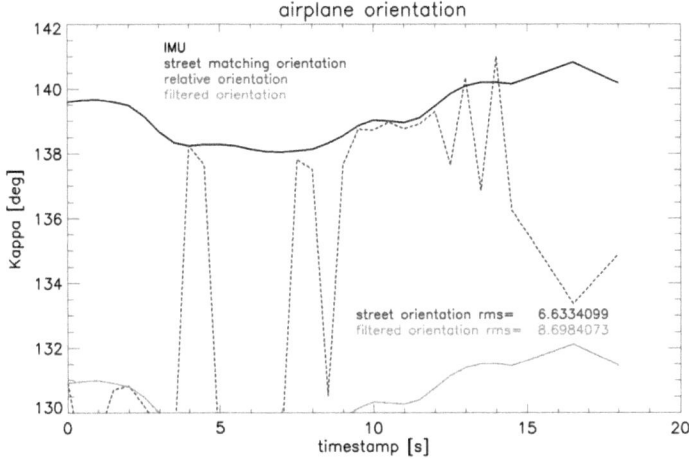

Abbildung 119: κ-Winkel des Navigationsfilters (Überflug 8)

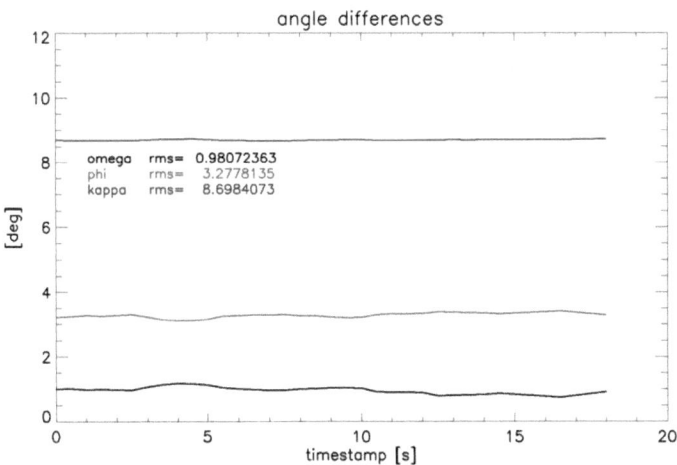

Abbildung 120: Winkelfehler des Navigationsfilters (Überflug 8)

Überflug 9

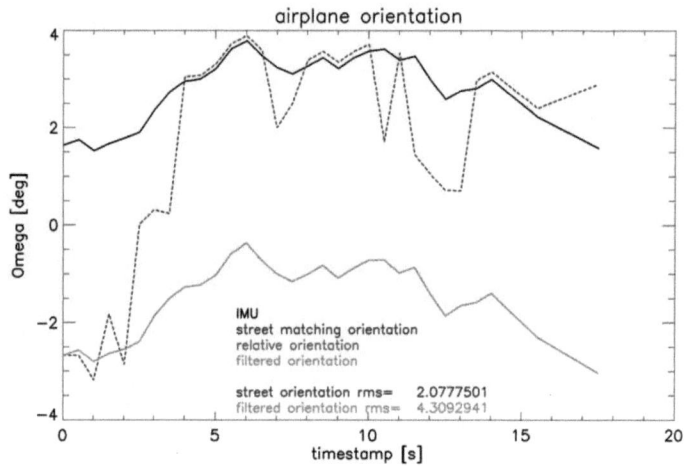

Abbildung 121: ω-Winkel des Navigationsfilters (Überflug 9)

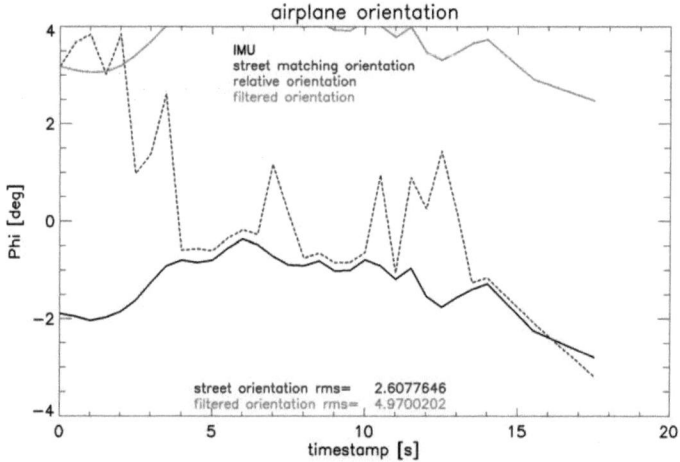

Abbildung 122: ϕ-Winkel des Navigationsfilters (Überflug 9)

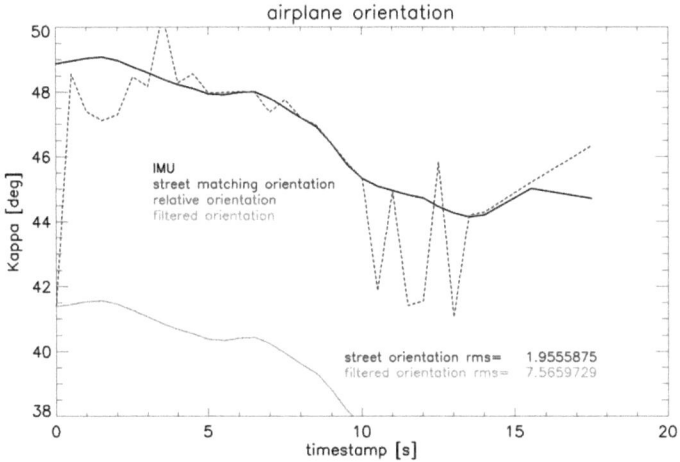

Abbildung 123: κ-Winkel des Navigationsfilters (Überflug 9)

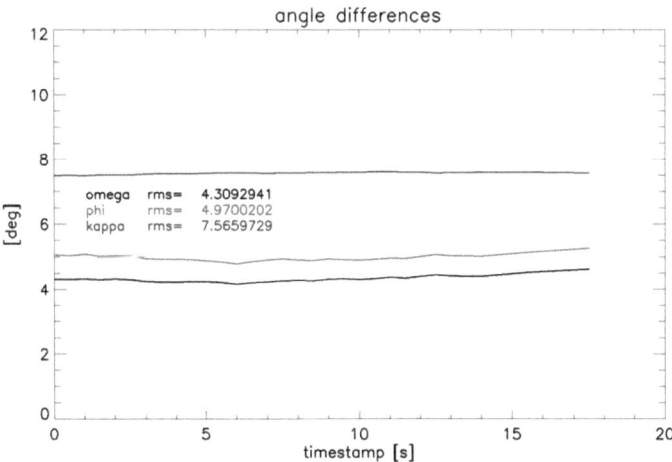

Abbildung 124: Winkelfehler des Navigationsfilters (Überflug 9)

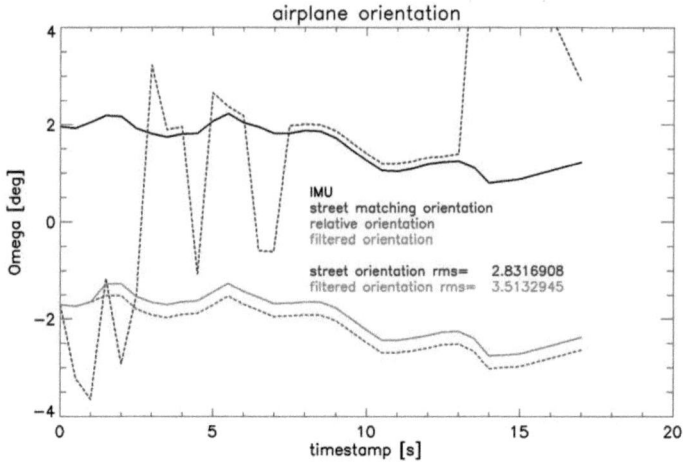

Abbildung 125: ω-Winkel des Navigationsfilters (Überflug 10)

Überflug 10

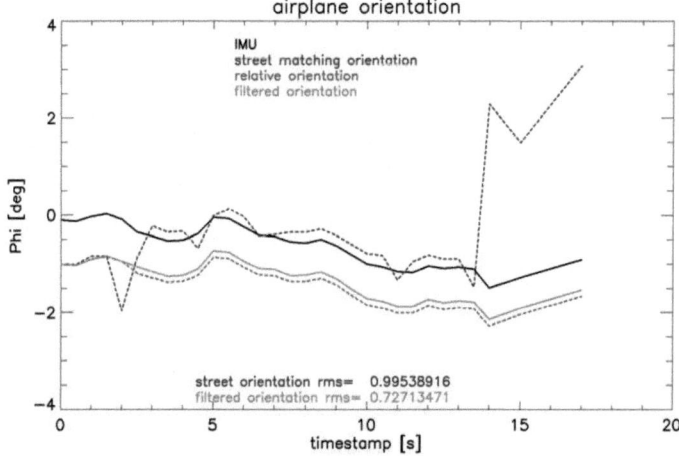

Abbildung 126: ϕ-Winkel des Navigationsfilters (Überflug 10)

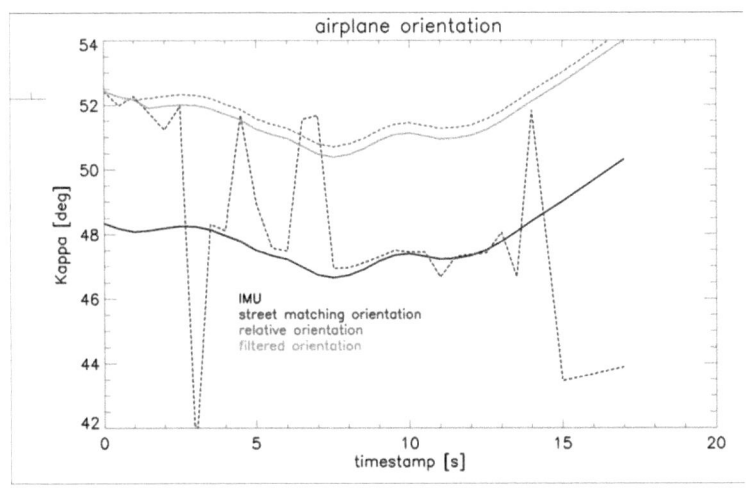

Abbildung 127: κ-Winkel des Navigationsfilters (Überflug 10)

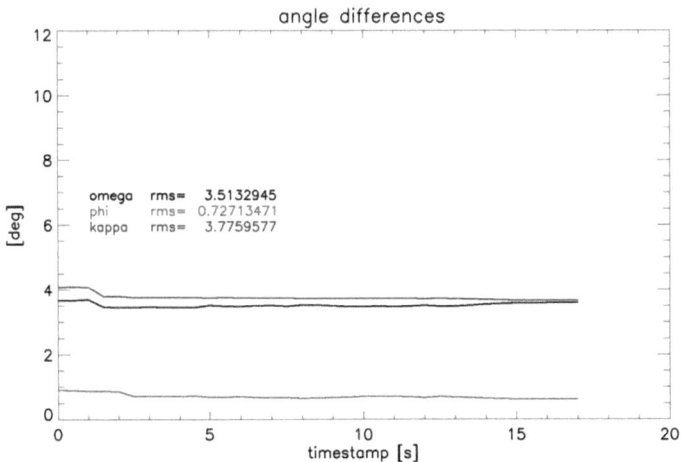

Abbildung 128: Winkelfehler des Navigationsfilters (Überflug 10)

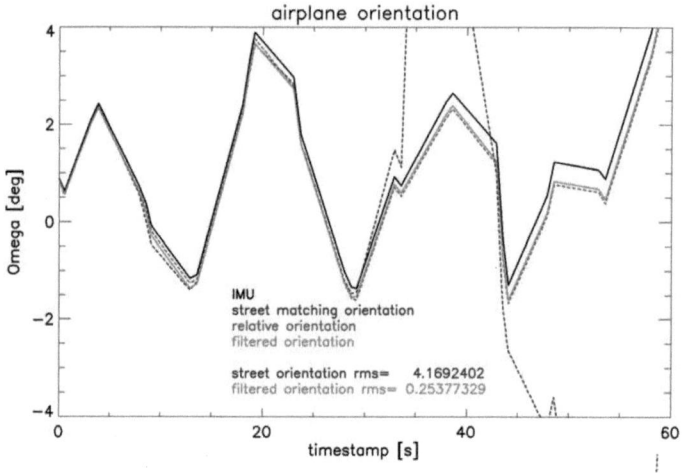

Abbildung 129: ω-Winkel des Navigationsfilters (Überflug 11)

Überflug 11

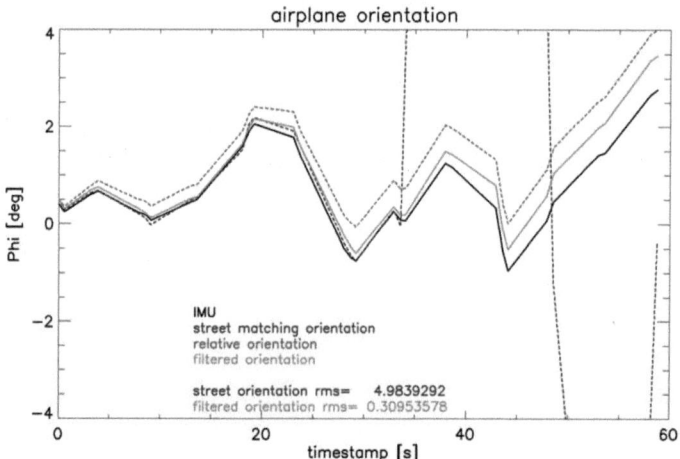

Abbildung 130: ϕ-Winkel des Navigationsfilters (Überflug 11)

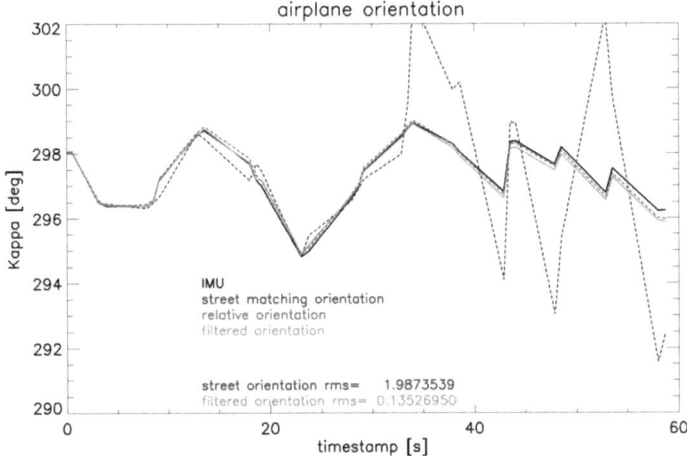

Abbildung 131: κ-Winkel des Navigationsfilters (Überflug 11)

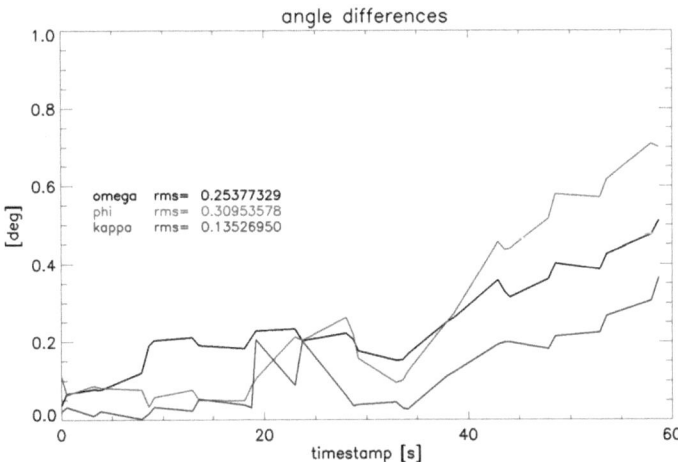

Abbildung 132: Winkelfehler des Navigationsfilters (Überflug 11)

RANSAC-korrigierte Ergebnisse des Navigationsfilters

Überflug 8

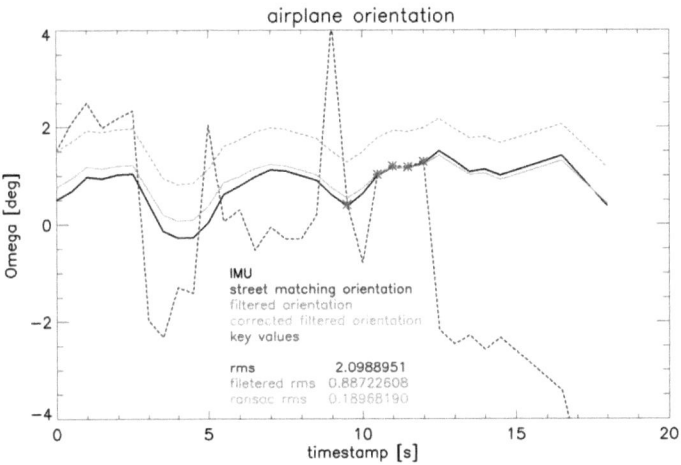

Abbildung 133: RANSAC-korrigierte ω-Winkel (Überflug 8)

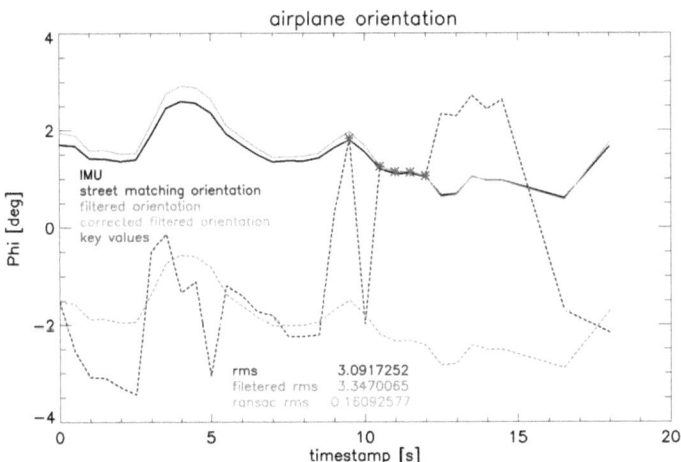

Abbildung 134: RANSAC-korrigierte ϕ-Winkel (Überflug 8)

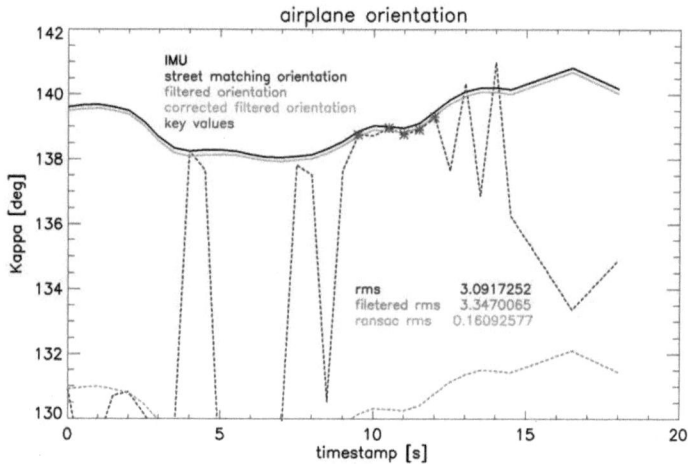

Abbildung 135: RANSAC-korrigierte κ-Winkel (Überflug 8)

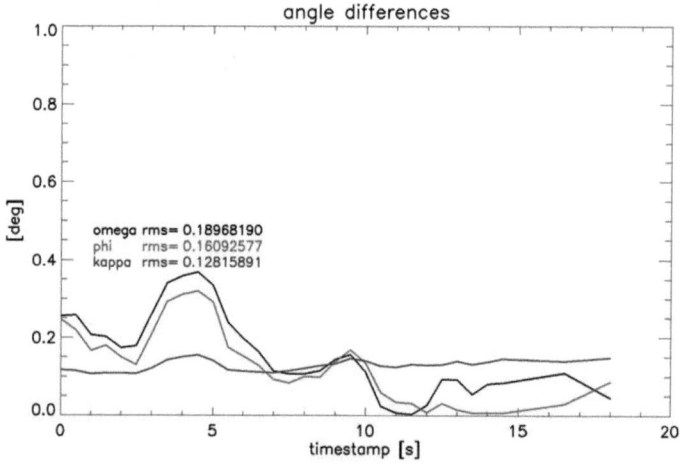

Abbildung 136: RANSAC-korrigierte Winkelfehler (Überflug 8)

Überflug 9

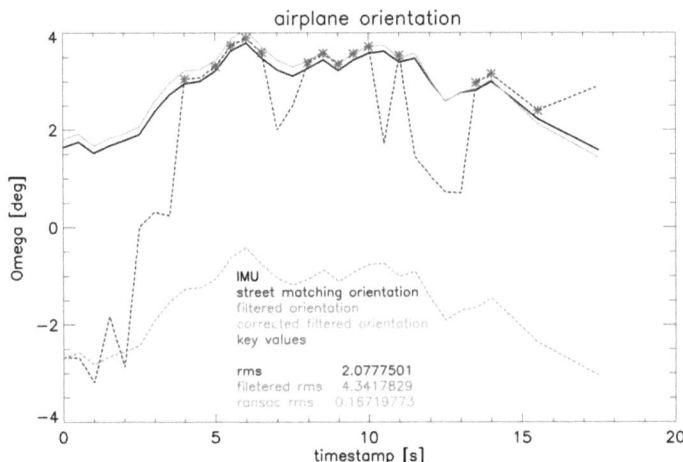

Abbildung 137: RANSAC-korrigierte ω-Winkel (Überflug 9)

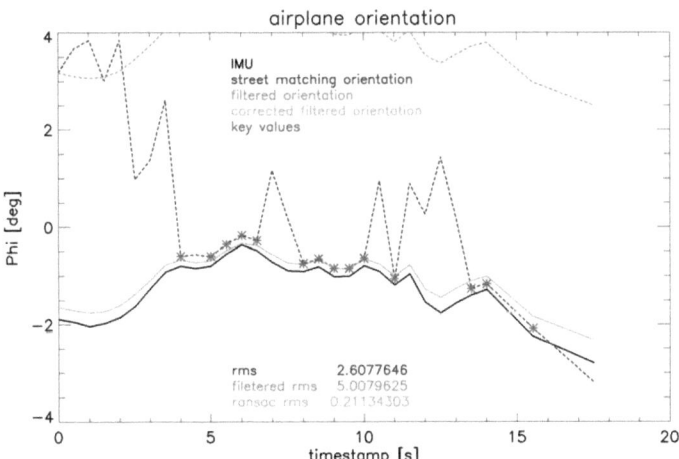

Abbildung 138: RANSAC-korrigierte ϕ-Winkel (Überflug 9)

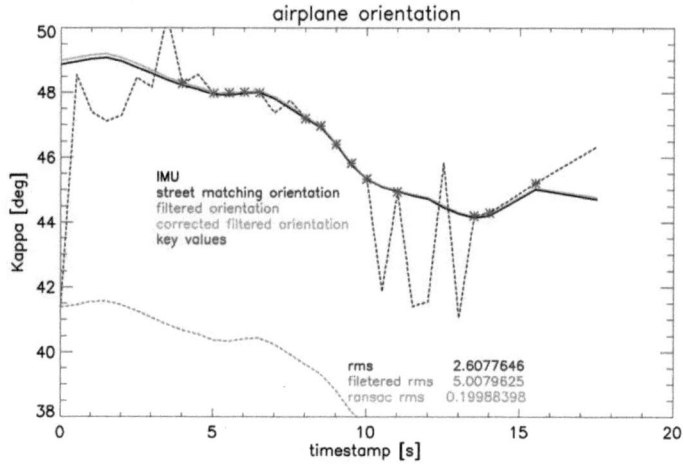

Abbildung 139: RANSAC-korrigierte κ-Winkel (Überflug 9)

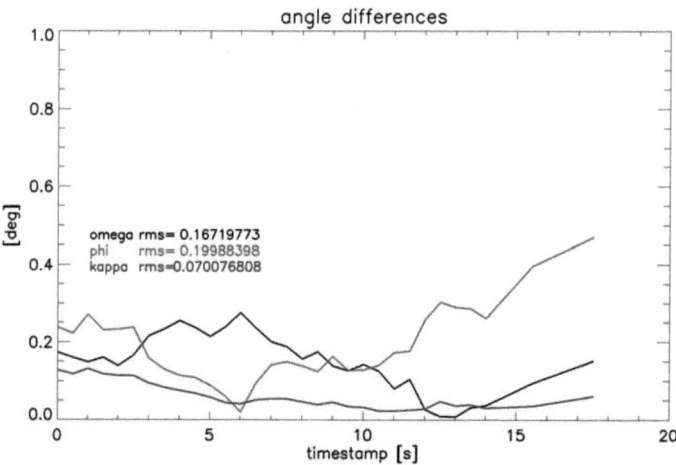

Abbildung 140: RANSAC-korrigierte Winkelfehler (Überflug 9)

Überflug 10

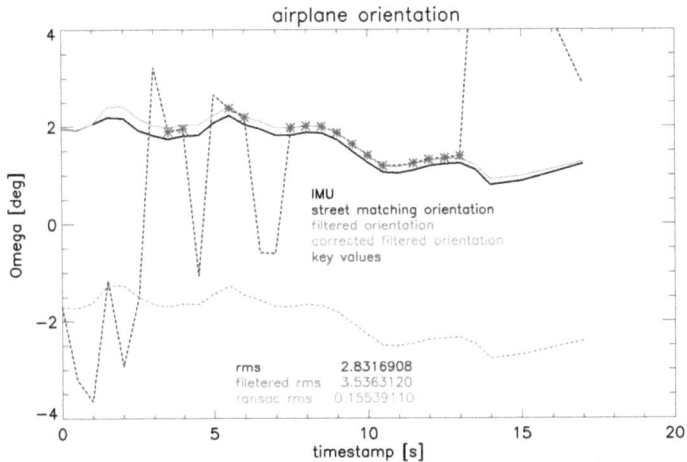

Abbildung 141: RANSAC-korrigierte ω-Winkel (Überflug 10)

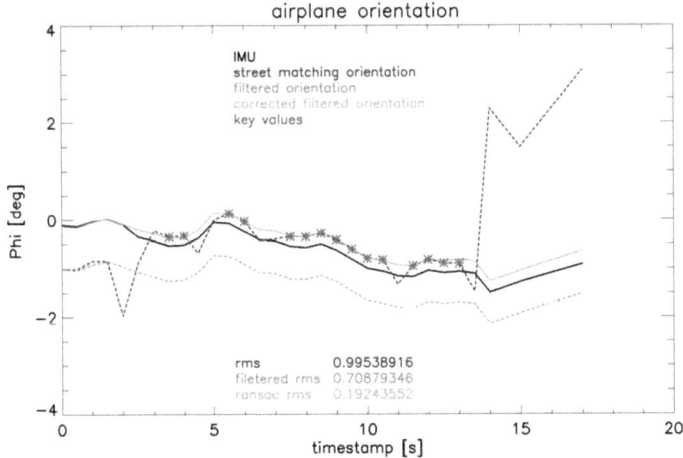

Abbildung 142: RANSAC-korrigierte ϕ-Winkel (Überflug 10)

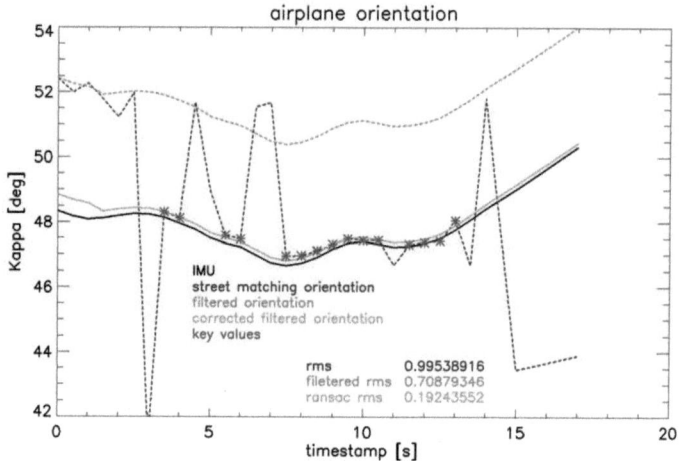

Abbildung 143: RANSAC-korrigierte κ-Winkel (Überflug 10)

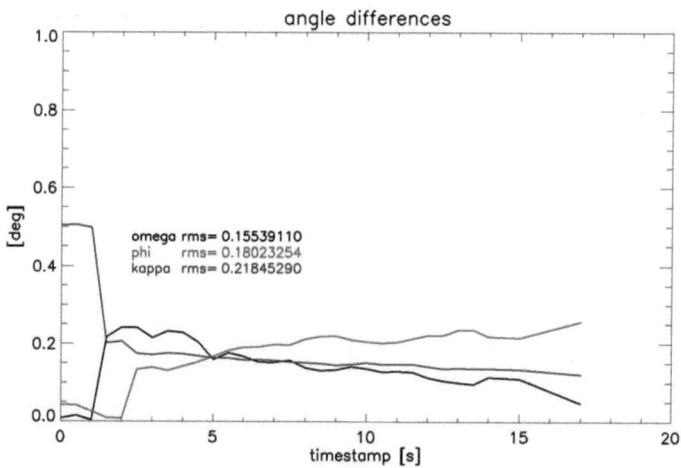

Abbildung 144: RANSAC-korrigierte Winkelfehler (Überflug 10)

Danksagung

An erster Stelle möchte ich meinem Doktorvater, Herrn Prof. Dr. rer. nat. Ralf Reulke, danken. Er hat mir über die gesamte Zeit ein weitgehend unabhängiges Arbeiten ermöglicht, stand mir jedoch jederzeit mit Anregungen und Rat zur Seite. Ich habe die mir entgegengebrachte freundschaftliche Atmosphäre sehr genossen. Weiterhin möchte ich mich für sein Engagement bedanken, mich zu Veröffentlichungen zu ermutigen und mir die Teilnahme an diversen Konferenzen zu ermöglichen.

Ein weiterer Dank gilt den Herren Dr. Franz Kurz und Dr. Peter Reinartz für ihre offene und freundschaftliche Zusammenarbeit. Ihr ehrliches Interesse an meiner Arbeit hat mich auch in Krisen bestärkt weiterzumachen.

Ich möchte ebenfalls Herrn Dr. Dominik Rosenbaum dafür danken, dass er mir jederzeit Luftaufnahmen und Navigationsdaten konvertiert und zur Verfügung gestellt hat.

Mein Dank gilt auch Matthias Hausburg, der die Implementierung der *SVM* übernahm und Stunden damit verbracht hat, tausende von Fahrzeugen als Datengrundlage zu markieren.

i want morebooks!

Buy your books fast and straightforward online - at one of world's fastest growing online book stores! Environmentally sound due to Print-on-Demand technologies.

Buy your books online at
www.get-morebooks.com

Kaufen Sie Ihre Bücher schnell und unkompliziert online – auf einer der am schnellsten wachsenden Buchhandelsplattformen weltweit! Dank Print-On-Demand umwelt- und ressourcenschonend produziert.

Bücher schneller online kaufen
www.morebooks.de

VDM Verlagsservicegesellschaft mbH
Heinrich-Böcking-Str. 6-8   Telefon: +49 681 3720 174   info@vdm-vsg.de
D - 66121 Saarbrücken   Telefax: +49 681 3720 1749   www.vdm-vsg.de

Printed by Books on Demand GmbH, Norderstedt / Germany